LA NOSTRA BOCCA
SI APRÌ AL SORRISO

A Giovannino Guareschi
nei confronti del quale sono debitore
di parecchie lezioni decisive
impartite dalla cattedra del sorriso
e che mi ha fatto comprendere
una cosa fondamentale:
per far posto alla serietà
bisogna sloggiare la noia

Dello stesso Autore presso le nostre edizioni:

Ritorno ai Dieci Comandamenti – Vol. I; Vol. II
Il Vangelo secondo noi – *Un cristiano qualunque commenta la predica della Domenica (Cicli A, B, C)*
Vangeli scomodi
Parabole di Gesù – *«Uscì il seminatore a seminare...»* – Vol. I (*Marco e Matteo*); *«Gli corse incontro...»* – Vol. II (*Luca*)
Il Vangelo in casa – *L'«oggi» della Parola di Dio (Cicli A, B, C)*
Tu solo hai parole... – *Incontri con Gesù nei Vangeli* – Vol. I *(Giovanni e Luca)*; Vol. II (*Marco*); Vol. III (*Matteo*)
Pregare dove come quando perché
Tutti a scuola di Maria per imparare a pregare

Tutte le nostre novità su:
Gribaudi Spiritualità e Religione
@GriReligione
www.gribaudi.it

Piero Gribaudi Editore srl
Via C. Baroni, 190
20142 Milano
Tel. 02-89302244 – Fax 02-89302376
e-mail: info@gribaudi.it

Alessandro Pronzato

LA NOSTRA BOCCA SI APRÌ AL SORRISO

Umorismo e fede

Prefazione di Mons. Luigi Bettazzi

Gribaudi

20142 Milano – Via C. Baroni, 190

ISBN 978-88-7152-761-5

Prima edizione: maggio 2004
Prima ristampa: novembre 2004
Seconda ristampa: aprile 2005
Terza ristampa: ottobre 2015
Quarta ristampa: dicembre 2015
Quinta ristampa: gennaio 2019
Sesta ristampa: febbraio 2020

Copertina di Ideaesse
In copertina: foto dap
Nel retrocopertina: disegno di Giovannino Guareschi
Aletta: caricatura dell'Autore di Antonio Boatto
Fotocomposizione e stampa: Grafiche VD – Città di Castello (Pg)

PREFAZIONE

Alessandro Pronzato è talmente conosciuto per i suoi libri, di solito di carattere religioso, sempre scoppiettanti di intelligenza e di freschezza, da non sapermi capacitare perché abbia chiesto una prefazione, al momento che il suo nome è già un grosso incentivo alla lettura. Tanto più che l'abbia chiesto a me, a un vescovo già così avanti negli anni da essere in pensione (o emerito, come si dice per educazione), col rischio che una prefazione del genere diventi controproducente. Forse ha pensato che un tema così insolito, soprattutto per un autore di libri robusti ed edificati come i suoi, potesse richiedere una... tranquillizzazione, quasi una strizzatina d'occhio che facesse perdonare l'anomalia di un libro sull'umorismo. E non potendo chiedere una prefazione alle persone più citate e più autorevoli, da San Francesco d'Assisi a San Bernardino da Siena, da Madre Teresa di Calcutta a Padre Pio da Pietrelcina, ma nemmeno – per restare un po' più terra a terra – a fra Nazareno Fabbretti o a Giovannino Guareschi, per il semplice, inoppugnabile motivo che non sono più tra i vivi quaggiù, ha dovuto accontentarsi di me, citato sì una volta, ma che ho il vantaggio di poter ancora scrivere.

E lo faccio volentieri per incoraggiare a leggere un libro che ha per argomento l'umorismo ma che è molto serio, nel senso che tocca aspetti fondamentali della vita umana ed è in grado di dare indicazioni importanti per cammini positivi, sul piano personale come su quello sociale. Infatti mentre ci documenta citando Platone, San Tommaso d'Aquino, Bergson, Gandhi o la Treccani, finisce poi nel paradosso, plagiando Cartesio ("Amo... ergo sorrido"), esaltando il riso sardonico (i Sardoni ridevano mentre uccidevano i loro vecchi, per facilitare il loro ingresso nell'aldilà) o ipotizzando che nel mondo ecclesiale il gallo sarebbe stato sostituito dal pavone (Pronzato preferirebbe addirittura le oche!).

Nel libro incontri, sì, osservazioni di taglio filosofico e morale (come: l'umorismo è segno di intelligenza, è arma non violenta contro gli idoli esterni ed interni) ed acute interpretazioni bibliche (ad esempio sul riso di Dio ed il sorriso di Gesù), ma anche giudizi di bambini, ingenui e trancianti, e raccolte di racconti e detti arguti e spiritosi, che spaziano in vari settori dell'attività umana, ma che ritornano spesso nell'ambito del mondo ecclesiale, quando non più direttamente sulla vita religiosa. E si ritrovano allora le barzellette più tradizionali su preti e frati (qualche volta anche salendo più in su nei gradi della gerarchia), così come quelle del mondo ebraico – diffuse in genere da ebrei doc – e le arguzie con cui i santi (come il citato San Bernardino da Siena ma anche San Filippo Neri) presentavano ai loro contemporanei le vie della conversione. Alle volte si tratta di battute fulminanti (come quella del teologo protestante Karl Barth che, avendo saputo d'essere stato definito da Papa Giovanni "il teologo più importante del nostro tempo", si preoccupava di trovarsi costretto ad ammettere che il Papa è davvero infallibile!), alle volte perfino di allusioni rapide ma trasparenti alla vita politica di oggi.

Già gli antichi osservavano che lo stile arguto era il più adatto per far riflettere ed anche per indurre a correggere e a migliorare il proprio comportamento: "castigat ridendo mores" – sorridendo correggere le abitudini morali – era infatti considerato come il culmine dell'abilità e dell'efficacia di uno scrittore. Credo che Alessandro Pronzato si sia divertito a scrivere questo libro, che peraltro deve essergli costato tempo e fatica per l'ampiezza delle tematiche toccate e per la molteplicità e la varietà delle documentazioni.

Son certo che quanti, sospinti dalla fama dell'autore e dalla curiosità del tema, vorranno leggere queste pagine, magari centellinandole a tappe successive per non fare indigestione e gustarle di più, ne ricaveranno non solo soddisfazione amabile, ma nutrimento sostanziale e sollecitazioni di speranza per un mondo più umano, più pacifico, più sereno.

† Luigi Bettazzi
Vescovo emerito di Ivrea

PREMESSA DELL'AUTORE
UNA RISATA LI RISUSCITERÀ

Non so se è grave, ma da parecchio tempo mi accade questo. Non appena decido di scrivere un libro su un determinato argomento e mi metto al lavoro, poco dopo mi frullano in testa diverse idee per un paio di volumi supplementari (quando non sono una mezza dozzina...), sempre sullo stesso tema, o comunque legati ad esso, specie di variazioni che, riprendendo il motivo di fondo, si rendono necessarie per ribadire il chiodo[1].

Non sono riuscito a sfuggire a questa specie di "sindrome dell'acciuga" (nel senso che un'acciuga, come una nocciolina, o una ciliegia, ne tira un'altra...) neppure stavolta a proposito dell'umorismo.

Infatti mi sono subito reso conto che l'argomento appariva vastissimo, il campo sterminato, ed era opportuno, per non provocare un ingorgo cartaceo, drenare certi materiali in altri contenitori.

Ed ecco, parallelamente, spuntare il progetto di dedicare un volume specifico al tema della gioia quale preciso "dovere" del cristiano.

Quando poi ho gettato gli occhi, per l'ennesima volta, sul libro biblico di Giona, mi sono reso conto che quel tema e quel personaggio, che qui liquido in poche pagine, andrebbero trattati con ben altra ampiezza.

Quindi, metto subito le mani avanti. A proposito de *La nostra bocca si aprì al sorriso* posso annunciare: continua alla prossima puntata (la gioia) e almeno un'altra ancora (Giona).

E ora, due precisazioni. Siccome questo non è un trattato scientifico, uso indifferentemente i termini umorismo, riso, face-

[1] Mi è capitato, tanto per riferirmi a lavori recenti, per le meditazioni di *Ad ogni giorno... (la sua luce, la sua gioia, il suo amore, la sua speranza*, e chissà che altro ancora...)

zia, satira, sorriso, ironia, arguzia, comicità, allegria, scherzo, gioco, ecc. senza preoccuparmi di specificare troppo e fare sottili distinzioni che lascio volentieri agli studiosi di mestiere (il loro, dopo tutto, non è nemmeno il mestiere più infamante).

Seconda puntualizzazione. La stesura del presente libro mi ha preso molto tempo per la ricerca, la documentazione, lo studio del fenomeno dell'umorismo e delle sue espressioni. Posso assicurare che ci ho lavorato con impegno e applicazione totali più che per ogni altra mia opera. Ci ho investito un numero spropositato di ore giornaliere e parecchia fatica.

E ciò per un motivo semplicissimo: l'umorismo, il riso e affini sono cose estremamente serie e quindi vanno trattate con sommo rispetto e grande serietà.

Insomma, per me non è stato un passatempo. Con ciò non voglio dire che non mi sia divertito e che al lettore sia proibito divertirsi. Al contrario, lo desidero, me lo auguro come ricompensa per la mia gioiosa fatica. Ma spero anche comprenda che l'argomento non va preso alla leggera, e non è semplicemente motivo di svago.

C'è di mezzo la possibilità di diventare veramente persone serie imparando a ridere. L'eventualità di considerare la religione, la fede e l'impegno cristiano come faccende talmente serie, importanti, da poterci scherzare su.

Oso addirittura insinuare che esiste il rischio di... rinascere (o risuscitare) uomini.

9 marzo 2004, festa di Santa Francesca Romana[2]

[2] Assicuro che la circostanza è assolutamente casuale: mia madre si chiamava Francesca, ed era una donna che considerava e interpretava il cristianesimo come una faccenda terribilmente seria. E quindi... sicuramente è d'accordo con le idee che sostengo in questo libro.

ALLA NOSTRA SERIETÀ MANCA IL SORRISO

Solo quando la religione viene presa sul serio

Papa Urbano IX, protagonista del romanzo omonimo di Bruce Marshall, dopo aver ascoltato, senza scandalizzarsi, anzi divertendosi, la parodia del Credo, sul dogma specifico della Trinità, fatta da un arcivescovo polacco («...lo sciocco primo segretario, lo sciocco primo ministro, lo sciocco Presidente e, ciò nonostante, un unico sciocco»), si dice convinto che «soltanto coloro i quali credono profondamente nella religione possono scherzarci su».

Non so quanti sono convinti di ciò. La prassi dice esattamente il contrario. Si può scherzare su tutto, ridere o sorridere su tante cose, ma sulla religione non è possibile. Secondo il detto popolare, è possibile "scherzare sui fanti" ma occorre "lasciare stare i santi". Guai a toccare certe aureole. Guai a far esplodere una risata liberatrice che spazzi via, come una ventata irriverente, certe polveri e muffe secolari. Le cose della religione vanno avvolte in un manto di serietà e solennità. Guai a strappar via quel drappo e mettere in evidenza che "il re è nudo".

Si parla di serietà, ma la si confonde con la seriosità. Se ci fosse veramente serietà, se la religione fosse una cosa seria, allora avrebbe diritto d'asilo anche lo scherzo, il riso, o almeno il sorriso.

L'assenza di umorismo denuncia, invece, inequivocabilmente, che la fede non viene presa abbastanza sul serio.

Certi devoti...

Il riso, come avremo modo di rilevare in seguito, ha sempre un effetto liberatorio. Alcuni devoti, purtroppo, non sanno né ridere né sorridere (tantomeno di se stessi). Appaiono plumbei, funerei, appesantiti dal proprio personaggio "devoto", non certo resi leggeri da quel Dio che ci libera da tutto ciò che non è Lui, o pretende di sostituirsi a Lui.

Certi atteggiamenti musoni, cupi, malinconici, "piovorni" (come direbbero in Toscana), di parecchie persone pie, denunciano inconsapevolmente, ma con estrema chiarezza, che vengono presi troppo sul serio gli idoli, e non abbastanza il Dio vivente.

La tetraggine, la malinconia spalmata sul volto è l'atteggiamento degli sconfitti, dei rassegnati, dei condannati ai lavori forzati delle virtù, delle pratiche religiose e dell'osservanza della Legge, non certo di individui liberati dalla schiavitù del Faraone.

Domanda imbarazzante

La domanda da cui prende le mosse questo libro è, dunque, la seguente: perché c'è così poco umorismo nell'area religiosa? Perché, all'interno della Chiesa, l'umorismo è visto con sospetto, con malcelata sopportazione, se non proscritto?

Normalmente si tira in ballo la serietà. Ma proprio la mancanza di umorismo denuncia una scarsa serietà.

Di fatto, le persone cosiddette serie non lo sono affatto, o almeno non abbastanza, perché non sanno ridere, non accettano di scherzare.

La religione diventa una cosa poco seria quando si ha paura di ridere, o almeno di sorridere su di essa.

Certi personaggi religiosi, troppo compresi di sé e del proprio ruolo, che si attribuiscono un'importanza spropositata, dimostrano di non dare troppa importanza a Colui del quale si professano "umili rappresentanti" e "semplici servitori".

Racconta F. Scaparro, psicoterapeuta, di cui avremo occasione di parlare tra poco: «Un'amicizia di decenni si è rotta senza rimedio quando in una conversazione salottiera ho dichiarato la mia speranza nell'esistenza di un Dio con un minimo di *sense of humour*. Sostenevo che quello del Vecchio Testamento ne avesse pochino e, per così dire, ci andasse giù pesante con noi.

In seguito, conoscendoci più a fondo, ha capito che non poteva addossare a noi tutti i difetti di fabbricazione e attraverso la sorridente malinconia di Gesù ha cominciato a trattarci meglio. La reazione dell'amica è stata gelida. "Su queste cose non si scherza", e sono state anche le ultime parole che mi ha rivolto. Io non avevo fede ma solo una speranza, lei aveva fede ma le mancava la carità. Se fossimo andati d'accordo sarebbe stato il trionfo delle virtù teologali»[1].

La reazione dell'amica è stata senz'altro sbagliata e rivelatrice, oltre che di scarsa carità, anche di debolezza di fede. Tuttavia non condivido nemmeno il punto di vista dello studioso a riguardo del poco umorismo manifestato dal Dio dell'Antico Testamento. Basti leggere il libro di Giona per convincersi che di umorismo quel Dio ne possedeva parecchio.

Far ridere la verità

Ho il dubbio che la denigrazione quasi generalizzata, in campo ecclesiale, nei confronti del romanzo di Umberto Eco, *Il nome della rosa*, sia dovuta in gran parte all'allergia verso il tema centrale intorno a cui ruota tutto il volume: la scoperta del riso (il famoso secondo libro della poetica di Aristotele).

A certi apologeti in servizio permanente devono aver dato un grande fastidio questi ammonimenti rivolti dal saggio Guglielmo di Baskerville al giovane novizio Adso: «Jorge, dico. In quel viso devastato dall'odio per la filosofia, ho visto per la prima volta il ritratto dell'Anticristo, che non viene dalla tribù di Giuda come vogliono i suoi annunciatori, né da un paese lontano. L'Anticristo può nascere dalla stessa pietà, dall'eccessivo amor di Dio o della verità, come l'eretico nasce dal santo e l'indemoniato dal veggente.

«Temi, Adso, i profeti e coloro disposti a morire per la verità, ché di solito fan morire moltissimi con loro, spesso prima di loro, talvolta al posto loro. Jorge ha compiuto un'opera diabolica perché amava in modo così lubrico la sua verità da osare tutto pur di distruggere la menzogna. Jorge temeva il secondo libro di Aristotele perché esso forse insegnava davvero a deformare il volto di ogni verità, affinché non diventassimo schiavi dei nostri fanatismi.

«Forse il compito di chi ama gli uomini è di far ridere della verità, *far ridere la verità*, perché l'unica verità è imparare a liberarci dalla passione insana per la verità»[2].

[1] *La voglia di sorridere*, Frassinelli 2003, pag. 228.
[2] Bompiani, Milano 1980, pag. 494.

Interessante, a riguardo del nostro tema, il ritratto che il novizio fa del suo maestro, che gli aveva confidato di aver visto nella cattedrale di Colonia l'incredibile reliquia del cranio di Giovanni Battista all'età di dodici anni[3]: «Non capivo mai quando celiasse. Nelle mie terre, quando si scherza, si dice una cosa e poi si ride con molto rumore, in modo che tutti partecipino alla celia. Guglielmo invece rideva solo quando diceva cose serie, e si manteneva serissimo quando presumibilmente celiava».

Ancora. Significative le parole che Guglielmo butta in faccia a Jorge: «Il diavolo non è il principe della materia, il diavolo è l'arroganza dello spirito, la fede senza sorriso, la verità che non viene mai presa dal dubbio. Il diavolo è cupo perché sa dove va, e andando va sempre da dove è venuto»[4].

Un'opera di misericordia inedita

Nel Talmud si riferisce un episodio che ha quale protagonista il celebre Rabbi Beroka, il quale aveva il privilegio di godere della direzione spirituale del profeta Elia. Questi gli appariva soprattutto nella piazza del mercato.

Un giorno il discepolo vuole soddisfare una propria curiosità e non esita a interpellare il profeta: «Padre mio, c'è qualcuno fra questa moltitudine di gente, che avrà parte nel Regno futuro?»

«No», risponde recisamente Elia, un po' sul pessimistico. Ma poco dopo passano due uomini, e il profeta immediatamente si corregge: «A dire il vero, questi due avranno parte al Regno futuro».

Il Rabbi, incuriosito, si mette a tallonare i due e, quando li raggiunge, non riesce a trattenersi dall'indagare sul loro mestiere. Quelli rispondono: «Siamo due buffoni. Quando incontriamo gente depressa, le restituiamo il buonumore. Oppure, allorché

[3] Alla domanda ingenua di Adso: «Davvero?...Ma il Battista fu ucciso in età più avanzata!», Guglielmo risponde con una facezia: «L'altro cranio dev'essere in un altro tesoro». A proposito, invece, delle numerose reliquie della croce, Guglielmo usa ancora la stessa arma dell'ironia: «...Di frammenti della croce ne ho visti molti altri, in altre chiese. Se tutti fossero autentici, Nostro Signore non sarebbe stato suppliziato su due assi incrociate, ma su di un'intera foresta» (*op. cit.* pag. 427).

[4] *Op. cit.* pag. 481.

vediamo due individui che disputano furiosamente, ci sforziamo di riportare la pace con un po' di allegria, cercando di sdrammatizzare le cose...»

Ho l'impressione che tanti credenti non abbiano ancora scoperto l'esistenza di quest'opera di misericordia, praticando la quale si arriva sicuramente in paradiso.

"Tu scherzavi sempre"

Eppure, sul versante cristiano, numerosissimi sono stati i santi che hanno praticato quest'opera di misericordia: restituire il sorriso a chi l'ha smarrito. Basterà citare, fra tutti, san Bernardino da Siena, cui dedicheremo un capitolo speciale.

Le sue "Prediche volgari" non costituiscono solo un capolavoro in lingua italiana del Trecento, ma rappresentano una miniera inesauribile di paradossi, scherzi, facezie. La gente che, all'alba, accorreva in Piazza del Campo e si disputava i primi posti per ascoltare quelle prediche, esplodeva in fragorose risate di fronte a un autentico fuoco d'artificio di battute, descrizioni ironiche, rappresentazioni spassose dei difetti più comuni e notazioni argute che accompagnavano la trattazione degli argomenti più seri.

Quando Bernardino morì, e immediatamente si parlò di lui come santo in anticipo sulla canonizzazione regolare, tra i frati minori, suoi confratelli, ce ne fu uno che si precipitò a baciare la sua salma singhiozzando: «Perdonami, padre, di aver dubitato della tua santità. Il fatto è che tu scherzavi sempre...»

Ho l'impressione che il pregiudizio di quel fraticello si perpetui ancor oggi. Ecco perché molti cristiani esitano ad accostare il santo alla voglia di scherzare, e ritengono la risata come qualcosa di sacrilego, e tale comunque da compromettere la solennità dell'aureola.

Siano abituati a vedere santi "contegnosi", il volto scavato dalla mortificazione e dalle pratiche ascetiche, magari familiari col pianto, ma il riso sulla loro bocca sembra per lo meno sconveniente.

Osservava in proposito fra' Nazareno Fabbretti (di cui pure ci occuperemo in maniera diffusa): «Quanto ossigeno in più ci sarebbe al chiuso e all'aperto dei nostri conventi, se invece di ammirarla in teoria, la risata, provassimo a provocarla tra noi, in modo da dissipare l'aria stagnante di tedio e tristezza che domina in certi ambienti...»

L'umorismo come dovere

Bisognerebbe proporre l'umorismo come dovere. E, siccome l'umorismo non si improvvisa, occorrerebbe istituire delle scuole speciali per chi ne è sprovvisto. Una delle più acute scrittrici di spiritualità del nostro tempo – una spiritualità del quotidiano, per gente comune, adatta a quelli delle strade –, Madeleine Delbrêl, diceva: «Non c'è monotonia e noia se non per le anime vecchie».

È stato osservato che là dove l'umorismo non ha diritto di cittadinanza, regna la pedanteria. E dove regna la pedanteria, si perde la freschezza, si appanna la gioia della fede.

Troppi maestri di spiritualità non tengono conto del fatto che la risata è sempre liberatrice: libera dalle ossessioni, dai tormenti, dagli scrupoli, dalle inibizioni, dagli innumerevoli complessi, dal problematicismo compiaciuto.

Umorismo come prova di umiltà

L'umorismo, non ci stancheremo mai di ripeterlo lungo le pagine di questo libro, è una cosa seria, come è seria l'umiltà di cui l'umorismo rappresenta uno dei... sintomi più convincenti e rassicuranti. Chi non sa sorridere è troppo ingombrato dal proprio io. Nietzsche diceva che il diavolo è «lo spirito di severità».

È difficile avere il senso delle proporzioni, tenere in ordine la scala dei valori nella vita. Tutti noi tendiamo a spostare qualcosa, a installarci indebitamente nel centro abusivo. L'umorismo fa sì che noi stiamo al nostro posto. Ci mantiene a posto. Rispetto a Dio, agli altri, e agli avvenimenti.

L'umorismo ci rende leggeri. In giro c'è troppa gente "pesante". Ossia incapace di spostarsi, perché ha collocato in sé il centro di gravità dell'universo, figuriamoci. Perché carica, appesantita dai propri punti di vista, dalle proprie idee, dai propri pregiudizi, dalle proprie "istanze".

Per spostarsi, occorre avere la volontà di distaccarsi, uscir fuori da se stessi (per questo si può parlare di umorismo come di esercizio ascetico). E occorre, soprattutto, un luogo dove trasferirsi.

«L'umorismo è il senso del relativo che fa da indispensabile contrappeso al gusto dell'assoluto» (Dubois-Dumée). Ecco perché troviamo l'umorismo come carisma piuttosto frequente presso i mistici, ossia presso individui «che non si fanno soverchie illusioni sulla santità del loro stato, né sul valore di osservanze ed esercizi, che tuttavia praticano con estrema serietà» (Cl. Champollion).

Il paradosso, lo stupefacente equilibrio, stanno proprio qui: agire con serietà, eppure non dare soverchia importanza a ciò che si fa e ciò che si è. Questo vuol dire, precisamente, staccarsi da se stessi e misurarsi – insieme alla propria ingombrante mercanzia – con l'assoluto di Dio.

Il fumo fa male (anche in chiesa)

Io vorrei collocare nelle curie, nelle sacrestie delle basiliche e delle cattedrali, un cartello che avverta: «Il fumo è nocivo. E quello dell'incenso risulta il più micidiale». Così turiferari per vocazione sono avvertiti che tengono in mano un'arma di distruzione della serietà della Chiesa.

Da ingenuo qual sono e mi ostino a rimanere, mi domando: perché sulle riviste cattoliche svolazzano angioletti tanto carini e agitano la coda diavoletti innocui, e non si trova un disegnatore satirico che metta alla berlina i vezzi, i tic, le gaffes, le vanità e le debolezze di chi tiene sulla testa mitrie e zucchetti colorati?

Perché su un giornale cattolico trova spazio il polemista livido che addenta quotidianamente i nemici – o presunti tali – e non c'è ombra di un disegnatore o umorista che graffi – sia pure con la dovuta delicatezza – gli estensori di certi documenti solenni; denunci – sia pure con la dovuta levità – gli infortuni in cui incorrono certi predicatori; dia la caccia agli episodi più clamorosi di vanità ecclesiale; riveda le bucce – sia pure in maniera *soft* – a determinati comportamenti non certamente evangelici?

Perché nella cronaca di grandiose e ricorrenti manifestazioni di massa si suona la tromba – fino a sfiatarsi – su note trionfalistiche, e non c'è mai una rubrica che descriva gli atteggiamenti ridicoli, le scenette un po' comiche di fanatismo, gli equivoci gustosi, i risvolti un po' imbarazzanti, di cui pure quei raduni spettacolari sono fitti?

La mancanza di ironia, di umorismo, satira, costituisce una grave debolezza dell'ecclesiologia. L'accordo tacito a non scherzare su chi sta in alto loco dimostra chiaramente che la scala dei valori è sconvolta e avrebbe bisogno di essere ripristinata radicalmente.

Bisognerebbe tener presente questa osservazione di S. Von Radecki: «Il riso è religiosità travestita. Il riso rappresenta la nostra felicità. Il riso concilia le nostre opposizioni ed è il simbolo del fatto che al di sopra dei nostri c'è un punto nel quale vengono superate queste opposizioni. Solo noi possiamo ridere, perché conosciamo qualcosa al di sopra del quale non c'è più nulla di cui ridere»[5]. Tra l'altro, ho l'impressione che, nell'area del tempio, ci sia più tolleranza – non dico simpatia – nei confronti della critica, che non dell'umorismo e dell'ironia, che vengono considerati elementi "dissacratori".

Forse perché dalla critica ci si può difendere, e magari contrattaccare ad armi pari, ad esempio con la polemica – compresa quella acida e velenosa –, mentre di fronte all'umorismo si è scoperti ("il re è nudo", non c'è scampo).

La critica ferisce, ed è possibile reagire, rilanciando con altrettanta virulenza, oppure facendo del vittimismo, o denigrando i colpevoli di lesa maestà. L'ironia, invece, è uno spillo, un pungiglione (senza veleno, beninteso). E quando il pallone è sgonfiato, non ce la fa proprio a reagire, specialmente allorché risulta sprovvisto della stessa arma o non sa usarla.

Continuo nelle mie domande: perché la Chiesa, che è sopravvissuta ai persecutori, anzi si è sviluppata e rafforzata grazie ad essi, si mostra talmente debole da aver paura di chi è armato soltanto di una risata?

Perché non ci si rende conto che il riso, l'umorismo possono essere preziosi elementi di purificazione?

Umorismo come arma di offesa

Tra l'altro, io credo che, mettendo al bando l'umorismo in casa propria, la Chiesa si privi di uno strumento utilissimo da impie-

[5] Citato da Fritz März, *El humor en la educacion,* Sigueme, Salamanca 1968, pag. 56.

gare contro gli avversari. L'umorismo, l'ironia sorridente, talvolta possono rivelarsi più efficaci contro le cosiddette "forze del male" che non le deplorazioni solenni, le invettive, le "ferme prese di posizione".

Il demonio stesso ha più paura dell'ironia, della presa in giro, del sarcasmo, della risata beffarda che non delle minacce reboanti e dei toni truculenti (san Francesco insegna, come noteremo in un episodio significativo che citeremo).

Insomma, l'umorismo, con la vasta gamma delle sue possibilità, è un campo in gran parte da esplorare dalla Chiesa. L'invito alla ricerca, in questo territorio, indirizzato ai teologi e agli addetti ai lavori di rango più modesto, potrebbe venire, paradossalmente, proprio dall'ex Sant'Uffizio.

Chissà che qualcuno, un giorno, si renda conto che la fede può essere difesa e potenziata precisamente dall'umorismo e dai suoi alleati (ironia, riso, sorriso). Perché esitare tanto a ingaggiarli?

Al "*non abbiate paura, sono Io*" di Cristo si potrebbe aggiungere una formula che ne costituirebbe l'emanazione diretta: coraggio, ridiamo.

Mi piacerebbe incontrare un compagno di fede che si presentasse così: «Sono cristiano, e ho voglia di ridere. O, almeno, di sorridere...»

LA LEGGE DELL'INCOMPATIBILITÀ... CHE NON C'È

La fede non lascia posto all'umorismo?

Mi spiace sinceramente per lui, perché lo ammiro tantissimo, e posso dire addirittura di amarlo fin dagli anni della giovinezza in cui tradivo la prediletta letteratura per trascorrere ore di intimità con le sue pagine, specialmente quelle, sterminate, del *Diario*.

Parlo di Sören Kierkegaard. Ci sono rimasto male quando ho scoperto che non aveva molta simpatia per l'umorismo – anzi, nessuna – e stabiliva una inconciliabilità assoluta tra umorismo e fede. Quando c'è fede non ci sarebbe più posto per l'umorismo; il riso sarebbe superfluo e perfino dannoso; bisognerebbe fare i conti solo con la croce. Il cristianesimo – stabilisce il pensatore danese – è una cosa estremamente "seria" e non possiamo ridurla a "orrenda chiacchiera", né tantomeno a scherzo.

Siccome non ho dubbi sul fatto che l'amato filosofo conoscesse piuttosto bene il cristianesimo, mi sento autorizzato a pensare che non conoscesse altrettanto bene la natura dell'umorismo, e quindi mi sento autorizzato, almeno una volta, a dissentire dalle sue opinioni su questo punto.

Ho maturato la convinzione, infatti, che l'umorismo vada perfettamente d'accordo con la fede, anzi costituisca una prova tra le più convincenti della sua solidità.

Il riso, lungi dall'essere una debolezza, è una forza. La fede esce irrobustita dall'umorismo. Una fede che non riesce a ridere è debole, gracile, di salute malferma. C'è da preoccuparsi per essa.

Illustre (e prediletto) Kierkegaard, sono sicuro che standolassù ora si sarà convinto che umorismo e fede non sono due sfere distinte dell'esistenza, come lei, quand'era quaggiù, sosteneva con argomentazioni degne di miglior causa, ma abitano addirittura nella stessa casa, e la loro convivenza è all'insegna della più stupefacente armonia.

Dio stesso, anzi, ormai avrà avuto modo di accertarlo, è un grande, ineguagliabile umorista. Ammetto che Lui non ha fede in Dio (ci mancherebbe altro...). Tuttavia crede nell'uomo, e per questo ha tanti motivi per ridere, sorridere e scherzare.

Anche in chiesa c'è tanto da ridere

Insieme a Kierkegaard, parecchi ponderosi teologi e filosofi pensosi (mi si perdoni la tautologia: se un filosofo non pensa, che razza di filosofo è?) si dimostrano, fin dall'antichità, schizzinosi se non nemici irriducibili nei confronti dell'umorismo, visto con diffidenza, sufficienza e, in molti casi, dichiarata ostilità. Non sono mancate le condanne esplicite, le scomuniche. Insomma, un intruso pericoloso infiltrato nel campo della fede, che va cacciato senza pietà perché fatuo, effimero, scanzonato, impertinente, scapestrato.

L'umorismo, da questi professori accipigliati, viene bocciato all'esame della serietà (e pensare che l'umorismo è una cosa estremamente seria...).

Qualcuno sostiene gravemente che non c'è niente da ridere nelle cose della religione. E, invece, sì. Anche in chiesa e nella Chiesa ci sarebbe tanto da ridere, solo se ci fosse il senso delle proporzioni, che è quello che manca, come dimostra proprio la latitanza dell'umorismo.

Qualche tempo fa uno studioso tedesco, di cui non so nulla (ma non credo sia una lacuna imperdonabile), rispondendo alla domanda se un vero cristiano, equipaggiato di fede, debba possedere il senso dell'umorismo, ha risposto in tono perentorio, che non ammette repliche: «Sì, se egli non ha una fede assoluta; no, se egli possiede una fede che muove le montagne. Più diventa credente e meno ha bisogno dell'umorismo...»[1]

Per quanto valga la mia esperienza, posso dire di incontrare tanti cristiani desolatamente privi del minimo senso dell'umorismo, ma non per questo dotati di quel granello di fede indispensabile a smuovere montagne e far camminare le piante. Se controllo la carta geografica, sono costretto a costatare che le montagne stanno ancora lì, al loro posto...

[1] Riferito da W. Thiede, *L'ilarità promessa*, Paoline, Cinisello Balsamo (MI) 1989, pag. 131.

E se fosse, invece, proprio l'assenza dell'umorismo a rivelare una fede scarsa, insufficiente sia come quantità che come qualità?

Io oserei affermare che manca l'umorismo, e *quindi* manca la fede.

Le montagne sarebbero in pericolo se qualche credente fosse più familiare col riso.

Mi spiace per Kierkegaard e i suoi seguaci, sia in campo cattolico che protestante. Ma sono convinto che quando non c'è l'umorismo la fede sia una cosa poco seria.

Al di là di tutti i ragionamenti, posso mettere in campo l'esperienza dei santi. Molti di essi (come dimostrerò in una parte di questo volume) erano dotati del senso dell'umorismo, si mostravano tutt'altro che allergici al riso, e abitualmente il sorriso illuminava il loro volto. Eppure non mi pare che i santi fossero debolucci in materia di fede. Dunque...

Ma cosa c'è da ridere?

Certo, non possiamo scansare la domanda cruciale: cosa c'è da ridere? Osservando la situazione del mondo, pare ci sia ben poco da ridere: guerre, violenze, orrori di ogni tipo, ingiustizie clamorose, tragedie varie, centinaia di milioni di morti per fame e per sete, l'infanzia violata, miserie assortite, brutture di ogni genere, sfruttamento dei più deboli, rapine colossali, malattie spaventose, egoismi sfrenati, menzogne spudorate... e il campionario allucinante potrebbe prolungarsi all'infinito.

Il riso, allora, sarebbe per lo meno un sintomo allarmante di indifferenza di fronte ai mali e alle sciagure che si riscontrano nel mondo in cui ci tocca vivere.

Ci può essere un umorismo incosciente, "spensierato", come quello espresso da questa composizione poetica medioevale:

«Io vengo, non so da dove,
io sono, non so bene chi,
io muoio, non so perché,
io vado, non so bene dove conduca la vita,
mi meraviglia solo questa mia allegria»[2].

[2] Riferito da W. Thiede, che l'ha ricavato da K. Jaspers, *op. cit.* pag. 112.

Ma esiste anche un umorismo "pensoso", consapevole, con un orientamento preciso e fondato su basi solide. Oserei dire che c'è anche un umorismo "sofferto". È l'umorismo cristiano con due poli di riferimento: la venuta di Cristo in mezzo a noi e la sua risurrezione.

La fede fornisce valide pezze d'appoggio al "ciononostante" di cui avremo modo di parlare tra poco. Si ride "nonostante tutto". Non si ignorano le disgrazie e i drammi nostri e di tanti nostri fratelli, *eppure* si ride.

Bellissima questa osservazione di H. Tielicke, secondo cui l'umorismo cristiano non scaturisce dal fatto che il credente è riuscito a stabilire una distanza dal mondo (la famosa "fuga mundi" del monachesimo), distanza che gli consentirebbe di sorridere sulle cose e le sciocchezze del mondo e le commedie che vi si recitano, ma nasce da un "annuncio", da una "lieta novella". E questa bella notizia è che Dio è diventato uomo, per cui ora c'è un Dio vicino, un Dio al mio fianco, un Dio con me e per me.

E questo fatto provoca la mia risata "nonostante tutto".

L'umorismo, allora, diventa espressione di tranquilla sicurezza e addirittura felicità, nonostante lo straniamento.

C'è poi l'altro fatto, fondamentale, della risurrezione. Per cui scrive giustamente W. Thiede: «Proprio nel segno della croce e della risurrezione di Gesù, il cristiano intuisce forse il riso abissale, nonostante tutto, di Dio stesso, che fluisce dallo Spirito del puro amore e non teme il dolore»[3].

Il riso, la gioia, come avremo modo più volte di ripetere, non escludono il dolore, ma lo inglobano in sé. Lo stesso vale per l'umorismo di Dio. Mi pare quanto mai efficace questa descrizione fatta dal teologo Paul Schütz: «Questo è il Dio che sospinge tutta la storia del mondo verso il suo obiettivo cavalcando in groppa al diavolo. Questo è l'umorismo di Dio che scuote i cieli e con il quale domina l'inferno»[4].

C'è solo da tener presente, in questa visione, anche il dolore di Dio. In riferimento poi a Gesù, è bello pensare che lui condu-

[3] *Op. cit.* pag. 139.
[4] Riferito da W. Thiede, *op. cit.* pag. 138.

ce la storia verso il suo compimento, non cavalcando in groppa al diavolo, ma a un modesto asinello.

Dunque, la presenza di Dio in mezzo a noi, il suo amore "inguaribile" per l'uomo, il Crocefisso risorto: ecco i contenuti essenziali dell'umorismo cristiano, la giustificazione delle sue risate "ciononostante".

La cosa che più temiamo è la noia

Contro tutti coloro che lo strapazzano e lo diffamano, io oso affermare che l'umorismo è grazia, dono, o addirittura – come sostengono certi teologi – una virtù. E, comunque, un carisma.

Il nostro avvicinamento al Regno dei cieli, dove potremo godere pienamente "l'ilarità promessa", non è ritmato da una marcia funebre, ma da una marcia, se non proprio trionfale, di vittoria completa, almeno scoppiettante di allegria a motivo delle piccole conquiste. Una marcia che ci consente di camminare a testa alta, nonostante tutto. E di lasciarci dietro i piagnoni.

Certo, prendiamo sul serio il peccato, forse più di tutti i musoni. Ma prendiamo ancora più sul serio l'amore di Dio per i peccatori.

C'è una cosa che temiamo soprattutto: la noia. Se Dio – come vedremo – si è divertito a creare il mondo, non vedo perché non dovremmo divertirci anche noi a starci dentro, sia pure dopo i guasti provocati da quella sciagurata disobbedienza iniziale.

Vincent Van Gogh, che concepiva la propria pittura come «un'arte di consolazione per cuori straziati», scriveva al fratello Theo: «Io credo che sarei triste, se non riuscissi a prendere tutto per il verso ridicolo». Forse, invece che "triste", intendeva dire "disperato".

INFORTUNI? FORSE NO...

Amo... ergo sorrido

Fu un vero infortunio? Neppur oggi, a distanza di oltre trentasei anni dal fattaccio, riesco a capacitarmi. È un fatto, però, che le pagine di *Mille e una Suora,* un libro di racconti, frutto di fantasia, certo, tuttavia una fantasia sollecitata dall'osservazione disincantata ma anche benevola della realtà, mi hanno procurato numerosi guai e hanno finito per alienarmi le simpatie generali guadagnate con *...Ma io vi dico*. Si trattava di un libro in cui mettevo in evidenza le numerose virtù e qualche pecca delle suore.

Don Barra, un'autorità a quel tempo in campo cattolico, aveva stabilito che erano le mie pagine "letterariamente più valide". Può darsi, però, che il suo proverbiale fiuto sia venuto meno proprio in quella occasione.

Un confessore di monache replicò che si trattava di un «volgare libello scritto da un giornalista alla ricerca di scandali». Si vede che le monache, da lui, andavano a confessare solo le virtù.

Una Madre generale sentenziò, allarmata: «Certo, se una ragazza legge un libro del genere, dopo non entra più in convento». Venne smentita da una giovane, laureata in lingue, di nome Laura, che mi scrisse: «Ho deciso di farmi suora dopo aver meditato a lungo sul suo volume. Grazie per avermi aperto gli occhi. Amo ancora di più l'ideale, verso cui da alcuni anni mi sentivo attratta, anche se non mi faccio troppe illusioni sulla realtà che dovrò affrontare».

Una dentiera sapiente mi buttò in faccia: «Non è il caso di far sapere ai laici (lui diceva, veramente, *secolari*) i nostri difetti». Evidentemente credeva che tutti, nell'accostare delle suore e dei frati che bazzicano nei dintorni, chiudano gli occhi e si tappino le orecchie, e magari, in certi casi, si turino il naso.

Apprezzamenti sorprendenti su riviste ufficiali delle religiose. Boicottaggio e messa all'indice in non pochi conventi.

Un addetto ai lavori dichiarò solennemente: «Un atto di coraggio e onestà. Ci voleva...»

Una superiora locale mi confidò che era d'accordo su... quasi tutto. Bastava eliminare le poche pagine che prendevano di mira l'autorità. Quanto al resto, niente da dire. Anzi, «per certi individui quelle frustate sono strameritate». Evidentemente il sacerdote Amasia, che ha dato l'ostracismo ad Amos colpevole di aver invaso il recinto sacro del re, deve aver fatto scuola...

Un vicario moniale decise: «Pronzato ha sputato sulle suore». In un convegno a Roma, dove ero stato invitato probabilmente per un equivoco, un baldo giovane in clergyman, munito di suggeritrice (a me ben nota), mi aggredì: «Lei non ha diritto di giudicare le suore dal suo osservatorio limitato sperduto tra le montagne della Valtellina». Gli feci osservare, benevolmente, che avrebbe dovuto ringraziare il cielo che il mio campo di osservazione fosse ristretto. Nel caso fosse stato più ampio, avrei dovuto scrivere le *Centomila e una suora*...

Nella traduzione francese il libro venne presentato come «una sorridente revisione di vita». In Spagna lo si salutò come «un grande atto d'amore verso la vita religiosa».

Potrei continuare per una ventina di pagine a riportare interpretazioni opposte e contraddittorie.

Le suore (bene) di un convento milanese (per ragazze bene) hanno allestito un bel falò per incenerire quel mio libro risultato loro indigesto. Non avendo potuto mandare al rogo l'autore – come era nel loro desiderio – si sono accontentate, bontà loro, di bruciare l'opera incriminata.

Ancor oggi incontro monache che mi affrontano a muso duro: «Lei è quello che non può sopportare le suore». Evidentemente, migliaia di pagine dedicate loro, non valgono a farmi perdonare la colpa di aver imbastito quei racconti sulla trama del sorriso benevolo.

Naturalmente rispetto tutte le opinioni. Ciò che mi fa male è l'accusa di *disprezzo*. Se il mio movente segreto fosse quello, saprei dove attingere, senza eccessiva fatica, abbondante e ghiotto materiale. Il vero disprezzo lo praticano certi interessati difensori d'ufficio specialisti nell'infantilizzare le persone.

Mi sembra assurdo, oltre che scorretto, confondere ironia con spregio. L'ironia costituisce per me un'espressione tipica di simpatia e di amore.

Si possono affrontare problemi seri ammorbidendoli con qualche spruzzata di umorismo. Si possono aiutare le persone a crescere con qualche pagina un po' impertinente, dal momento che si riconosce agli interessati un certo discernimento critico. È possibile – e perfino doveroso – servire la verità rivestendola di paradossi.

Si può, soprattutto, favorire la chiarezza e la pulizia spalancando dolcemente le imposte, e non inchiodandole.

Amo... *ergo* sorrido. E mi permetto di considerare il sorriso e l'ironia benevola come un mezzo modesto ma efficace per soffiar via un po' di polvere. L'ho sperimentato, tra l'altro, su me stesso.

«Graffia un po'...» mi rimprovera qualcuno. Può darsi. Ma posso assicurare che non lo faccio con le unghie.

Sua Eminenza che mi sta in cagnesco...

Eminenza, mi creda, non intendevo offenderLa. Lei, nella sua omelia, a un certo punto è andato un po' al di sopra delle righe scantonando vistosamente nella retorica di stampo patriottico-militaresco (che è tra le più detestabili).

Parecchi "semplici cristiani" sono rimasti sorpresi, infastiditi, addirittura scandalizzati. Perfino alcuni suoi colleghi mi hanno espresso le loro perplessità per quella sortita definita, nelle valutazioni più benevole, "infelice". Uno l'ha considerata, senza mezzi termini, "una gaffe clamorosa".

Soltanto che, come troppo spesso accade nei nostri ambienti, ci si è limitati a dare sfogo ai mugugni, alla mormorazione, alle maldicenze assortite, alla deprecazione sussurrata. Ma in stanze debitamente insonorizzate e in angoli di corridoi al riparo da orecchie indiscrete.

Io che sono uno sprovveduto ho preso su carta e penna e Le ho manifestato il mio disappunto con un paio di provocazioni, espresse in tono sarcastico, che evidentemente non le sono risultate gradite.

Lei, cortesemente, mi ha risposto dandomi, sempre con molta cortesia, del maleducato. In realtà il mio era soltanto lo spillone fastidioso dell'ironia che si proponeva di sgonfiare il pallone della retorica e dell'enfasi che Lei aveva improvvidamente fatto levare fin sopra il soffitto – e ben oltre – di quella basilica, dove pure c'è un mosaico significativo che dovrebbe ricordare il senso delle proporzioni...

Mi creda, Eminenza, non intendevo offenderLa. Semplicemente, se possibile, farLe capire che, se non si ha il coraggio di fare l'eroe in proprio e non per interposte persone, certe parole altisonanti è meglio non lasciarle uscire dalla bocca.

Penso, Eminenza, che Lei, invece di starmi in cagnesco, mi dovrebbe addirittura un ringraziamento (perdoni la presunzione). Sì, dirmi grazie perché, invece di prendere sul serio l'eroe, ho preferito scherzare su una frase che avrebbe potuto utilmente – per Lei e per noi – risparmiarsi.

Sempre pronto a ricredermi se mi arrivasse la cartolina richiesta dal luogo dove si rischia, non sola la porpora, ma anche ciò chc sta sotto.

Eminenza, scusi se sbaglio, ma mi ostino a credere che ricorrere all'arma dell'ironia sia un servizio prezioso che si dovrebbe rendere più frequentemente alla Chiesa e ai suoi personaggi maggiormente in vista (non dico "più rappresentativi", perché ritengo sia impossibile stabilire, quaggiù, chi è veramente "rappresentativo" in rapporto al Vangelo di Gesù Cristo).

Usare lo spillone dell'ironia per pungere i paroloni "a schiovere" (come dicono a Napoli), gonfiati dall'enfasi, prima che salgano troppo in alto, è, in fondo, un modo per affermare il primato e la serietà della Parola.

Qualche volta la *parresia* (franchezza, sincerità, linguaggio schietto, pure all'interno della Chiesa) va spalmata, oltre che di amore, anche di ironia, affinché possa fare del bene senza fare troppo male...

RIDERE: ECCO LA SALVEZZA!

Voglia di ridere: perché?

Fulvio Scaparro, psicoterapeuta e ottimo scrittore (cosa che non guasta in nessuna professione), ha pubblicato un volume assai intrigante dal titolo *La voglia di sorridere* e dal sottotitolo ancora più ammiccante: *Contro la boria, la presunzione e altre fastidiose complicazioni della vita*[1]. Spiega l'autore nell'introduzione:

«Ogni volta che mi sorprendo in un atteggiamento spocchioso e altezzoso da lei-non-sa-chi-sono-io, rabbrividisco, fingo di non conoscermi, mi faccio il muso e non mi parlo per un bel po'. Poi mi viene in mente che per fortuna l'altro non sa chi sono io, sorrido e riprendo a frequentarmi.

«Non che io sia un tipo umile, mi definirei anzi orgoglioso e poco disposto a farmi mettere i piedi sulla testa. Il fatto è che non dimentico l'ironia di mio padre di fronte alla tendenza di noi borghesi, non importa se benestanti o spiantati, a darci troppe arie, a gonfiarci oltremodo.

«Per definire questa perniciosa inclinazione, oggi ricorrerei a termini grevi come "inflazione psichica", "ipertrofia dell'Io", *hybris* e tanto altro bendidio del lessico della mia professione. Invece allora, quando la nostra vita privata era talvolta davvero pesante e avevo buoni motivi di preoccupazione e infelicità, mio padre mi indicava senza darlo a vedere non una via di fuga dal mondo, quanto piuttosto un modo per affrontarlo con più leggerezza. Mi invitava a guardare la realtà non solo nelle sue bellezze e nei suoi orrori ma anche come un grande Circolo Pickwick»[2].

[1] Frassinelli, Milano 2003.
[2] Celebre romanzo di Charles Dickens.

Diagnosi dei mali che ci affliggono e relativi rimedi

Interessante la spiegazione che viene fornita: «Mio padre aveva elaborato una curiosa teoria. Sosteneva che esiste una quota di dolore ineliminabile che ci portiamo in dote venendo al mondo. È il dolore del primo tipo, per sopportare il quale riteneva utili la filosofia, l'arte, la scienza, l'amicizia con la natura, il sogno, un lavoro che piace, l'amicizia, gli affetti e, ma non era il suo caso, la fede.

«C'è poi un'altra quota, legata agli aspetti peggiori della natura umana, al male che ci facciamo l'un l'altro (eravamo appena usciti da una guerra devastante), ed è costituita da oppressione, sfruttamento, umiliazione, fame, disoccupazione, fanatismo e violenza. Contro questo dolore del secondo tipo non c'è altro da fare che ribellarsi e combattere, meglio se insieme ad altri, oppure arrendersi ed essere schiacciati, asserviti, assimilati.

«E c'è infine una terza quota di infelicità superflua, che io chiamerò dolori del terzo tipo ma che lui definiva, scusate il francese, "rottura di... scatole"[3], alla quale diamo di solito troppa importanza e che potremmo risparmiarci seguendo il consiglio di William James: la saggezza è la capacità di capire a che cosa si può passare sopra.

«I dolori del terzo tipo altro non sono che quella miriade di piccole prepotenze e abusi, furbizie, dispetti, rivendicazioni, invidie, cafonerie, manie di grandezza e ruffianerie che avvelenano la nostra convivenza e, accumulandosi nel tempo, ci distolgono da quel poco che davvero conta nella vita, finendo col trasformarsi in vera e propria infelicità»[4].

Contro i dolori del terzo tipo il padre rivelava al figlio l'antidoto efficace: «l'autoironia, lo *humor* e il senso delle proporzioni». E citava, in proposito, Mark Twain: «Tutto ciò che è umano è intriso di malinconia. La segreta fonte dello stesso *humor* non è la gioia ma il dolore. Non c'è *humor* in paradiso».

L'umorismo non è mai inoffensivo

Fondamentale la spiegazione che viene offerta ancora da Fulvio Scaparro: «Con buona pace di chi è convinto della sostanzia-

[3] Il termine impiegato nell'originale è assai più... esplicito.
[4] *Op. cit.* pagg. 2-3.

le inoffensività dell'umorismo, io lo considero più insidioso e inquietante della satira proprio perché non si propone di essere offensivo. Sganciato dalla cronaca e dalle fortune terrene di questo o quel personaggio, dura più a lungo minando nel tempo la seriosità dei poteri costituiti. L'*establishment* può certo vacillare sotto i colpi della satira, sua amica giurata e ben visibile, ma come può difendersi dall'insidia strisciante di chi non lo prende sul serio? Non c'è nulla di più insopportabile per chi detiene poteri e poterucoli del vedere un lampo di ironia, di incredulità e dunque di inaffidabilità negli occhi dell'interlocutore»[5].

Oggi sulla scena del mondo si esibiscono – maldestramente – personaggi che si ritengono – abusivamente – importanti e vorrebbero tanto essere presi sul serio. Molti di noi rimangono infastiditi, talvolta perfino indignati di fronte a tanta spocchia, supponenza e prepotenza.

Ci rassegniamo, e magari ci maceriamo dentro, con un senso di impotenza. E non ci accorgiamo che nella nostra bisaccia di David "da niente" teniamo una fionda che, caricata col sassolino affilato dell'umorismo, ha il potere di abbattere quei truculenti individui nella loro armatura apparentemente invincibile di altezzosità e protervia.

Quei personaggi, in realtà, temono una cosa sola: non essere presi sul serio. Temono la risata dissacrante, la sghignazzata irridente, o anche soltanto il sorriso di compatimento. E noi, col nostro sassolino che centra la loro fronte, "utilmente" spaziosa in questo caso, gli facciamo capire che non li prendiamo sul serio e... moriamo non dalla paura, ma dal ridere.

Il nostro minuscolo sasso irridente gli sibila in faccia "buffoni" (con tutto il rispetto per i buffoni autentici, quelli delle corti medievali, che il mestiere lo sapevano fare, mentre questi riescono solo a farsi commiserare e sono, al più, oggetto di derisione).

L'umorismo diventa così una terribile arma di offesa e di difesa al tempo stesso. Avverte ancora F. Scaparro: «Chi si attribuisce troppa importanza smette di pensare e minaccia, abusando del potere di cui dispone, la nostra stessa libertà e mobilità di pensiero. La solennità di chi vuol avere l'ultima parola pone termine

[5] *Op. cit.* pag. 5.

non soltanto al dialogo ma alla stessa capacità di comprendere. L'ironia ci aiuta a tenere gli occhi, il cuore e la mente sul mondo, a conoscerlo meglio e a prendere le necessarie distanze per tentare di cambiarlo»[6].

Niente paura: sono solo spaventapasseri...

Per non soccombere, per non finire nel branco dei cortigiani prezzolati, per difenderci dalla prepotenza strafottente, dalla volgarità di chi crede che, disponendo di molti soldi, si può comprare tutto e tutti, addomesticare a proprio vantaggio persino il cervello e la coscienza altrui, non ci resta che impugnare l'arma dell'umorismo.

Bisogna ridere, o almeno sorridere, tutte le volte che è possibile (e lo è quasi sempre). Contro i tromboni, i vanesi, i palloni gonfiati (gonfiati anche di promesse non mantenute), non dobbiamo esitare a impugnare la fionda e scagliare il sassolino aguzzo dell'umorismo, dagli effetti devastanti.

Naturalmente, per riuscire a non prendere sul serio quegli spaventapasseri in doppiopetto e cravatta d'ordinanza (che si illudono di difendere la fetta di potere che si sono conquistati con tutti i mezzi a disposizione, compresi quelli illeciti), bisogna, innanzi tutto, non prendere sul serio noi stessi, rimanere nella dimensione del David "da niente". Non essere a nostra volta ridicoli gonfiando il petto.

Avverte opportunamente Nicolás Gómez Dávila: «Pretendere di essere ciò che non siamo non solo è ridicolo ma anche volgare».

Quei personaggi di cui abbiamo parlato – e che, purtroppo, sono un sottoprodotto del mondo ecclesiale e ne popolano il sottobosco, anche se stanno in alto – sono ridicoli appunto perché non si accorgono di esserlo, e pretendono di apparire ciò che non sono.

Basta guardarsi attorno...

Gli spunti sono innumerevoli. Basta guardarsi attorno.

1. Cosa c'è di più ridicolo di quello pseudo padrone del mondo che indossa un giubbotto da combattimento e compare all'im-

[6] *Op. cit.* pag. 6.

provviso sul campo di battaglia, sfidando il nemico, ma prudentemente circondato da centinaia di guardie del corpo, brutti ceffi che spaventerebbero anche il demonio? L'eroe in giubbotto militare, dopo una rapida apparizione a uso televisivo, se ne scappa subito, di notte, come un ladro (e ladro della buonafede dei gonzi, in effetti, lo è...). Insieme al giubbotto, probabilmente, ha indossato anche il pannolone...

2. Cosa c'è di più umoristico di quel prelato che, durante la Messa, si proclama, battendosi il petto, "indegno Tuo servo", ma se poi lo sfiori con una critica ben motivata, si ritiene offeso nella sua dignità... indegna, e arriccia i labbruzzi mostrando dentini affilati?

3. Cosa c'è di più ridicolo – e rabbrividente al tempo stesso – del sorriso esibito in continuazione da un personaggio di spicco del teatrino della politica? Sorriso che, in realtà, è un ghigno raggelante e tu hai l'impressione che il titolare voglia azzannarti, vorace com'è.

Viene in mente l'ipotesi di certi studiosi secondo i quali gli animali più evoluti manifestano un abbozzo rudimentale di sorriso, che li avvicinerebbe all'uomo, digrignando i denti. Non so però se calzi il paragone coi primati "più evoluti" che arrivano con quel mostrare i denti sulla soglia del riso. Forse il paragone è offensivo per gli animali.

4. Che cosa c'è di più umoristico di una parodia del "Magnificat" che viene regolarmente messa in scena durante le funzioni solenni? Mentre il coro canta "*ha deposto i superbi dai troni / ha innalzato gli umili*", il turiferario procede a incensare cominciando rigorosamente dal celebrante che se ne sta, impettito, in trono, e poi, via via, i suoi assistenti, per finire di lanciare qualche residuo sbuffo di fumo in direzione dei "semplici fedeli" che stanno nei banchi. E guai a invertire l'ordine, a non rispettare le gerarchie, come pure suggerirebbe il Vangelo.

Il potente sbalzato giù dal trono e l'umile sollevato in alto? Beh, sarà per un'altra volta...

5. Quale scena può risultare più spassosa di quella interpretata di recente da un ecclesiastico che di mestiere fa il politologo (verrebbe da osservare che ognuno si guadagna pane e companatico peggio che può...), il quale, durante una manifestazione dove si esibivano alcuni noti buffoni della sua tacca, è salito sul palco

per ricevere l'abbraccio del suo idolo, che si è affannosamente premurato di avvertirlo a tener su le brache in procinto di abbassarsi pericolosamente?

Il fatto curioso è che quel personaggio pittoresco (non voglio dire penoso) le brache, in questi anni, le ha già calate davanti a una mezza dozzina di padroni... Adesso, per giustificare l'ennesima piroetta, ha tirato in ballo nientemeno che lo Spirito Santo. Qualcuno, perfidamente, ha notato che lo Spirito Santo, il giorno di Pentecoste, si è posato, verosimilmente, sul capo degli apostoli sotto forma di lingue di fuoco. Ma lui non deve esserne informato, se ha pensato bene di allentare il controllo dei suoi pantaloni...

6. Cosa c'è di più spassoso dell'atteggiamento e dei discorsi mirabolanti di un noto demonologo ed esorcista (non faccio il nome per non fargli pubblicità, dal momento che riesce a farsene abbondantemente con mezzi propri), il quale sembra invasato e verrebbe voglia di sottoporlo lui a qualche esorcismo radicale mediante secchiate di acqua gelida? Il diavolo, prima di noi, sicuramente se la ride di fronte a quelle minacce "terroristiche"...

LA TERAPIA DEL RISO

Quante sciocchezze

Uno dei luoghi comuni più stupidi che ci hanno ficcato in testa fin da bambini è quello secondo cui «il riso abbonda sulle labbra degli sciocchi». La cosa – lo si scopre nella vita – non è affatto vera. Il riso è presente – e frequente – sulle labbra delle persone intelligenti.

Seguivano poi altre sciocchezze che ci venivano rifilate: «Ride bene chi ride ultimo». E via spropositando.

Richard Hurd (1720-1808), vescovo di Worcester, sentenziava gravemente: «Ridere oscura la verità, indurisce il cuore e rincretinisce». Io resto convinto, invece, che il riso rende splendente la verità, rende ancora più sensibile il cuore e immunizza da quella che Fruttero & Lucentini definiscono "la sindrome del cretino". In sostanza: il riso e il sorriso sono segni inequivocabili di intelligenza e di sensibilità.

Qualcuno si giustifica per la propria musoneria spiegando: «Sono una persona seria, io». E invece è proprio la serietà che fa difetto a questi individui. Assicurava Fryderyk Chopin: «Chi non ride mai non è una persona seria».

C'è anche chi dichiara: «Non ho tempo per delle sciocchezze, io!» E non si accorge che quello è l'indizio più sicuro che sta sprecando il tempo. Chamfort (1741-1794) sosteneva che la più sprecata delle giornate è quella in cui non si è riso.

Così dicono i medici

In un articolo pubblicato su una rivista scientifica, all'inizio del secolo, il dottor G.V.N. Dearborn descrive, da un punto di vista fisiologico, gli effetti provocati nel nostro organismo da una risata: «Nella risata, e in minor misura nel sorriso, si verificano spasmi clonici del diaframma in numero di circa diciotto e la contrazione di gran parte dei muscoli facciali. La parte superiore e gli angoli della bocca si volgono all'insù. Si sollevano le palpebre superiori e, in una certa misura, le sopracciglia... mentre la pelle agli angoli esterni degli occhi si increspa in modo caratteristico. Le narici subiscono una lieve dilatazione, la lingua si distende appena e così le guance, che pure subiscono una lieve tensione verso l'alto. Negli individui con i muscoli delle pinne nasali molto sviluppati, queste tendono a curvarsi all'infuori. La mascella inferiore vibra e viene in qualche modo ritratta (senza dubbio per concedere tutta l'aria possibile ai polmoni che si distendono), e la testa, durante una risata clamorosa, viene inclinata all'indietro...»

Ma non basta: «L'intero sistema arterioso si dilata, il che provoca un colore acceso in viso e sul collo, a volte al cranio e alle mani, a causa dell'effetto sui vasi capillari. Per lo stesso motivo spesso... le ghiandole lacrimali divengono attive, generalmente limitandosi a rendere "luminosi" gli occhi, ma spesso al punto da far scorrere le lacrime».

Insomma, molti studiosi "seri" non lasciano dubbi circa l'eccezionale valore terapeutico del riso. In certi ospedali, ormai, specialmente pediatrici, è prassi normale invitare un clown ad esibirsi davanti ai pazienti. La cosa ha effetti positivi in particolare sui bambini, come è ovvio, ma non solo.

Dottor sorriso

In chiave moderna, Paloma Gomez Borrero, giornalista della Televisione Spagnola, nel suo *Elogio dell'allegria*[1], riassume così i risultati dei più recenti studi sugli effetti benefici provocati alla nostra salute dalla risata: «Ridendo si lascia penetrare molta più aria nei polmoni e più a fondo, tanto da ventilare i *sinus craneales*; un rimedio molto utile, per esempio, per combattere il raffreddore. Il beneficio nella respirazione e nella circolazione favorisce anche la digestione e previene la formazione di ulcere, strettamente legate allo stress nervoso e alle tensioni.

[1] Pratiche Editrice, Milano 2002.

«Anche il cuore viene favorito da una buona dose di "sorrisoterapia". Se questa dose è di cento volte al giorno, le nostre valvole cardiache ne trarranno beneficio come se avessimo fatto dieci minuti di canottaggio senza essere andati in barca, secondo le ricerche condotte presso l'Università di Stanford.

«Ciò è talmente assodato che sono in corso alcune ricerche per tentare di far ridere persino senza uno stimolo comico, grazie a leggere correnti elettriche nella zona del cervello denominata "Area motoria supplementare", i cui effetti si estendono successivamente a tutto il cervello. Ma una cosa è certa: nulla vale come una risata genuina».

Perché non sottoporci a questa terapia, che tra l'altro non costa nulla? Immaginiamoci che la nostra salute ci implori: «Un sorriso, per favore!»

È accertato: il riso fa buon sangue

Mario Farnè ha scritto un saggio dal titolo accattivante: *Guarir dal ridere*. Ne riproduco una pagina: «La saggezza popolare sostiene tante cose, molte delle quali, diciamolo pure, del tutto campate in aria. Proprio per questa ragione l'idea del riso che "fa buon sangue" non ha mai riscosso credito in campo medico; era considerata una delle tante massime con le quali si infiorano i discorsi e niente più. Questo fino a verso gli anni ottanta, quando medici e psicologi hanno cominciato a mostrare un crescente interesse per l'influenza sull'organismo umano del riso, nel senso dell'umorismo e di altre emozioni positive.

«All'origine di tutto c'è stata la storia di Norman Cousins, un noto giornalista americano: bloccato a letto da una spondiloartrite anchilosante, una dolorosa e grave malattia delle articolazioni, gli era stata pronosticata una possibilità di guarigione su 500. "Tutto questo mi ha dato un bel po' da pensare – ha scritto Cousins –. Fino ad allora avevo lasciato ai medici carta bianca ma, a quel punto, sentii che dovevo entrare io in azione. Mi sembrava chiaro che, se volevo diventare quell'uno su 500, avrei fatto meglio ad essere qualcosa di più di uno spettatore passivo".

«Documentandosi sulle ricerche più recenti, e d'accordo col medico, il giornalista decise di interrompere il trattamento con analgesici, di assumere alte dosi di vitamina C (che, tra l'altro, ha forti proprietà anti-stress) e di fare abbondanti e intense risate: a tal fine, Cousins si era procurato anche tutte le registrazioni delle candid camere televisive. L'idea si dimostrò subito valida: dieci minuti di buone risate avevano un effetto analgesico che permetteva almeno due ore di sonno senza dolori. Cousins era pieno di gioia: aveva scoperto le basi fisiologiche dell'antica idea del riso che fa buon sangue!

«Questa "cura" portò a un obiettivo miglioramento, lento ma costante, di tutto il quadro clinico, fino a che il giornalista riprese il lavoro a pieno ritmo».

Benedette endorfine

Un'ulteriore conferma di quanto detto sopra viene da uno psichiatra, il dottor Giacomo Dacquino[2]: «Non è facile invecchiare serenamente. A volte mi chiedo perché i giovani ridano tanto e i vecchi così poco e mi rispondo che l'esperienza della vita toglie ai più la voglia di ridere. Non è vero che "un sorriso costa poco". È infatti il risultato di uno stato di serenità, cioè di un'armonia psichica che non sempre accompagna lungo la vita. Spesso si manca di humour, si prende tutto sul serio, oppure si ride a sproposito. A volte vedendo quegli spettacoli televisivi con risate del pubblico incluse, mi chiedo se non si siano sbagliati nei tempi di inserimento. Io non ci trovo nulla da ridere...

«Un bambino di quattro-cinque anni ride fino a quattrocento volte al giorno, mentre un adulto lo fa circa quindici volte quando è ottimista. La persona anziana ride molto di rado, con conseguenze negative sul corpo e sulla psiche. La risata infatti rende il respiro più profondo, liberando i polmoni dall'anidride carbonica e permettendo una migliore ossigenazione del sangue; inoltre i muscoli si rilassano, il metabolismo diventa più efficiente, i processi digestivi migliorano e soprattutto si rafforzano le difese naturali del corpo. Una persona allegra, che ride volentieri, riduce infatti i propri *stressors e rinforza il sistema immunitario*[3].

[2] *Libertà di invecchiare,* Sei, Torino 1992, pagg. 90-92.

[3] Spiega lo stesso Dacquino: «Gli *stressors* sono stimoli vari (fisico-chimici, biologici e psicosociali) che si ricevono dall'ambiente e che producono gli stress, cioè gli effetti, le risposte. S'intende quindi per stress la reazione di di-

«Che un'allegra risata sia "foriera di salute" è stato evidenziato anche da ricercatori statunitensi di Stanford. Uomini sani sono stati posti davanti a un video che presentava un programma umoristico e le loro risposte neuroindocrine sono state confrontate con soggetti di controllo. Si è così evidenziato che ridere riduce gli ormoni dello stress (cortisolo, adrenalina, ecc.), i quali hanno un'importanza immunosoppressiva.

«Anche sul versante psichico la risata è positiva poiché scarica la tensione, apportando serenità. Jeff Goldberg (1990) afferma che le endorfine[4], oltre a regolare le sensazioni dolorose e le risposte immunitarie dell'organismo, concorrono all'attivazione dei processi di apprendimento e alla produzione di emozioni. È probabile infatti che le endorfine, oltre a essere attivabili da stimolazioni meccaniche (come nell'agopuntura, che genera tolleranza al dolore), lo siano anche da uno stato psichico sereno, che presumibilmente contribuisce ad attivarle provocando sensazioni piacevoli.

«Il ridere offre quindi la possibilità di trasformare in energia positiva le tensioni accumulate, impedendo loro di tramutarsi in ansia o angoscia. Il tono dell'umore, condizionando lo stato di salute, favorisce dunque anche la longevità. Certuni, a parità di condizioni ambientali, invecchiano più precocemente rispetto ai coetanei perché hanno una personalità più triste, meno gioiosa. Infatti gli ottimisti sono più sani e vivono più a lungo dei pessimisti.

«L'attuale generazione dei sessantenni non sempre possiede quell'armonia interiore matrice della serenità. L'educazione che

fesa che l'organismo mette in atto quando deve affrontare eventi quali impegni, novità, stimoli» (*op. cit.* pag. 36).

[4] Spiegazione dell'autore del testo citato: «Le endorfine sono sostanze prodotte dall'organismo che intervengono nell'inibizione delle sensazioni dolorifiche e quindi svolgono un ruolo simile a quello delle droghe derivate dall'oppio. Tali "oppiacei endogeni", a differenza dell'oppio ottenuto dal papavero e dal quale deriva la morfina, sono fisiologicamente utili all'organismo» (*op. cit.* pag. 91).

In base a questa teoria sulle endorfine, è lecito supporre che padre Pio da Pietrelcina (avremo modo di parlare di lui in un capitolo particolare), che rideva volentieri e possedeva uno spiccato senso dell'umorismo, produceva in abbondanza tali sostanze nel proprio organismo che gli permettevano, non dico di non avvertire, ma di rendere più sopportabili i dolori provocati dalle stimmate e dalle numerose malattie (tipo febbri altissime) da cui era colpito.

hanno ricevuto è stata spesso contro la gioia. Si è chiesto loro di diventare persone "serie", inculcando lo stereotipo che la gente che ride non fa sul serio e non è da prendere in considerazione. Erano i tempi in cui il valore dell'individuo era determinato soltanto dal suo confronto con il dolore. Quest'ultimo era il prezzo del vivere. Non si trattava degli inevitabili dolori legati alle varie tappe dell'esistenza, ma dello scotto da pagare ogni qualvolta si provava un qualche piacere. Ed è per questo che gran parte della generazione nata prima dell'ultima guerra non sa godere la vita, come nel caso di chi sa soltanto lavorare e, nei giorni di riposo, sta male.

«Ognuno si porta dentro un'età mentale che è legata al suo vissuto. Non è vero che è più saggio chi ha sofferto di più. Quando si soffre "male" e non si usa il dolore per diventare migliori, non si invecchia certo con saggezza. Il dolore va metabolizzato, magari smaltito con il pianto, ma non lo si deve lasciare sedimentare dentro per evitare che ci renda peggiori, più chiusi, più egoisti».

In sostanza: non soltanto il pianto, ma il riso, e comunque l'umorismo, impediscono la sedimentazione del dolore col rischio che si trasformi in veleno, con conseguenze negative sia all'interno che all'esterno della persona. Oserei dire che il dolore, metabolizzato dal riso, rende più buoni gli individui.

Il riso che fa nascere il mondo

Maria Caterina Jacobelli[5] ricostruisce il rapporto tra la nascita e il riso: «...Secondo Plinio, che riprende un'affermazione di Aristotele, il neonato ride al 40° giorno con una presa di possesso formale della vita che fino a quel momento era stata in una fase critica.

«Lo stesso collegamento fra nascita – o rinascita – e riso, lo troviamo in tutt'altro contesto; in un rito degli Jakuti[6], tre giorni dopo la nascita del bambino le donne si riuniscono in casa della puerpera per un pranzo rituale in onore della dea del parto Ijehsit che lascia la casa; durante il pranzo una delle donne ospiti co-

[5] Ne *Il risus paschalis*, Queriniana, Brescia 1990, pagg. 76-78.

[6] Popolazione dell'Asia settentrionale, sistemata nella vastissima area dei Tungusi, che si estende dallo Jenissei al Pacifico.

mincia a ridere fino a che tutte ridono con lei; *e questo provoca nelle donne la gravidanza.*

«Siamo qui in presenza di un valore intrinseco del riso che non è solo un atto che accompagna l'ingresso nella vita, ma che ha la capacità di suscitarla. Questa concezione del *riso come datore di vita* risale ai primordi della vita dell'uomo sulla terra. Quando l'uomo viveva di caccia, si rideva sull'animale catturato affinché rinascesse a vita nuova e potesse essere catturato un'altra volta[7]; quando avviene il passaggio dalla fase di cacciatori-raccoglitori a quella di coltivatori, è ancora il riso che influisce sulla crescita dei vegetali[8].

«Quando l'uomo comincia a riflettere su qualcosa che è oltre i bisogni primari legati alla sopravvivenza e si pone il problema del trascendente, vede il riso come attributo degli dèi. Il riso è intensità, pienezza vitale, modo di essere degli dèi, potenza creativa, creatore del cosmo. Per i Greci e per i Romani il riso – Gélos, *Risus* – era un *deus sanctissimus et gratissimus*; Virgilio nella *IV Egloga* preannuncia un mondo nuovo che inizierà con la nascita di un dio-bambino che verrà al mondo ridendo.

«In un papiro del III secolo dopo Cristo, conservato a Leyden, si legge che dal riso della divinità primordiale nascono gli altri dèi:

«"Dio rise e nacquero i sette dèi che governano il mondo... Al primo scoppio di risa, apparve la luce... Scoppiò a ridere la seconda volta: apparvero dappertutto le acque... Al settimo giorno che rideva apparve l'anima".

«Questo collegamento fra la nascita e un sorriso divino, lo troviamo accennato metaforicamente anche nella Bibbia: quando nasce Isacco, Sarah dice: "Un sorriso ha fatto per me Elohim!" (Gen 21,6)».

[7] «Fehrle riferisce che in Germania si rideva seminando gli ortaggi; ricordiamo anche il gran numero di fiabe in cui i fiori sbocciano per il sorriso della protagonista» (*op. cit.* pag. 77).

[8] Osserva a questo proposito la studiosa di antropologia (oltre che teologa): «Questo considerare il riso come datore di vita spiega il perché del riso di fronte alla *morte*. Già Strabone riferisce che alcune tribù nomadi dell'Egitto seppellivano i loro morti ridendo. Il cosiddetto *riso sardonico,* che nel nostro linguaggio ha una valenza negativa, prende il nome dall'antichissima popolazione dei Sardi o Sardoni, che usavano uccidere i vecchi, e, mentre li uccidevano, ridevano *per facilitare il loro ingresso nell'al di là.* Il riso, quindi, in questo caso, dona la "vita nuova"» (*op. cit.* pag. 77).

TANTO PER INTENDERSI

La comune radice

Consultando dizionari ed enciclopedie, si scopre che il termine "umorismo" viene abitualmente collegato con il termine "umore"[1].

Secondo la concezione ippocratica, l'umore sta alla base stessa della salute, e ancor oggi la saggezza popolare attribuisce al "cattivo umore" di una persona la causa di parecchi guai fisici, difetti e atteggiamenti riprovevoli.

Il *Vocabolario della lingua latina* di Castiglioni e Mariotti[2] traduce "humor" con umore, umidità, e lo pone in collegamento con elementi liquidi: acqua, mare, rugiada, vino, lacrime.

Tuttavia salta immediatamente all'occhio la radice comune con "humus", ossia la terra. Il che sta a dimostrare come l'umore debba considerarsi, sotto molti aspetti, quale componente essenziale del nostro modo di essere e di esistere. Per cui si potrebbe quasi dire che noi siamo stati fatti con un impasto di humus e di acqua, ossia col fango.

Ma vale soprattutto la pena riferire ciò che scrive lo studioso Mario Praz nella *Enciclopedia Italiana Treccani* alla voce "umorismo"[3]:

«Il concetto di umorismo è uno dei meno agevoli da definire, per la qualità di "incognito e indistinto" che ne forma la precipua

[1] Ricavo alcune di queste analisi dalla bella, acuta e ampia tesi per il Diploma in Scienze Religiose presso l'Università di Perugia della sig. Amalia Maria Jachetti Rossi, dal titolo "L'umorismo attributo della Divina Sapienza". Tesi discussa nell'Anno Accademico 1972-1973, relatore il prof. Don Aldo Locatelli.

[2] Edizioni Loescher, Torino 1966.

[3] Volume XXXIV, Roma, pagg. 671-672.

caratteristica. Ricorrendo al massimo dizionario inglese, il dizionario di Oxford, per la speciale accezione che la parola è venuta ad assumere appunto in Inghilterra verso la fine del Seicento... troviamo questa definizione: "facoltà di percepire ciò che è ridicolo e divertente, e di esprimerlo in discorso scritto od in altra composizione; distinto dal 'wit' (arguzia) per essere meno puramente intellettuale e per possedere una qualità di simpatia in virtù della quale spesso si accosta al patetico".

«Definizione che, in mezzo al molto vago, contiene un importante elemento negativo (humour non è wit) e un altrettanto elemento positivo (humour è contraddistinto da una qualità di simpatia) nonché da una sfumatura (si accosta al patetico), che permette di estendere il concetto al di là dei confini del comico.

«Su questa sfumatura giocano le definizioni più ambiziose dello humour, che tendono ad identificarlo con la suprema saggezza dal Richter (l'atteggiamento grave di chi compari il piccolo mondo finito con l'idea infinita: ne risulta un riso filosofico che è un misto di dolore e di grandezza) al Panzini (*Dizionario Moderno*: "La speciale disposizione che un'alta intelligenza, per lo più artistica, ha nel penetrare facilmente, sottilmente, insino al fondo occulto delle cose, vedere le fronde e le radici, la scena e il retroscena; quivi le cose umane appaiono ben diverse e ben diversamente congiunte che non siano all'apparenza: ciò che nella superficie è comico, al fondo può essere tragico e viceversa").

«Per questa via d'interpretazione trascendentale il Richter giunse alla suprema e laconica definizione dell'umorismo con "l'idea che annienta", e cioè: serie di fatti e pensieri contrastanti che si dissolvono reciprocamente.

«Ma, ammettendo anche che a questo colore assoluto possa giungere la gamma delle sfumature dell'umorismo, non riteniamo che esso ne sia un aspetto essenziale. Gioverà piuttosto, in fatto di sfumature, limitarci alla constatazione che il carattere comune agli umoristi è il capriccio, come disposizione formale, metodica; l'opposto carattere essendo di colui che tra affermativa e negativa non concepisce zona neutra, che parla sempre sul serio, che non dà indizio alcuno di incertezza, di vacillamento, di dubbi, ma oracolarmente annuncia come dogmi incontrovertibili le verità che ha scoperto; carattere questo che in Inghilterra è descritto come mancante di "sense of humour".

«Molto più vicini all'essenza dell'umorismo ci portano quei due elementi che segnalavamo da principio: la differenziazione dal "wit" e la disposizione alla simpatia.

«Il "wit" (arguzia, esprit, agaudeza) è aristocratico... Mentre nell'arguzia predomina l'intelletto, l'umorismo decisamente fa larga parte al sentimento e non v'è definizione di esso che non sottolinei come sua peculiarità il sorridere in mezzo alle lacrime, il risolvere in riso la compassione di se medesimi».

Conclusioni

L'analisi contenuta nel "pensoso" articolo della *Treccani*, che è suscettibile naturalmente di approfondimenti e ampliamenti, oltre ad offrire numerosi spunti interessanti, mette in evidenza alcune cose:

1. L'umorismo è un fenomeno da prendere sul serio e non lo si può certo liquidare come una bagatella o un passatempo.
2. L'umorismo non è un fatto puramente intellettuale, ma coinvolge, oltre che l'intelligenza, anche i sentimenti.
3. L'atteggiamento di fondo dell'umorismo è individuabile nella simpatia.
4. Lo studio di Mario Praz porta necessariamente alla conclusione che l'umorismo è un fenomeno assai complesso e profondo, e proprio per la sua complessità riesce difficile definirlo con esattezza.

DIFFICILE DIRE COS'È

Peter L. Berger[1] sostiene che l'umorismo scompare non appena si tenti di esaminarlo, classificandolo come fosse una farfalla infilzata sopra uno spillo. È un fiore così delicato che non sopporta la luce diretta. Per vivere, deve essere lasciato libero, quasi ignorato: pressappoco come se non esistesse.

Impossibile, dunque, insegnarlo. Difficilissimo spiegarlo. E non è neppur agevole abbozzare delle definizioni. Comunque, qualcuno ha tentato. Mi limito, perciò, a mettere insieme alcune di queste analisi, senza alcuna pretesa di completezza.

* * *

«L'umorismo rappresenta un'affermazione di dignità. Una dichiarazione della superiorità dell'uomo su tutti gli avvenimenti che lo toccano» (R. Gary).

* * *

«Se non avessi il senso dell'umorismo, mi sarei suicidato da un pezzo» (Gandhi). In altra occasione il Mahatma, ossia "grande anima" (1869-1948), confiderà che il senso dell'umorismo era una delle due grandi "prese d'aria" che gli permettevano di non soffocare nel gorgo dei sui numerosi impegni (l'altra "presa d'aria" era costituita da una giornata di silenzio ogni settimana, il lunedì).

* * *

[1] Autore del volume *Homo ridens, La dimensione comica dell'esistenza umana,* Il Mulino, Bologna 1999.

«Dove non c'è umorismo non c'è umanità; dove non c'è umorismo – questa libertà che ci si prende, questo distacco di fronte a noi stessi – c'è il campo di concentramento» (E. Ionesco).

* * *

«Tutto ciò che è umano è patetico. La segreta fonte dell'umorismo non è la gioia ma il dolore. Non c'è umorismo in cielo» (M. Twain).

* * *

«Viviamo circondati da ogni sorta di bigotti, di Catoni, di Savonarola vociferanti... Cresce il numero degli iscritti al grande concorso per Salvatori dell'Umanità... Ci sono troppe facce serie in giro, troppe mascelle grintose. Chi può deve spezzare una lancia, un grissino, qualsiasi cosa, in favore della vecchia ironia. Tra poco potrebbe essere troppo tardi» (Fruttero & Lucentini).

* * *

«Grande fra gli uomini e di grande terrore è la potenza del riso... Chi ha il coraggio di ridere è padrone del mondo, poco altrimenti di chi è preparato a morire» (G. Leopardi).

* * *

«Una bella risata è una magnifica cosa, e una cosa magnifica piuttosto rara. È un vero peccato. E si può essere certi che in un uomo che possiede una profonda vena comica c'è più di quello che forse si pensa» (H. Melville).

* * *

«Cani che abbaiano talvolta mordono. Uomini che ridono non sparano mai» (K. Lorenz).

* * *

«Nessuno che, almeno una volta, abbia riso veramente di cuore può essere irrimediabilmente cattivo» (T. Carlyle).

* * *

«Si conosce un uomo dal modo come ride» (F. Dostoevskij).

* * *

«La bocca di un uomo aperta al sorriso rivela chi egli sia» (*Siracide* 19,27).

* * *

«Fra tutte le giornate, la più sprecata è quella in cui non si è riso» (N. Chamfort, pseudonimo di Nicolas Sébastien Roch).

* * *

«Se riuscite a scherzare su qualcosa di molto importante, avete conquistato la libertà» (M. Béjart).

* * *

«Il riso è l'ultima arma della speranza» (H. Cox).

* * *

«Di fronte alla rovina e alla morte ridiamo invece di farci il segno della croce. O, forse, più esattamente, il riso è il nostro modo di farci il segno della croce» (H. Cox).

* * *

«L'umorismo è prova di fede. Prova che, nonostante tutto, con Dio tutto andrà bene» (C.M. Schulz).

* * *

«Con Satana la tristezza è entrata nel mondo» (G. Bernanos).

* * *

«L'umorismo rivela come tutte le cose umane e terrene siano ben lungi dal corrispondere al metro di Dio» (P. Lersch).

* * *

«Il diavolo è lo spirito di severità» (F. Nietzsche).

* * *

«La gravità è un mistero del corpo inventato per nascondere le manchevolezze dello spirito» (F. de La Rochefoucauld).

* * *

«C'è gente che crede ragionevole ciò che vien fatto con la faccia seria» (G.C. Lichtenberg).

* * *

«Non prendete mai la vita troppo sul serio, perché in ogni modo non ne uscirete vivi» (H. Hubbart).

* * *

«L'uomo non è solo un animale che sa ridere, ma anche un animale che fa ridere» (H. Bergson).

* * *

«Ogni sublime umorismo comincia con la rinuncia a prendere sul serio la propria persona» (H. Hesse).

* * *

«Una civiltà senza humour prepara i propri funerali» (J. Maritain).

* * *

«L'uomo è l'unico animale capace di ridere e di piangere, perché è l'unico animale che capisce la differenza tra come sono le cose e come dovrebbero essere» (W. Hazlitt).

* * *

«Una battuta di spirito serve spesso come veicolo di verità» (F. Bacone).

* * *

«Nulla rivela meglio il carattere di un individuo che una battuta di spirito presa in cattiva parte» (G.C. Lichtenberg).

* * *

«Non c'è niente che fa ridere come la serietà della gente seria» (V.G. Rossi).

* * *

«Non parlatemi della gente che non ride mai: non è seria» (R. Schuman).

* * *

«Se volete che la vita vi sorrida, portatele anzitutto il vostro buonumore» (B. Spinoza).

* * *

«Non si è mai puniti per aver fatto morire dal ridere» (proverbio cinese).

* * *

«Le rughe dovrebbero servire soltanto a indicare il posto dove prima c'erano i sorrisi» (E. Barrymore).

* * *

«Un sorriso rivolto a un vivo vale più di una fontana di lacrime per un morto» (proverbio cinese).

* * *

«Quando incontri un uomo troppo stanco per offrirti il suo sorriso, lasciagli il tuo. Nessuno ha tanto bisogno d'un sorriso quanto colui che non lo sa più dare» (proverbio cinese).

* * *

«Cominciamo male la settimana», commentò un tale mentre un lunedì mattina di buonora lo portavano alla fucilazione... (Anonimo).

* * *

L'umorismo è la «cintura di salvataggio nel fiume della vita» (Trilussa, pseudonimo di Carlo Alberto Salustri).

* * *

«L'umorismo è la maschera della saggezza. Senza maschera la saggezza è inesorabile» (F. Dürrenmatt). Mi permetto di aggiungere che senza la maschera dell'umorismo la saggezza è insopportabile.

* * *

«L'umorismo è un segno inequivocabile di maturità della personalità» (Jesús Garanto Alòs[2]).

* * *

«L'umorismo è un grande medico» (J. De Courbevière[3]).

* * *

«Scherzo e serietà sono fratelli» (Platone).

* * *

«Senza la conoscenza del ridicolo è impossibile capire davvero la serietà e in genere non si giunge alla piena conoscenza se non si colgono entrambi gli elementi del contrasto» (Platone[4]).

* * *

«La vera saggezza non è oscura e tetra, preoccupante e dubbiosa, ma al contrario serena e cordiale, colma di letizia e di gioia. Da queste qualità già più d'uno fu incitato allo scherzo intelligente, naturalmente uno scherzo che si intona alla serietà e dignità, armonicamente fondendo toni e controtoni in una melodia unica» (Filone d'Alessandria).

* * *

[2] Cfr. il suo volume dedicato a questo tema, *Psicologia del humor*, Herder, Barcelona 1983.

[3] Cfr. il suo volume *Méthode infaillible pour acquérir une personnalité de premier plan*, Aubanel, Avignon 1980.

[4] Le citazioni di Platone e le due successive sono riportate da H. Rahner, *Homo ludens*, Paideia, Brescia 1969.

Per Senofonte il «saper scherzare con serietà» è arte sublime nel plasmare la vita.

* * *

«L'euforia che ci sforziamo di ottenere per queste vie non è altro che lo stato d'animo di un'età in cui eravamo soliti provvedere in generale con poco dispendio al nostro lavoro psichico, lo stato d'animo della nostra infanzia, quando non conoscevamo il *comico*, non eravamo capaci di fare *witz* e non avevamo bisogno dell'*umorismo* per sentirci felici di vivere» (S. Freud).

* * *

«Il *comico* è ciò che provoca una reazione più elementare e grossolana: la quale non richiede quindi una mentalità raffinata in chi la ascolta, per provocare un impulso al riso; mentre la rappresentazione *spiritosa* già implica nell'ascoltatore, e nello stesso autore, processi più complessi, e una tal quale identità di struttura psicologica fra i due. Quanto all'*umorismo*, esso raggiunge una massima dignità: crea fra l'umorista e quegli che con lui solidarizza e si identifica, una straordinaria intesa e unità» (C. Musatti).

* * *

Uno studioso dell'Oriente, Will Durand[5] assicura che «Il Buddha aveva il senso dell'humour e sapeva che la metafisica senza riso è presunzione».

* * *

«L'umorismo non è pensabile senza la dimensione del tempo e tuttavia è una di quelle cose che non sono nemmeno pensabili senza l'eternità» (H. Rahner).

* * *

«Penso che non solo la serietà sappia giungere alla radice delle cose, bensì ancor più facilmente vi giungano più spesso, scavan-

[5] *Oriente*, Mondadori, Verona 1956.

do più a fondo, perché appunto per gioco, la serenità, l'ironia, l'umorismo» (H. Rahner).

* * *

Romano Guardini considera una persona tanto più intelligente quanto più «prende le persone, le cose, gli avvenimenti con una certa distanza... Com'è bello trovare un angolino nel proprio animo da dove poter sorridere alle cose e alle persone con il senso della meraviglia e della consapevolezza dei propri e altrui limiti».

* * *

«Più si è spiritosi, più si riesce a vedere intorno a sé persone originali, interessanti. Solo chi è piatto non riesce a notare le differenze fra gli uomini. Il suo sguardo senza vita, opaco, poco spiritoso, rende senza vita coloro che lo attorniano» (B. Pascal).

* * *

«Chi non sa ridere di sé mi fa morir dal ridere» (G.B. Vicari).

* * *

«Il più grande servizio che possiamo rendere alla società non è di avere successo, essere stimati, ma diventare liberi e gioiosi» (J. Sulivan).

* * *

«Un segno della libertà in seno alla fede: il riso. Chi non sa ridere è uno schiavo, anche se governa» (J. Sulivan).

* * *

«Non possiamo "entrare" nella gioia se non "uscendo" completamente da noi stessi» (P. Ganne).

* * *

«Il sorriso è una delle supreme forze dell'animo umano» (R. Guardini).

RIDERE PER ESSERE UOMINI

Il serbatoio della risata

Perché ci sia lo scoppio della risata, occorre una miccia o una scintilla, che sia collegata col deposito di combustibile facilmente infiammabile. Ora, questo deposito pressoché inesauribile è dato dall'uomo. Voglio dire l'uomo con le sue debolezze, stupidità, meschinerie, contraddizioni, presunzione inversamente proporzionale al suo valore effettivo. E, tra le debolezze, bisogna mettere in conto anche quelle morali[1].

Questo materiale, sterminato, diventa addirittura esplosivo per chi è capace di scoprirlo soprattutto quando l'uomo cerca di nascondere le proprie miserie e magagne sotto paludamenti solenni, clergyman inappuntabili, divise a lustrini e medaglie tintinnanti (in versione laica, specie per i politici: doppiopetto con cravatta eleganti o maglie partitiche).

Gratta gratta la crosta, e affiora la miseria dell'uomo, su cui è lecito ridere, o almeno sorridere. E, allora, non riesci più a prendere sul serio certi fantocci.

Aveva ragione don Mazzolari: «Basta essere uomo per essere un pover'uomo». La risata, o anche soltanto un sorriso di indulgenza, serve a rivelarlo, e magari ricordarlo a chi fingesse di scordarsene.

Niente di male quando appare il pover'uomo camuffato sotto gli abiti da "grande". Solo così manifesta l'unica gloria autentica, quella di un Altro. Il quale, però, quando scarpinava quaggiù, portava gli abiti semplici, modesti, da uomo normale. E, con Lui, bisognava fare l'operazione inversa (quella, precisamente, che è av-

[1] Questa constatazione è stata fatta da W.T. Krug, nel 1800 e da N. Hartmann in tempi recenti. Cfr. W. Thiede, *L'ilarità promessa. L'umorismo e la teologia*, Paoline, Cinisello Balsamo (MI) 1989, un'opera che avremo modo di citare più volte nel corso della nostra trattazione.

venuta sul monte della Trasfigurazione): leggere, sotto la crosta dell'uomo ordinario, fino a scoprire e far sfolgorare il vestito glorioso.

Opera di spoliazione

In fondo, la risata è un'opera, necessaria, oserei dire ascetica, di spoliazione. Occorre togliere le maschere, gli orpelli, i gingilli sberluccicanti, i vestiti solenni. E arrivare all'uomo (quando c'è). Svestire il ruolo, l'armatura o la blindatura del personaggio, i simboli del potere. E riscoprire la vera autorità che, quando è tale, è... autorevole di per sé, senza bisogno di ricorrere a bardature esteriori e pennacchi vari.

Nelle sacrestie, al riparo da sguardi indiscreti del pubblico, prima delle cerimonie, si svolge la cosiddetta "vestizione". Talvolta viene messo a disposizione uno specchio, in modo che i più vanesi possano dare un ultimo tocco al loro abbigliamento e riassettare i (rari) capelli riottosi. Quello specchio potrebbe, invece, essere l'occasione propizia perché il personaggio, rivestito di "rispettabilità", osservandovi la propria immagine riflessa, confessi: «Quanto sei goffo!» Il vero, scarnificante "Confiteor" è quello.

Il capitolo mancante

Certo, non li ho letti tutti. Parecchi, sì. E, in quei testi severi di ascetica e pratica di vita spirituale, non ho mai trovato un capitolo, che dovrebbe essere quello conclusivo, sull'umorismo o, meglio ancora, sul riso.

Ecco perché certe formazioni producono esserini esangui, compassati (e, talvolta, complessati), assai compresi di sé, impettiti, artificiali, compunti, cupi, rigidi. Individui compressi dentro un manichino religioso (e, tra l'essere com-pressi e diventare depressi il passo è breve). Equipaggiati di tutte le virtù. Ma delle virtù senza una finestra che faccia filtrare l'aria dell'umorismo e il vento impertinente della risata, sono destinate a diventare rancide, ammuffite. Ciò spiega il motivo per cui troppe virtù puzzano sgradevolmente fino a diventare rancide e i loro titolari hanno un alito sgradevole. Gesù ammoniva gli aspiranti asceti: "*Quando digiunate, non assumete aria malinconica come gli ipo-*

criti, che si sfigurano la faccia per far vedere agli uomini che digiunano... Tu, invece, quando digiuni, profumati la testa e lavati il volto..." (Mt 6,16-17). Credo che l'equivalente del profumo possa essere il riso.

Sì, proprio la risata ci salva... dalle virtù artificiali.

Penso che nei seminari dovrebbero invitare, al termine dei corsi di formazione, un comico non addomesticato che metta impietosamente alla berlina i tic, i vezzi, le pose, le contraddizioni, le ipocrisie, gli sciocchi esibizionismi delle persone religiose ingozzate di omogeneizzati mal digeriti.

A quando un trattato di vita spirituale che insegni a ridere (di se stessi, prima di tutto)? Quando un testo di meditazione sull'umiltà che spieghi come quella virtù, se rimane sola, se non si sposa con l'umorismo, è una virtù "zitella" (sia detto con il massimo rispetto per tante zitelle per nulla inacidite, ma che si conservano spiritose)?

Il riso fa bene alla salute dello spirito

È assodato scientificamente, come abbiamo già messo in rilievo, che una risata fa bene alla salute del corpo, secondo il detto popolare, confermato da medici illustri, che «il riso fa buon sangue».

Lo stesso si può dire della salute dello spirito. Senza il riso, anche questa può risultare malaticcia, fragile, esposta a un'infinità di pericoli. Una risata può costituire un ottimo antidoto contro le tentazioni (a cominciare da quella di prendersi troppo sul serio).

Il riso assicura il benessere spirituale. Perché allenta le tensioni, evita gli irrigidimenti, restituisce il senso delle proporzioni.

Una risata può essere la salvezza. Troppo spesso siamo abituati a confinare la salvezza nell'al di là. Ma c'è una salvezza che si realizza anche nel nostro mondo, e che dipende quasi esclusivamente da noi.

Ecco: la salvezza consiste nel non separare la vita spirituale dalla dimensione umana. E il riso assolve egregiamente a questa funzione.

Sì, «che importa? Tutto è grazia» (secondo la formula che conclude il romanzo *Diario di un curato di campagna* di Georges Bernanos). E la grazia ha bisogno della collaborazione del sorriso (con le varianti dell'ironia, dell'umorismo, dell'allegria) per impedire la disumanità di certe persone troppo spirituali.

Il contrappeso

Osserva acutamente W. Thiede: «Dovunque e comunque si manifesti, il riso umano esprime ogni volta una briciola di gioia, sia essa una gioia superficiale o profonda, miserevole, improbabile, illusoria, momentanea o di lunga durata.

«Questo frammento di gioia rappresenta di per sé un contrappeso alle sfortune vissute, per cui il riso agisce sul sentimento di identità dell'uomo come un medicamento»[2]. Un medicamento, preciso io, da assumere nei giusti dosaggi e nei momenti opportuni.

Troppi di noi piangono – spesso a ragione – sulle proprie disgrazie. Non è questione di ridere di esse (né, tantomeno, delle disgrazie altrui), ma assicurare il contrappeso. Alle volte anche soltanto una briciola di riso basta a riequilibrare la bilancia, a fare da contrappeso a una montagna di sventure, o, almeno, a impedire che diventi un peso che ci schiaccia. Quel contrappeso che è il riso, per quanto minuscolo, ha il potere di ristabilire l'equilibrio, pareggiare i conti.

Il grande segreto è ridere "nonostante" tutto congiuri a far credere che non c'è proprio niente da ridere. E, invece, sì.

Detto con una formulazione più seria: si tratta di scoprire che le ragioni per ridere (o per essere felici) riescono ad annullare quelle che ci rendono infelici.

[2] *Op. cit.* pag. 17.

RIDERE PER DIMOSTRARE CHE SIAMO CREDENTI

Il vento "scherzoso" della Pentecoste

Ho il sospetto che specialmente lo Spirito Santo ami scherzare, farsi gioco delle nostre previsioni, smentire clamorosamente le nostre sentenze "inappellabili", mandare all'aria i nostri rigidi schemi. Sarebbe interessante scrivere la storia della Chiesa mettendo in evidenza gli scherzi compiuti dallo Spirito, ad esempio suscitando un san Francesco d'Assisi o un papa Giovanni.

"*Venne all'improvviso dal cielo un rombo, come di vento che si abbatte gagliardo, e riempì tutta la casa dove si trovavano*" (Atti degli Apostoli 2,2).

Per favore, non blocchiamo le serrature. Almeno una volta, proviamo ad essere sbadati. Lasciamo socchiuse porte e finestre, in modo che quel vento impertinente le sbatta fragorosamente e irrompa dentro combinando tutti gli scherzi che vuole.

Non facciamolo filtrare semplicemente attraverso le fessure che non riusciamo a tamponare. Lasciamoci investire in pieno, a costo di ritrovarci stesi a terra, in pose un po' goffe.

Permettiamo che sollevi tendaggi solenni, laceri i veli delicati, mitrie, parrucche e parrucchini, maschere, occhiali, rughe...

E se strappa qualche pagina dai nostri codici, dai severi testi teologici, se porta lontano i fogli dei discorsi già preparati, non rincorriamoli. Il fuoco, poi, provvederà a incenerirli, e sarà un grosso guadagno per tutti.

Il vento "scherzoso" della Pentecoste sibila rabbioso, scompiglia, solleva, trascina, sconvolge, buffa, scombina, scuote, sradica, spazza, schiaffeggia. È il suo mestiere. Ma consentiamogli di farlo fino in fondo.

Troppo spesso cerchiamo di amministrare lo Spirito, ridurlo a dimensioni di buon senso, dosarlo, regolamentarlo. Ci illudiamo di farlo entrare per garantire l'ordine e la disciplina, avallare le decisioni già adottate, legittimare le scelte ormai fatte, svolgere la funzione di arbitro per i nostri giochi "giudiziosi", con le regole accuratamente fissate da noi.

Proviamo ad accoglierlo come elemento di disturbo impertinente, insolente, di improvvisazione, vera ispirazione, disordine, sconvolgimento di tutte le regole prefissate, sparizione dei programmi già accuratamente definiti dopo discussioni interminabili e noiosissime, portatore di cose mai viste, mai sentite, mai sperimentate prima.

Preghiamolo, invochiamolo, supplichiamolo. Ma poi, per carità, non corriamo ai ripari, non nascondiamoci nelle solite buche. Soprattutto, permettiamogli di scherzare...

Il gallo impertinente

È soltanto una mia supposizione. Ma ho il sospetto che il famoso gallo che quella notte ha cantato per Pietro (Gv 18,27), più che una funzione di denuncia spietata, abbia svolto quella di canzonatura ironica, sia pure venata di amarezza. Quasi a dire, facendosi voce di Qualcuno: «Dove è andata a finire la tua sicurezza, la tua supponenza di poco fa, la tua sicumera, la tua conclamata diversità dagli altri, la tua incrollabile fedeltà al Maestro?»

Più che un atto di accusa, il suo è stato un richiamo, un po' irriverente, impertinente, forse perfino insolente, a ritrovare una dimensione di modestia, a riconoscere la propria fragilità, rinnegando la presunzione.

Io mi domando, spesso, dove sia andato a finire quel gallo. Ho l'impressione che, da quel momento fatidico, in cui tra l'altro – sarà bene non dimenticarlo – ha cantato su comando di Gesù stesso una specie di sveglia importuna ma puntuale caricata direttamente dal Maestro, gli uomini di Chiesa gli abbiano dato una caccia spietata e abbiano finito per identificarlo, in mezzo a tanti altri suoi compagni meno irriverenti, e acchiapparlo. Lui, fiducioso, si è consegnato nelle loro mani, convinto di poter continuare nel suo servizio. Non potevano certo strangolarlo, era pur sempre una reliquia della Passione e, tra tante reliquie fasulle, quella almeno era autentica e... vivente.

L'hanno segregato in cantina, zittito, forse gli hanno tagliato le corde vocali, ammesso che i galli abbiano le corde vocali. Probabilmente gli hanno mozzato la cresta. Sicuramente lo hanno umiliato, catechizzato a dovere, sottoposto a un processo di "rieducazione" – come fino a qualche tempo fa usava fare in Russia con i dissidenti –, costretto al pentimento (già, invece di procedere alla conversione dei peccatori, specie se altolocati, si colpevolizzano i giudici...).

Ogni tanto, in tempi recenti, il vecchio papa va a "risvegliare" il vecchio gallo e gli fa cantare a voce spiegata vecchie colpe che molti preferirebbero rimanessero sepolte, perché piuttosto imbarazzanti.

Ma si levano sempre difensori d'ufficio che si incaricano di minimizzare, concedere generose circostanze attenuanti, o addirittura negare il delitto. Sono gli apologeti che, non potendo impallinare il gallo insolente, issato sul letamaio, negano l'esistenza del letamaio, anche se la puzza, almeno per chi non si tura il naso, risulta ammorbante.

E poi il gallo, riesumato opportunamente, e con un notevole coraggio, dal vecchio papa, denuncia una evidente sfasatura. È tarato sul passato – un passato remoto – e non caricato sull'oggi. Insomma, un gallo retrodatato. Per di più, ha smarrito la tonalità dell'ironia, esibendo solo quella lamentosa.

Comunque resta il fatto che quel pennuto, il quale potrebbe rivelarsi provvidenziale, normalmente nella Chiesa viene considerato una presenza scomoda, accusato di ereditarie tendenze anticlericali, in sostanza nemico della Chiesa (la Chiesa trionfante di quaggiù, che è una grossa stortura), o, per lo meno, uno che fa il gioco degli avversari (mentre lui fa semplicemente il gioco del Vangelo).

D'altra parte, i profeti scomodi non sono mai stati visti con benevolenza, nella Chiesa, almeno fino a quando non hanno avuto il buon gusto di togliere il disturbo, in modo che quelli che li avevano perseguitati da vivi potessero lavarsi la coscienza onorandoli da defunti.

Il gallo, a mio modo di vedere, andrebbe richiamato d'urgenza in servizio, obbligato magari a turni estenuanti, in vista di una Chiesa "penitente", decisa a fare pulizia in casa propria. Una Chiesa trasparente, che non ha nulla da nascondere. Che ha parecchie cose di cui salutarmente vergognarsi, e l'Unico di cui non deve vergognarsi è Lui, ed è la cosa che più conta.

Oso addirittura sostenere che il gallo dell'ironia – un'ironia che esprime amore, non disprezzo; simpatia, non malanimo – dovrebbe essere mantenuto a spese della comunità, e tenuto in gran conto.

Paradossalmente, proprio quando il gallo inquietante fa salire il suo chicchirichì per avvertire di qualche sciocchezza, si abbassano utilmente tante creste color rosso vivo...

Il pavone ha soppiantato il gallo

Gettiamo uno sguardo sul pittoresco zoo clericale, e ci rendiamo subito conto che il gallo non c'è: è stato segregato, sicuramente perché gli altri animali non lo sopportano. Di pavoni decorativi perennemente impegnati a lucidarsi le penne ce ne sono anche troppi (loro pare abbiano preso sul serio il "*crescete e moltiplicatevi*" e rifiutano gli anticoncezionali, che nel loro caso sarebbero addirittura benedetti, perché la loro razza, lungi dall'essere in via d'estinzione, si sta diffondendo in maniera esponenziale, recando danni devastanti all'equilibrio dell'ambiente ecclesiale).

Stanno in agguato anche coccodrilli in procinto di versare lacrime su ciò che non è più. Per non parlare di gattoni ronfanti, che sbirciano, furbastri e ammiccanti, in direzione di possibili padroni da coccolare e da cui farsi coccolare.

Non mancano neppure i cagnacci ringhiosi, sempre sul punto di azzannare chi osa avvicinarsi al recinto protetto, oppure si azzarda a manifestare il minimo dissenso.

Ci sono talpe intente a scavare cunicoli sotterranei che portano a Palazzo, dove ci sono onori e... odori di cucina stordenti.

E il cielo è rigato da rapaci avvoltoi che si lanciano in picchiata (verso il basso!) ad artigliare e addentare brandelli di potere.

Ma, inutile cercare oltre, il gallo non c'è. È stato collocato in una gabbia a parte, una specie di cella di punizione... perché non disturbi i pasti, le digestioni e i sonni di tutti col suo irriverente chicchirichì.

Eppure bisognerebbe avere il coraggio di aprire quella gabbia umiliante, e concedere al gallo dell'ironia di lanciarsi sulla preda più ghiotta (voglio dire il pavone) e spennarla come Dio comanda.

Preferibili le oche

Sì, bisognerebbe procedere allo stermino dei pavoni che infestano l'area del tempio e vanno a invadere anche i territori altrui. Ne vediamo talvolta alcuni, insopportabili nel fare la ruota, che si esibiscono senza ritegno, anzi con evidente compiacimento, sugli schermi televisivi (anche quando l'età consiglierebbe di tirarsi in disparte e coltivare altri pensieri).

Qualcuno indossa ancora l'abito talare o il saio (un po' troppo elegante rispetto al sacco trovato nella spazzatura da un certo Francesco d'Assisi), i più sono fasciati in clergyman inappuntabili, altri sfoderano vistosi maglioni girocollo. Uno – che batte tutti i record di antipatia – esala una voce "incipriata" e untuosa al tempo stesso (mi scuso di non saper definire meglio il fenomeno... repellente).

Ce li troviamo in casa, ogni momento, in tutti gli angoli, questi pavoni. Loro sono soliti fare il giro delle "sette chiese" (e più) televisive. Tengono anche rubriche fisse sui quotidiani e rotocalchi di larga diffusione (con la foto segnaletica formato tessera: facce troppo serie per essere prese sul serio, o troppo sorridenti per non destare inquietanti sospetti e mettersi sulla difensiva), firmano articoli a getto continuo sulla stampa di ogni colore, vengono immancabilmente intervistati a proposito di qualsiasi questione, soprattutto di quelle in cui, onestamente, non avrebbero niente da dire o nelle quali non dovrebbero mettere il becco per un elementare senso del pudore (ma avete mai visto un pavone col senso del pudore?).

Alcuni di loro sono diventati autentiche star: contese da tutte le parti, invitate, sollecitate, blandite, perfino coccolate con manifesto loro sussiego.

Pavoni sacri. Coreografici. Folcloristici. Che non ti addentano le caviglie. Preferisco ad essi le oche di quand'ero bambino, che mi inseguivano specialmente sugli argini del Po e mi davano tremende beccate nella parte posteriore dei calzoncini riducendoli a brandelli, e pizzicavano anche la pelle che stava sotto, incuranti, anzi aizzate dai miei urli.

Loro, invece, i pavoni, incassano compuntamente il regolamentare gettone di presenza. E pensare che molti di noi – suppongo –, pur di toglierli dalla vista per un certo tempo, sarebbero disposti a tassarsi per assegnargli un gettone di assenza.

Riflettiamoci su un istante. Quale enorme vantaggio sarebbe per la Chiesa mettere in circolazione quell'accoppiata: il gallo dell'ironia e le oche della satira...

Supplica

Titolari di volti spenti, sorrisi agghiaccianti, smorfie devote, labbruzzi sottili e pallidi, bocche a buco di gallina, gesti calcolati, sguardi opachi (perché c'è lo schermo della pagina di un codice), dentiere d'annata masticanti formule, mani sentenziose, indici ammonitori, teste gravi, pose compassate, busti ingessati,

pietà di noi
pietà di voi.

Abbiate la forza di un momento di debolezza. Non vergognatevi di possedere un cuore. Lasciate filtrare un sorriso. Concedeteci un sorriso aperto, non di circostanza.

Deponete, almeno per un istante, il ruolo, e date via libera alla persona rattrappita dentro quell'armatura ufficiale.

Sgranchitevi con una risata liberatoria.

Esplodete in uno sbadiglio che dia un po' di ossigeno a tutta la mercanzia inutile che vi siete incaricati di custodire.

Date una robusta scrollata di spalle per scacciare i pensieri del regolamento di cui vi sentite custodi.

Prendete a calci una palla di stracci, in modo da allontanare le cose importanti di cui dovete occuparvi.

Dimenticate, per un istante, le parole scontate, prevedibili, che siete obbligati a dire.

Fate due capriole – per quanto ve lo consentano l'artrite e i reumatismi – sul prato soffice dell'umanità.

Chissà non venga fuori, da una zona dimenticata di voi stessi, una parola, magari esitante, ma nuova, che neppure voi sapevate di possedere, senza le censure dell'opportunità e dell'abitudine. Forse non la riconoscerete nemmeno voi quella parola. Fidatevi, viene da lontano, e colpisce il bersaglio, lì vicino, proprio al centro della persona.

C'è, davanti a voi, qualcuno che chiede soltanto di essere ferito da una scheggia di Vangelo.

Soltanto se vi vedremo finalmente ridere, scherzare fanciullescamente, riusciremo a prendere sul serio quella Parola di cui siete portatori.

Sono una bestia, ma...

La frase più "mistica" che abbia mai ascoltato l'ho intercettata sulla bocca di un vecchio prete: «Sono una bestia. Ma una bestia che appartiene tutta al Signore e che lavora a tempo pieno per Lui, combinando non pochi guai, ai quali però Lui è capace di porre rimedio».

"Io e Lui non andiamo mai d'accordo"

La cosa più sensazionale sulla preghiera l'ho ricavata ancora dallo stesso vecchio prete di montagna. Mi diceva:

«Dopo tanti anni, mi accorgo che non ho ancora imparato a pregare!»

Ho domandato perché. Risposta sorprendente:

«Perché tutte le volte che prego mi accorgo che io e Lui non andiamo mai d'accordo».

Incontri evitati: una vera fortuna

Una ragazzina ingenua, di fronte al proprio Vescovo, esclama: «Che emozione! È la prima volta, nella mia vita, che mi trovo a faccia a faccia con un vescovo...» Il presule si schermisce così: «Figliola, ringrazia il Signore perché finora ti ha voluto bene tenendoti lontana da brutti incontri».

QUALCOSA SULL'IRONIA

Giocare con il pericolo

Il tema specifico dell'ironia è stato trattato con profondità e perspicacia, oltre che con sottile ironia, dal filosofo Vladimir Jankélévitch (1903-1985)[1]. Mi limito ad alcune citazioni.

Subito una precisazione fondamentale: «...Per prendere le distanze da se stessi, occorrono un'assenza totale di compiacimento, una modestia particolarmente esigente, e la decisione irremovibile di giungere, all'occorrenza, sino al sacrilegio. Per fare dello humour sul proprio corpo come se fosse qualcosa di estraneo bisogna essere Epitteto; bisogna essere un eroe dell'ironia. Da molto tempo abbiamo smesso di prendere sul serio l'universo, e ci ostiniamo ad attribuire alla nostra persona un ruolo privilegiato, a fare un'eccezione in suo favore; non possiamo credere che sia un oggetto pari agli altri; come un medico che non si rassegni a pensare che la propria malattia rientri nei casi contemplati...»

E poi: «Esiste un'ironia elementare che si confonde con la conoscenza e che, come l'arte, è figlia dell'*otium*. Certo, l'ironia è fin troppo morale per essere veramente artistica, come è troppo crudele per essere veramente comica. Tuttavia un elemento le avvicina: l'arte, la comicità e l'ironia diventano possibili quando si attenua *l'urgenza vitale*.

Ma l'ironista è ancora più libero di chi ride; perché questi molto spesso si affretta a ridere solo per non dover piangere, come quei codardi che invocano con fragore la notte profonda per avere coraggio; credono di prevenire il pericolo semplicemente attribuendogli un nome, e si atteggiano a coraggiosi, sperando di batterlo sul tempo.

[1] *L'ironia*, Il Melangolo, Genova 1987.

L'ironia, che non teme più le sorprese, *gioca* con il pericolo. Il pericolo, questa volta, è in una gabbia; l'ironia lo va a vedere, lo imita, lo provoca, lo prende in giro, lo intrattiene per il proprio svago; si arrischierà persino attraverso le sbarre, perché il divertimento sia il più pericoloso possibile, per ottenere l'illusione completa della verità; gioca sulla propria falsa paura e non si stanca di vincere questo pericolo delizioso che muore ad ogni istante».

L'ironia su se stesso: "economia"

Precisa il filosofo: «Per *economia* intendiamo l'insieme dei dispositivi temporali che serviranno a "normalizzare" la nostra tragedia interiore, sia a ritroso che in avanti...» E aggiunge: «Comprendere è smascherare: la conoscenza smaschera l'impeto dei sentimenti, degli odi e degli entusiasmi rivelandocene l'inconsistenza di fondo. Per essere ancora più precisi: niente disinganna meglio la coscienza che la meditazione sulle diverse necessità che la inquadrano e la conformano a delle leggi; la critica delle fonti e la ricerca delle origini costituiscono per gli animi troppo seri una cura salutare, oltre che un'ammirevole lezione d'umiltà, di moderazione e di diffidenza; per questo motivo i dogmatismi che ci tengono ad esser presi sul serio proibiscono qualsiasi indagine indiscreta sulla loro genealogia; non vogliono discendere dalle scimmie, e difficilmente tollerano gli spiriti curiosi che si occupano del loro stato civile; nutrono essi stessi l'illusione di essere non-generati, "non divenuti", e la loro mitologia precorre l'irriverenza che circola in ogni stagione per le vie. Ma per quanto facciano, una dolce ironia comincia a divertire i passanti, poi gli stessi giudici.

«Nietzsche, che ha tanto denigrato la storia, sapeva tuttavia frantumare gli idoli, disgregare le nostre leggi, i nostri valori incontaminati, inseguire dovunque i pregiudizi vergognosi. Soprattutto Pascal ha smascherato con parole indimenticabili la "farsa" della giustizia. Il primo diritto fu una violenza che ebbe fortuna.

«La vera libertà non è dunque altro che la coscienza della necessità, una coscienza irriverente, che contesta l'inaudito, l'originale, il sacro, e che deride i volti troppo solenni; il mistero inquietante del caso cede all'attività infinita per la quale lo spirito determina una condizione di legalità, anche nell'ambito delle proprie superstizioni.

«Visto da vicino, il miraggio degli inizi ciechi ed arbitrari si scompone in molteplici fattori. La fisiologia, la biologia e la sociologia, coalizzate contro il nostro pathos, ci insegnano via via su cosa si reggono i nostri grandi discorsi e i nostri principi immortali. La fisiologia: il più grande filosofo del mondo si trova in balìa di un violento mal di denti, e le idee forse non sono altro che un "malinteso del corpo"; è una presa in giro; l'ironia sussurra che il pessimismo tedesco si spiega con le stufe di maiolica e la rivoluzione francese con il caffè. Non ce n'è abbastanza per disgustarvi della metafisica?...

«...La società infine: non posso aprir bocca senza imitare qualcuno o contraffare qualche cosa; per quanto mi sforzi di essere il primo, di pensare qualcosa di nuovo, resto sempre il burattino della tradizione e della moda; le mie frasi, le mie idee... ahimè! i miei stessi sentimenti sono più o meno imitazioni; crediamo di amare, e recitiamo! Logica dei sentimenti, logica sociale, logica dei nervi e del fegato, o, come dice Alain, pensieri da stomaco o da milza, tutto contribuisce a mortificarmi. L'intera mia persona non è che un plagio, l'insieme di tutti i miei ruoli. Ma questo non è rinunciare all'amore, alla sincerità in quanto tali?...

«...Una coscienza accorta difficilmente si lascia ingannare. Sappiamo bene come tutto ciò finirà, e non appena il sentimento si manifesta, prendiamo tutte le misure necessarie per non essere sorpresi dal suo declino; agiamo come quelli che comprano carbone d'estate o si assicurano sulla vita a vent'anni. Prevedendo la fine, lo humour scongiura ogni ansia. L'uomo distaccato scrive il testamento della felicità al momento stesso della nascita. La magia del presente, la sua assolutezza, il suo valore eccezionale, i suoi privilegi ci lasciano increduli. Non sarà l'ironia uno dei volti della saggezza?»

L'ironia su se stessi: arte di sfiorare

Jankélévitch presenta l'ironia anche in chiave di giustizia: «Essere giusti significa attribuire l'importanza che merita ad ogni cosa, non mettersi da un "punto di vista"; o meglio ancora: adottare volta per volta un'infinità di punti di vista, di modo che si correggano reciprocamente; così sfuggiamo a tutti i "centrismi" unilaterali, ritroviamo l'imparzialità e la giustizia della ragione.

«Chi ha visto Notre-Dame dal basso e dall'alto, fuori e dentro, di fronte e di fianco, ottiene su di essa una serie di immagini o di fotografie mentali che ne compongono a poco a poco l'insieme; ecco perché un'istantanea, fermando letteralmente il volto di un attimo, è sempre meno viva di un ritratto che tiene conto degli innumerevoli profili della persona e delle innumerevoli angolazioni sotto cui appare...

«...Esistono nature sognatrici che non riescono ad instaurare in se stesse il dinamismo delle inclinazioni contrastanti; a nulla servono esigenze di adattamento, guerra civile degli istinti; non possono vincere la pesantezza delle proprie emozioni né l'indugiare patetico del loro cuore; sono nature gravi e "quasi troppo serie"... si gettano a corpo morto sui loro minimi sentimenti, senza riserve, senza precauzioni; qualsiasi cosa provino, amore, collera, entusiasmo, vi mettono tutto il loro ardore, e per questo vengono definite "tutte d'un pezzo", esprimendo così che esse giungono sino al culmine della loro emozione. Hanno la pretesa di manifestarsi totalmente in una parola, in un sorriso, uno sguardo, una pressione della mano; impegnano a fondo ogni minuto della loro vita. Ma tale ardore radicale le rende infinitamente vulnerabili...»

I trucchi dell'ironia

«...L'ironia ha mille trucchi nella sua bisaccia. Eccelle nel rendere insignificante l'ostacolo, nel segnare le carte, nel dissimulare con l'inganno il punto debole di un ragionamento, nel farci prendere il discontinuo per il continuo, e si sottrae con un impercettibile slittamento non appena crediamo di bloccarla.

«"Guarda, dice al suo ballerino, il povero Gigio, la principessa Brambilla, volteggiandoti attorno ti sfuggo proprio quando tu pensavi di afferrarmi e di tenermi saldamente". Così l'ironia supera sempre la disperazione; fa la piroetta e, in men che non si dica, ha già fatto sparire la causa del nostro tormento; in barba al destino eccoci diventati giardinieri, geometri o violinisti, e ce la filiamo di nascosto sotto le maschere più svariate.

«In queste manovre astute dell'ironia abbiamo già riconosciuto un'attitudine che ben si attaglia all'intelligenza e che chiameremo, in una parola, l'*arte di sfiorare*. L'ironista non vuol essere profondo; non vuole aderire né pesare; ma tocca il pathos con una tangenza infinitamente leggera, e quasi imponderabile...

«...L'ironia è la duttilità, cioè l'estrema consapevolezza. Ci rende, come si usa dire, "attenti al reale" e ci rende immuni dalle limitatezze e dai travisamenti di un pathos intransigente, dall'intolleranza di un fanatismo esclusivista.

«...La serietà è essenzialmente fragile. Il nostro rispetto svanisce quando scopriamo da quali minuscole cause dipendano i più grandiosi avvenimenti della storia o della vita interiore; tutto ciò che costituiva il nostro orgoglio di esseri pensanti ad un tratto crolla, offrendo la visione della nostra natura, e la delusione è tanto amara quanto quella del nobile che scopre, celato nella sua prosapia, qualche avo poco illustre. In definitiva siamo manovrati da ogni parte... Perché prestarci ancora a una tale commedia? Le perle false imitano le vere al punto da trarre in inganno, e gli automi non si distinguono dai viventi; la beffa dei surrogati sembra dimostrare che non c'è nulla di insostituibile.

«L'ironia è l'allegrezza un po' malinconica che ci ispira la scoperta di una pluralità; i sentimenti, le idee devono rinunciare alla loro solitudine signorile per dei rapporti umilianti di vicinato, per coabitare nel tempo e nello spazio con la moltitudine; le novità si riconoscono antiquate e diventano motivo di confusione per gli ingenui; l'universo si anima, ma il particolare si atrofizza; ci sono nel mondo ad un tempo maggior varietà e minor ardore. Non si possono adorare diversi assoluti, amare con lo stesso amore molte donne insieme, avere, come quell'uomo di mondo, cinquecento amici, di cui trecento intimi. Un'abbondanza così stupefacente è un insulto al mistero del sentimento e alla serietà della confidenza.

«Occorre quindi scegliere tra l'intimità e la giustizia. Fare dell'ironia significa scegliere la giustizia. Pensiamo ai testimoni, alla società che riderà di noi, al passato e al futuro che ci guardano, alle altre sfere del nostro essere che vogliono ciò che loro spetta, a quell'innumerevole non-io attorno all'io.

«Non mi si lasci più faccia a faccia con l'istante; l'istante sovrano, nel duplice valore di *presenza* e di *presente*, non è che un punto nella durata e nello spazio. Ahimè! perché non si può essere nello stesso tempo razionali e ardenti?»[2]

Giochi dell'amore e dello humour

«...Il rispetto rifà ad ogni istante ciò che l'ironia ha disfatto; la totalità rigenera all'infinito nelle parti smembrate, ricostituendo ovunque l'organismo spirituale; lo spirito, mantenuto vigile dalla scossa elettrica dell'ironia, impara di nuovo soltanto a passare dal figurativo alla cosa figurata e da una superstizione grammaticale ad una venerazione pneumatica; l'ironia rende essenziale e denso il rispetto disgregando tutto quanto è inessenziale nelle pertinenze dell'ipseità e negli epiteti dell'io, tutto ciò che è bluff e polvere negli occhi: le mostrine, i galloni, i titoli e tutta la passamaneria della vanità...

«...L'ironia, distruggendo l'involucro esteriore delle istituzioni, ci esercita a rispettare solamente l'essenziale; semplifica, spoglia e distilla; tirocinio purificante in vista di un assoluto mai raggiunto, l'ironia finge allo scopo di distruggere le finzioni; è una forza esigente e che ci obbliga a sperimentare volta per volta tutte le forme dell'irriverenza, a profferire tutte le insolenze, a percorrere il giro completo delle bestemmie, a concentrare sempre più l'essenzialità dell'essenza e la spiritualità dello spirito...

«...L'ironia, da una parte, è mortale per le illusioni; ovunque tesse le ragnatele in cui si impiglieranno i pedanti, i vanitosi e gli stravaganti. "Ironia, vera libertà!" esclama Proudhon dal fondo della cella di Sainte-Pélagie, "tu mi liberi dall'ambizione del potere, dalla servitù dei partiti, dal rispetto dell'abitudine, dalla pedanteria della scienza, dalle mistificazioni della politica, dal fanatismo dei riformatori, dalla superstizione di questo grande universo e dall'adorazione di me stesso... Tu consolasti il Giusto che spirava pregando sulla croce per i suoi carnefici: Perdona loro, Padre, perché non sanno quello che fanno. Dolce ironia! Tu sola sei pura, casta e discreta. Tu doni grazia alla bellezza e sapore all'amore; ispiri la carità tramite la tolleranza; disperdi il pregiudizio omicida...; procuri la guarigione al fanatico e al settario..."».

[2] *Op. cit.* pagg. 30-39.

Uno specchio di fronte al quale arrossire

«...L'ironia è l'inquietudine e la vita scomoda. Ci presenta lo specchio concavo in cui arrossiamo nel vederci deformati, contorti, ci insegna a non adorare noi stessi e fa in modo che la nostra immaginazione conservi pieno diritto sulle proprie indocili creature. Chiunque resti sordo al suo mormorio si condanna al dogmatismo stazionario e all'intorpidimento beato...

«...Tra humour e l'amore si gioca una partita senza fine, in cui ciascuno è successivamente il vincintore e il vinto. Si gioca a chi sarà il più furbo. Lo humour è più agile e più pronto dell'amore, ma l'amore è ancora più forte dello humour...

«...Ad ogni istante l'amore germoglia nelle profondità della noia, e la sua serietà infinita rinasce dai mille sarcasmi che lo feriscono; ogni anno ritorna il mese di maggio, una nuova giovinezza e una fiducia tutta nuova. Come mai tanti ripetuti inverni non hanno dissuaso la natura dal produrre fiori? No, invece, la primavera è testarda come l'inverno, ed ogni volta, nella sua instancabile pazienza, la natura risveglia gli animali e le piante come se non avesse imparato niente. È il mistero della risurrezione...

«...Ironia amorosa, ironia seria, sempre intermedia fra la tragedia e la leggerezza! Quasi nulla è così grave da averne timore né è così futile da riporvi speranza...

«...Lo humour non esiste senza l'amore, né l'ironia senza la gioia. E la lucidità non sarà priva di ardore...

«...Poiché l'ultima parola non si può lasciare al sarcasmo, ecco comparire infine in una nuvola di arpeggi, la fronte cinta di rose e di candide camelie, la musa Euterpe, l'ispirazione, che reca agli uomini il dono degli dei di cui tutti quegli sciocchi non sospettavano neppure l'esistenza. Infatti lo scopo dell'ironia non era di lasciarci marcire nell'aceto dei sarcasmi né, dopo aver massacrato tutti i fantocci, di drizzarne uno al loro posto, ma di ripristinare ciò senza cui l'ironia non sarebbe neppure ironica: uno spirito innocente e un cuore ispirato»[3].

[3] *Op. cit.* pagg. 140-145.

PADRE, HO PECCATO PERCHÉ NON HO RISO ABBASTANZA

Ho un piccolo, tormentoso sospetto, Signore. Temo che, nell'ultimo giorno, mi rimprovererai per non aver riso abbastanza su questa terra.

Eppure gli spettacoli divertenti, spassosi, non mancano davvero, né scarseggiano gli attori più o meno consapevoli. Incominciando da me.

Sì, mi accuserai di non aver riso di me stesso. Della mia supponenza. Del sentirmi al centro del mondo. Dell'illusione che tutto dipenda dal mio fare e che il progresso sia in rapporto al mio correre affannoso. Della preoccupazione ossessiva di ciò che gli altri pensano di me. Del certificato di importanza che mi attribuisco. Delle mie lacrime infantili. Delle mie angosce... capricciose. Delle mie paure. Dei miei fallimenti.

Ma mi domanderai conto severo anche per non aver riso abbastanza dei troppi personaggi tronfi e pittoreschi, boriosi e inconsistenti, tonanti e innocui, mollicci e inamidati, appariscenti e vuoti, goffi e ieratici, ingombranti e senza peso reale, che dominano la scena del mondo, compreso naturalmente quello ecclesiastico. O di averli presi troppo sul serio.

Gente malata di presenzialismo, vanità, trionfalismo, esteriorità, arrivismo. Individui convinti che la terra ruoti grazie alle loro spinte, che il sole spunti al mattino richiamato dai loro chicchirichì, che il regno di Dio poggi sulle loro spalle, che tutto il sapere sia condensato nella loro smisurata scatola cranica.

"Grandi" che per apparire tali hanno bisogno di tacchi alti una spanna, che si nutrono degli omogeneizzati a base di applausi, inchini e incenso e scodinzolamenti, hanno bisogno di essere tonificati dalla popolarità, e hanno paura della critica più che delle pallottole.

E poi la mandria sterminata – e affamata – dei cortigiani, turiferari, trombettieri, maestri delle cerimonie, adulatori striscianti, uomini del "sì" sempre e comunque, organizzatori del consenso che rendono difficile la circolazione nel "palazzo".

E quelli che si incaricano di evitare al principe la più minuscola sofferenza (specialmente quella causata... dalle sofferenze altrui; mi viene in mente una canzone di Jannacci: "il nostro pianger fa male al re; fa male al ricco e al cardinale: diventan tristi se noi piangiam...").

E poi le dimissioni minacciate infinite volte e mai date veramente, per la paura che vengano accettate.

E quindi le discussioni futili, le polemiche accanite per le cause più sbagliate, gli sdegni, gli scandali, le proteste "vigorose" per i motivi più futili, il linguaggio diplomatico, il gergo dei dotti, i consigli degli "illuminati", le acrobazie dei prudenti, le contorsioni e gli strisciamenti dei carrieristi...

Per non parlare delle montagne di discorsi, l'alluvione di documenti, la slavina di "ferme prese di posizione", i "punti fermi" ballerini, i "principi irrinunciabili" purché non ci sia di mezzo il portafogli.

E gli esperti dell'aria che tira, i coraggiosi trascinatori del carro del vincitore, gli innumerevoli iscritti al "partito preso", gli specialisti degli applausi a comando, i frequentatori assidui del palco, i portaborse e i portasorrisi, i portatori di vestiti e i portatori di comunicati, i mezzibusti fotografici e televisivi, e quelli che pretendono di essere ammirati – come diceva uno scrittore satirico – dalla testa (magari fornita di parrucchino oppure addobbata di capelli tinti) giù giù fino... ai pensieri.

Quale materiale sterminato per provocare il riso, addolcire l'esistenza, spazzar via i nuvoloni neri, compensare le lacrime (quelle vere, s'intende).

Materiale fornito "provvidenzialmente" e con larghezza dagli uomini di quaggiù, specialmente da quelli che si spacciano per "grandi" (e non sono che ometti), da coloro che si ritengono seri, da chi si considera indispensabile, dagli individui affetti – scusa – dal "complesso del padreterno", dagli spocchiosi "padroni del vapore".

Materiale inesauribile e che rimane troppo spesso inutilizzato.

Qualcuno sostiene che gli uomini veramente seri non appaiono mai seri. Quindi quelli che si mostrano sempre troppo seri, e si prendono troppo sul serio, assicurano un prodotto indispensabile per la sopravvivenza qual è appunto il riso. Ma bisogna approfittarne.

Signore, devo convincermi che la risata liberatrice rappresenta una pratica ascetica fondamentale. Il riso mi prepara all'eternità scrollandomi di dosso la polvere del contingente, le impalcature traballanti, i monumenti tarlati, le bardature solenni, il trucco e la vernice, le grandezze miserabili, i falsi valori, i pesi ingombranti.

Il riso è ridimensionamento impietoso di ciò che pretende essere assoluto, demitizzazione radicale di tutti i divismi, sdrammatizzazione salutare degli incidenti di percorso e dei guai che ci affliggono, correzione delle visioni distorte della realtà, spoliazione delle apparenze, accertamento della provvisorietà, riduzione all'essenziale, culto della povertà, tutela della propria libertà, oltre che della dignità.

Il riso è proclamazione dell'Assoluto, senso del provvisorio, attesa dell'Eterno.

Signore, probabilmente la terra è una valle di lacrime. Ma, forse, non ci siamo ancora accorti che Tu ci hai dato il riso per prosciugarla almeno un po'.

E io temo proprio che quel Giorno non mi chiederai se avrò pianto a sufficienza, ma vorrai accertare se avrò riso abbastanza, se avrò colto parecchie delle innumerevoli occasioni che si presentavano, che Tu mi offrivi, per sorridere.

L'Apocalisse (21,4), sulla scorta di Isaia (25,8), ci assicura che Tu asciugherai le lacrime dai nostri occhi. Ma non dice che spegnerai il riso dai nostri volti.

Fammi ridere, Signore!

Non resta che implorare questa grazia presso il Signore, come fa Michel Quoist in una sua bellissima preghiera, preceduta da queste osservazioni:

«Molti fedeli pensano che non sia rispettoso ridere in chiesa. Piangere, invece, è abbastanza ben visto. Perché una cosa sì e l'altra no?

Non si tratta di confondere distrazioni chiassose, risate nervose, che spesso non sono che vani tentativi di fuggire da se stessi, dal prossimo e dall'austerità della vita quotidiana, con gioie sane che si manifestano scoppiando in risate tonificanti.

La gioia di essere cristiano dovrebbe qualche volta *manifestarsi*. Offriamo spesso ai nostri fratelli volti cupi, preoccupati. Le nostre Eucarestie sono tristi, dicono i giovani. Spesso loro si annoiano. Non hanno torto!

Non è facile essere sempre allegri. È possibile sulla terra? Non è tuttavia impossibile accogliere con tutto il cuore alcuni momenti di vera felicità e dividerli con i nostri fratelli.

Per sentire una limpida risata che sprizza e scoppia come un fuoco d'artificio, bisogna andare... in un convento di religiose durante l'ora della ricreazione. Guardare i loro volti. Ascoltare.

Perché?

E se fosse Cristo Gesù, infine, pienamente accolto in un cuore puro, a darci... la voglia di ridere!» Ed ecco la preghiera:

«Non so perché, Signore,
pregandoti, stamattina,
improvvisamente mi sono reso conto
che non ti avevo mai immaginato
ridere.
Ridere di una vera risata sonora, che diffonde i suoi echi
in ondate successive,
verso gli altri che l'accolgono,
felici per queste gioie donate.

Ti immagino pacato,
ogni tanto con un sorriso discreto,
ma soprattutto serio e grave,
qualche volta in lacrime.
Ma Signore, tu sai quanto sono felice di sapere
che sei stato capace di piangere!
I tuoi evangelisti però non hanno ritenuto di dirci
che un giorno, in tale o in talaltra circostanza,
ti eri fatta una bella risata.
Me ne dispiace.

Ti vedo anche bello, pieno di luce, o Signore,
trasfigurato nella preghiera,
oppure con gli occhi brillanti di collera,
che fustighi gli ipocriti della morale
e della religione.
Ti vedo sfigurato,
tremante di solitudine e di paura,
sanguinante sotto le torture.

Ma che ridi di cuore… decisamente no.
Eppure ridevi, ne sono sicuro.
Anche se le anime buone pensano,
forse, che non sia conveniente!
Tu ridevi, fanciullo, a Nazareth,
quando giocavi in piazza con i tuoi compagni,
ridevi, adolescente, con i tuoi cugini,
nella carovana, di ritorno dal Tempio.
Ridevi con i tuoi discepoli,
alle nozze di Cana in Galilea,
e cantavi,
e ballavi se gli altri ballavano.
Ma dopo…
faccio fatica ad immaginarlo!…
Ho cercato il perché.
Penso di averlo trovato…
È che *ho poca fede*!
Senza troppa difficoltà,
credo che tu sia Dio.
Tuo Padre me lo ha suggerito,
ne sono sicuro,
poiché ci hai detto che da soli
non potevamo crederlo,
e lo ringraziamo per questo dono meraviglioso
che trasforma la mia vita.
Ma confesso,
non è facile per me
credere tu sia uomo.
Non un superuomo: un uomo.
Uno vero.
E che non hai giocato a fare l'uomo,
mascherato da uomo
per fingere di essere con noi,
solidale per tutta la nostra vita.
Eppure, Signore,
se ogni tanto faccio fatica a crederlo
quando medito questo mistero soltanto nella mia "*testa*",
è per me la più meravigliosa delle notizie
quella che mi colma di riconoscenza e di gioia,

quando la contemplo nel mio cuore.
Perché è ai miei occhi
la prova più sicura,
la più sconvolgente,
che ci ami sopra ogni cosa,
e che questo amore ci è vicino, così vicino da *toccarci*,
da mettere radici in noi.
In questa umanità da Te creata,
ma così lontana,
da Te così lontana,
se non fossi venuto.
   Perché avresti potuto amare dall'alto, Signore,
e mandarci un ambasciatore
che Ti rappresentasse,
e invece ti sei spostato *personalmente*.
Saresti potuto venire *accanto* a noi,
Tu, *Dio,* per trascinarci:
e noi, *uomini*, per seguirTi.
Ma Tu sei venuto tra di noi,
uomo con noi,
uomo come noi,
talmente come noi
che siamo diventati fratelli.
Fratelli del bimbo che piangeva,
beveva il latte di sua madre.
Fratelli del fanciullo che imparava a leggere,
a pregare.
Fratelli dell'uomo che predicava così bene...
troppo bene,
da morirne fra le torture
offrendo la sua vita per noi.
Fratello.
Nostro fratello Gesù,
che sapeva piangere... e *ridere*...
perché era un uomo.
   Ho pensieri strani, Signore,
ma cosa vuoi,
pensare a Te così vicino a noi...
così simile a noi

perché possiamo diventare simili a Te
mi rende felice.
Talmente felice
che mi meraviglia non esserlo di più,
e mi dispiace vederci così seri
quando parliamo di Te,
e non capisco perché abbiamo l'aria triste,
quando ci riuniamo per pregarTi,
e offrire con Te al Padre
la tua sofferenza... le tue lacrime,
le tue gioie... e le tue risate,
la Tua vita!
Gli uomini intorno a noi
crederebbero forse più in Te,
se fossimo più allegri,
e se lo si vedesse.
Scusami l'impertinenza,
ma stasera ho voglia di dirTi,
come i bimbi piccoli
sulle ginocchia del fratello maggiore:
«*Fammi ridere!*»
Sì, è la mia preghiera inattesa,
Signore, fammi ridere!
Perché, a mia volta, io possa
far ridere i miei fratelli.
Ne hanno tanto bisogno!»[1]

[1] *Cammino di preghiera,* SEI, Torino 1989, pagg. 135-140.

LE RADICI DELL'UMORISMO
E LE SUE ESPRESSIONI

L'umorismo come liberazione

Possiamo prendere l'avvio da un Salmo:

"Quando il Signore ricondusse i prigionieri da Sion,
ci sembrava di sognare.
Allora la nostra bocca si aprì al sorriso,
la nostra lingua si sciolse in canti di gioia"

(Sal 126,1-2, trad. CEI).

A. Chouraqui traduce: "Alors notre bouche s'emplit de rire, notre langue de jubilation". G. Ravasi: "la nostra bocca si colmò di sorriso, la nostra lingua di esultanza". A. Schökel: "ci si riempiva di risa la bocca, la lingua di giubilo". E. Bianchi: "la nostra bocca era piena di risa, la nostra lingua di canti". D.M. Turoldo: "tutte le bocche esplosero in grida, inni fiorirono in tutte le gole". M. Mannati: "le nostre bocche erano piene di riso, le nostre lingue di gridi di gioia". F. Nardoni: "la nostra bocca era piena di sorriso e la nostra lingua d'inni di gioia". G. Diodati: "fu ripiena la nostra bocca di riso, e la nostra lingua di giubilo". Nova Vulgata: "Repletum est risu os nostrum, et lingua nostra exultatione". La Soncha Scrittüra (ronancio-ladino): "Alura sarà nossa bocca be rier, nossa lengua be güvel". TOB: "alors notre bouche était pleine di rires et notre langue criait sa joie".

Ci viene fornita qui la chiave per comprendere l'umorismo: la liberazione. L'umorismo è, precisamente, un atto di liberazione. Liberazione dalla schiavitù, dall'oppressione, dallo sfruttamento.

Nel caso degli ebrei, cui fa riferimento il Salmo, si tratta di una liberazione totale, compiuta, con segni inequivocabili, dalla schiavitù di Babilonia.

Tuttavia è possibile l'umorismo anche all'interno di una condizione di schiavitù che appare insopportabile. Abbiamo, in questo caso, una *liberazione interiore* grazie appunto all'umorismo, al riso o, almeno, al sorriso.

Oggi esistono diverse forme di schiavitù, anche se assumono forme non necessariamente crudeli, anzi perfino seducenti: le mode, le ideologie, la propaganda, la pubblicità, le diverse forme di alienazione, la logica del profitto, la carriera, il successo, il fanatismo, la cortigianeria, il servilismo strisciante e sbavante, il settarismo del gruppo, la disciplina di partito che condanna a perseguire gli interessi del capo, a giustificare anche le sue sciocchezze più clamorose, a seguirlo nelle iniziative più strampalate. Ci sono le parole d'ordine da ripetere, gli slogan da urlare, i luoghi comuni da replicare, le menzogne cui far finta di credere.

Un'infinità di idoli pretendono la nostra adesione incondizionata.

L'umorismo come espressione di libertà interiore permette appunto di sottrarsi a questi condizionamenti, a queste forme subdole di oppressione.

Liberazione anche dal proprio io ipertrofico, invadente, portato a ritenersi il centro dell'universo. Quell'io che, di fronte a certe situazioni penose, ritiene che le sole vie percorribili siano quelle dell'ira, della violenza, del dispetto, dell'aggressività (compresa quella verbale), oppure della scontrosità, della tristezza, del risentimento. E, invece, esiste la scappatoia dell'umorismo per liberarci del nostro "pupo" (per usare un termine caro a Pirandello).

L'umorismo, in fondo, ci consente di guardarci dal di fuori, prendendo le doverose distanze dall'io con le sue pretese insostenibili (e, spesso, ridicole).

Insomma, non c'è umorismo senza la capacità di uscire da sé, prendere le distanze dal proprio pupazzo, dalle proprie ambizioni smodate, dal proprio narcisismo, dal desiderio incontenibile di piacere ed essere ammirato.

Troppi individui si rivelano costituzionalmente incapaci di umorismo perché peccano di rigidità, appaiono come ingessati nel proprio personaggio pubblico, cristallizzati e quasi "surgelati" nel proprio ruolo, murati in se stessi.

Troppi individui sono negati all'umorismo, al riso, al sorriso, perché incapaci di "trascendere", ossia, letteralmente, "andare oltre" se stessi, condannandosi a rimanere imprigionati nella propria immagine, i propri guai, la propria problematica contorta, perfino i propri capricci, le proprie manie, i propri complessi.

Umorismo "a causa di..." e umorismo "ciononostante..."

Alcuni studiosi che hanno analizzato il fenomeno dell'umorismo distinguono tra umorismo "a causa di..." e umorismo "ciononostante..." (oppure, "nonostante tutto")[1].

Nel primo caso si ha la capacità di scoprire il lato comico, assurdo delle cose e delle persone. Nel secondo caso si ride nonostante le avversità. Osserva a questo proposito H. Höffding: l'umorismo è una «concezione di vita o comunque una disposizione d'animo nei confronti della vita. Esso può trarre nutrimento da tutto ciò che l'uomo sperimenta, subisce, gode, produce o sente». E aggiunge: «...è una possibilità di sorridere o ridere in faccia a tutto, cosa che in realtà o in apparenza risulta essere in contrasto con quanto uno ha nell'animo»[2].

Dio garante dell'umorismo

Il credente, a questo riguardo, può avere un certo vantaggio rispetto a chi non ha il dono della fede. Infatti, se l'umorismo è la capacità di relativizzare, il credente dispone di un punto di riferimento privilegiato: l'Assoluto di Dio. E proprio questo gli permette di ridimensionare tutto il resto. Inoltre, quale metro rispetto alle cose contingenti e all'attimo fuggente, possiede quello dell'eterno.

Il "ciononostante" o il "nonostante tutto", per lui, costituisce un appiglio molto più consistente.

Sempre in termini di fede, l'umorismo ha radici teologiche piuttosto profonde (o, a seconda dei punti di vista, alte). Afferma Fritz Blanke: «L'umorismo è umano, eppure esso è anche divino. Questo perché l'uomo è stato creato da Dio e seppure egli ha peccato, non per ciò ha perso tutto il corredo delle sue origini. Gli sono rimasti echi del paradiso: l'umorismo, tra l'altro. Esso

[1] È, sostanzialmente, il pensiero che si ricava dalle opere dello psicoterapeuta J.A. Bernhardt e del poeta Otto J. Bierbaun.

[2] Riferito da W. Thiede, *op. cit.* pag. 62.

è una parte di ciò che rimane della originale immagine e somiglianza con Dio dell'animo umano»[3].

Commenta opportunamente W. Thiede: «Visto in questa ottica, l'umorismo trascendentale è per così dire una sfumatura di quella gioia escatologica che, già nella presente realtà di estraniazione, prende forma della coscienza cristiana conferendole il potere sul "ciononostante" dell' "umorismo di fede" a dispetto del potere della tristezza»[4].

H. Thielicke si spinge oltre, forse con una punta di esagerazione: «Nell'umorismo l'uomo incontra la propria *intrinseca* essenza, tanto che egli si comporta nell'umorismo con i modi previsti per lui dal Creatore nei suoi progetti originari»[5].

Comunque, quale base teologica, può bastare il residuo, il frammento, la scheggia, la copia sbiadita, ma non del tutto cancellata, della somiglianza originaria con Dio dell'essere umano.

Giovannino Guareschi: uno che ha praticato i due tipi di umorismo

Chi si rivela interprete delle due dimensioni ("a causa di" e "ciononostante") è sicuramente l'umorista principe Giovannino Guareschi. I suoi esordi come scrittore sono segnati da alcuni romanzi come *Il destino si chiama Clotilde, Il marito in collegio, La scoperta di Milano*[6]. Libri memorabili, con pagine spassosissime, un fuoco di fila di battute, definizioni fulminanti, situazioni surreali.

Poi viene l'esperienza drammatica dei lager nazisti. Qui l'umorismo di Guareschi tocca la dimensione del "ciononostante". Il suo è un umorismo contagioso, che coinvolge i compagni di prigionia e li salva dal pericolo della disperazione, dell'avvilimento, della rassegnazione impotente. È un umorismo che alimenta la

[3] *Luthers Humor. Scherz und Schalk in Luthers Seelsorge,* Hamburg 1954, pag. 42.

[4] *Op. cit.* pag. 69.

[5] Riferito da W. Thiede, *op. cit.* pag. 69 (nota 33).

[6] Uno studio interessante su questa prima fase è senz'altro la tesi di laurea di Chiara Fasani, *Lingua, stile, comicità e umorismo del primo Guareschi (1941-1944)*, Facoltà di Lettere dell'Università di Friburgo (Svizzera), 1998.

speranza, che trasforma quegli individui straccioni, smagriti e divorati dai parassiti in "resistenti": resistenti alla brutalità, all'asservimento, alla prepotenza degli aguzzini. È un umorismo a servizio della dignità personale e della libertà interiore.

Tengo davanti un suo disegno. Raffigura una scena che sembra ritagliata dal libro dell'Esodo. Sì, un Esodo collocato tra gli anni drammatici 1943-1945. Si snoda una processione che attraversa il filo spinato (l'equivalente del Mar dei giunchi), percorso dall'alta tensione, proprio sotto gli occhi esterrefatti delle sentinelle issate sulla loro torretta con mitraglia e il faro puntati.

In testa, a guidare l'evasione, c'è lui, il "Giovannino fatto di aria e di sogni", con la sua sdrucita casacca da internato buttata sulle spalle. E, dietro, la fila lunghissima, allucinante, dei compagni di prigionia.

Il fatto sorprendente è che, quando Guareschi abbozzava quel quadro, stava rinchiuso nel campo di Czestokowa, o di Beremerwörde-Sandbostel, o di Beniaminowo, o di Wietzendorf-Bergen, altrettante tappe del suo lungo viaggio, cominciato il 13 settembre ad Alessandria.

In realtà, lui e i suoi compagni si sentivano *già* liberi, anche se rimanevano segregati in uno di quei gironi infernali. Erano la poesia, la musica, l'umorismo, la comicità, che aprivano il varco tra i reticolati, e le guardie non potevano farci nulla, non erano in grado di bloccare l'Esodo creato dalla fantasia. Le armi, anche le più sofisticate, non riusciranno mai a bloccare il vento della speranza, alimentato dalla forza dell'umorismo, fatto circolare tra le fessure delle squallide baracche.

Giovannino Guareschi, la sera, saliva sul palco di un teatrino improvvisato in una delle baracche e si incaricava di non lasciar spegnere la fiamma nel cuore di quegli uomini stremati e umiliati, e anche – occorre pur dirlo – dimenticati.

Lui dava l'esempio. Nonostante la fame, il freddo, i pidocchi, le pulci, le cimici e la nostalgia che lo divorava (non aveva ancora visto Carlotta, nata nei primi mesi della prigionia), resisteva. Perse quasi quaranta chili, ma diede la misura della propria forza interiore, che diventava contagiosa anche per gli altri. Dirà: «Faccio la guardia alla mia dignità».

Il nucleo intangibile dell'uomo

Qualche volta Guareschi alzava la voce, "ruggiva", tra lo sbalordimento di tutti, e apostrofava direttamente la potenza che tendeva inutilmente a renderlo schiavo (schiavo "dentro", perché le vere catene sono quelle che uno accetta o addirittura si fabbrica nel proprio intimo), sembrava volesse sfidare l'ennesima reincarnazione del Faraone. È rimasta celebre una sua invettiva:

«Signora Germania, tu mi hai messo fra i reticolati, e fai la guardia perché io non esca. È inutile, signora Germania: io non esco, ma entra chi vuole. Entrano i miei affetti, entrano i miei ricordi.

«E questo è niente ancora, signora Germania: perché entra anche il buon Dio, e mi insegna tutte le cose proibite dai tuoi regolamenti.

«Signora Germania, tu frughi nel mio sacco e rovisti fra i truccioli del mio paglericcio. È inutile, signora Germania: tu non puoi trovare niente, e invece lì sono nascosti documenti d'importanza essenziale. La pianta della mia casa, mille immagini del mio passato, il progetto del mio avvenire.

«E questo è ancora niente, signora Germania. Perché c'è anche una grande carta topografica al 25.000 nella quale è segnato, con estrema precisione, il punto in cui potrò ritrovare la fede nella giustizia divina.

«Signora, Germania, tu ti inquieti con me, ma è inutile. Perché il giorno in cui, presa dall'ira, farai baccano con una delle tue mille macchine e mi distenderai sulla terra, vedrai che dal mio corpo immobile si alzerà un altro me stesso, più bello del primo. E non potrai mettergli un piastrino al collo perché volerà via, oltre il reticolato, e chi s'è visto s'è visto.

«L'uomo è fatto così, signora Germania: di fuori è una faccenda molto facile da comandare, ma dentro c'è un altro e lo comanda solo il Padre Eterno...»

A questo punto Guareschi si concedeva una pausa ben studiata di silenzio. Perlustrava con lo sguardo i volti scavati dei compagni di sventura, quei corpi scheletriti, che ascoltavano stupefatti, quasi increduli per quella sfida temeraria, che poteva costare caro, fissava dritto negli occhi le sentinelle armate fino ai denti.

Quindi, scandendo bene le parole, concludeva: «E questa è la fregatura per te, signora Germania»[7].

La prima parte può sembrare soltanto un'invettiva, sostanziata di sarcasmo. Ma il finale («...e questa è la fregatura per te, signora Germania») rappresenta uno sberleffo o, se vogliamo, una pernacchia scaraventata in piena faccia agli ottusi guardiani del campo.

Alla fine, faceva ripetere a tutti gli arruolati nella "resistenza bianca" la parola d'ordine, una specie di mantra, che nessun uomo della Gestapo, in quei diciannove mesi, è mai riuscito a far ringoiare: «Non muoio neanche se m'ammazzano».

Quello slogan il tenente Guareschi l'aveva coniato nei primissimi mesi della deportazione, allorché i tedeschi, nella speranza di ammorbidirlo, fargli abbandonare le posizioni di intransigenza, e convincerlo a rendersi collaborazionista, gli avevano concesso una gita premio, insieme ad alcuni compagni, al santuario della Madonna Nera di Czestokowa.

Avevano fatto male i loro calcoli, i "cruchi". Il capitano delle SS che scortava il drappello dovette ben presto rendersi conto che era impossibile far piegare la schiena a quel giornalista che aveva tanto ascendente sugli altri e li teneva allegri. Proprio dalla visita alla Madonna Nera Giovannino Guareschi era uscito ancora più determinato a non cedere né a lusinghe, né ad angherie. La sua fede, sostenuta dall'umorismo (o l'umorismo, sostenuto dalla fede), risultò "intrattabile".

È possibile ridere in faccia ai torturatori

Guareschi non imbocca la facile strada dell'odio («in diciannove mesi sono riuscito a non odiare nessuno», si vanterà davanti alla moglie, con una punta di più che giustificato orgoglio), della vendetta. Preferisce imboccare e percorrere fino in fondo quella dell'umorismo, della comicità, del sorriso, pur in quella situazione atroce.

Ridere in faccia ai torturatori non è da tutti, ci vuole una certa grandezza d'animo e una notevole forza morale.

Ciò ha permesso a lui e ai suoi compagni di sventura di so-

[7] *Diario clandestino,* 6ª edizione, Rizzoli, Milano 1951, pagg. 45-46.

pravvivere a quella immane tragedia. Grazie al riso, quei "resistenti" hanno riportato a casa non solo la pelle, ma la propria intangibile dignità di uomini.

Questa è la vera resistenza, di fronte alla quale anche i prepotenti si rivelano... impotenti.

In fondo, sono stati gli aguzzini del lager a rimanere sepolti sotto un cumulo di risate.

Il barattolière

Scegliamo un esempio significativo, sempre legato all'esperienza dei lager, di umorismo guareschiano "ciononostante": «Il barattolière, più che un uomo, è un congresso di recipienti.

«È un'assemblea generale di scatolini, un'olimpiade internazionale di vasetti, una esposizione universale di tegamini.

«Il barattolière non è un uomo: è una organizzazione. Ogni cosa commestibile che egli riceve rappresenta per lui oggetto di amoroso studio, alla fine del quale può formulare un piano d'azione dettagliatissimo. E – opportunamente destreggiandosi tra scambi con altri generi e frazionamenti – è in grado di avere a sua disposizione, ogni giorno, quaranta barattoli con le rappresentazioni di tutti gli ingredienti del creato.

«E ogni giorno, incasellati i viveri della razione, sciorina la tavolozza, e compone.

«Fondendo armonicamente sanguinaccio, cacao, margarina, pangrattato e patate, e aggiungendo un pizzico di sale, una goccia di olio, una spruzzatina di sciroppo e poca farina di castagna, ecco creato un importantissimo sformato freddo.

«Mescolando le fettuccine di rape con zucchero, latte condensato, lardo, un dado, due cucchiaini di alimento Mellin, due di marmellata, bucce di patate abbrustolite e farina di frumento, ecco delle polpettine che – fritte in un po' di margarina e *pâté* di pesce fusi nel tiglio – risulteranno eccellenti.

«Il barattolière non è più un uomo: è un laboratorio completo di chimica gastronomica. Egli trascorre le sue giornate pestando, impastando, grattando, frullando, abbruscando, cuocendo, arrostendo, rosolando, sformando, soffriggendo, crostinando, mattarellando, staccando, macinando, travasando, friggendo, polverizzando, spappolando, polpettando, impastando, e aspettando.

«Giunte le otto di sera, si siede finalmente a tavola e mangia.
«Alle nove – stanco morto com'è – va a letto.
«Alle dieci si alza e corre fuori a vomitare»[8].

Nostalgia di una risata

Per completare il tema del rapporto tra umorismo e libertà interiore, ecco la testimonianza di Jean Loup, figlio del grande G. Bernanos, al quale hanno domandato un giorno che cosa gli mancasse del padre. Riposta perentoria: «La sua risata trionfale. La risata di un uomo veramente libero».

Il riso, dunque, come espressione di una libertà conquistata. Con una risata è possibile ridimensionare tutte le false grandezze, minimizzare le prepotenze subìte, far crollare i palchi dove si celebrano i riti dell'apparenza, mettere lo scompiglio nella fiera delle vanità.

Con una risata si riesce a strappare le maschere, lacerare solenni paludamenti, e scoprire che "il re è nudo".

Umorismo come saggezza

L'umorismo, oltre che segno di liberazione (sia pure solo interiore), è anche una forma di saggezza. Capovolgendo un proverbio fin troppo abusato, si può dire: «Il riso abbonda sulle labbra dei sapienti».

La vera saggezza, infatti, è la capacità di leggere l'altra faccia della medaglia, grattare la crosta delle apparenze, prendere la giusta distanza dalle cose, possedere una precisa scala dei valori, non lasciarsi impressionare dai monumenti, non prendere sul serio le grandezze di cartapesta.

In breve: si tratta di possedere una certa visione del mondo, della vita, oltre che del suo significato.

Naturalmente bisogna avere a disposizione qualcosa cui fare riferimento, una pietra di paragone, un metro di misura tarato nella maniera giusta. Ecco perché, come abbiamo già rilevato, il credente dovrebbe essere avvantaggiato in questo senso.

[8] *Diario clandestino*, pagg. 75-76.

Certo riso banale, sciocco, volgare, superficiale, sguaiato, costruito sul vuoto, è l'opposto del vero umorismo, ed è indice di stupidità ("prevalenza del cretino" direbbe la coppia Fruttero & Lucentini), non certo di saggezza.

Umorismo come espressione di superiorità

L'umorismo implica la possibilità non solo di "prendere le distanze" (che è il fondamento della saggezza), ma anche quella di "sollevarsi", essere superiori (niente a che vedere, comunque, con un atteggiamento di superiorità sprezzante). Superiori alle meschinità, bassezze, invidie, sciocca competitività, intrighi, raggiri.

A una certa altezza le montagne appaiono sassolini, i cosiddetti grandi uomini vengono ricondotti alla loro dimensione di ometti (o addirittura nanerottoli pretenziosi), le persone importanti diventano irrilevanti, le strutture imponenti acquistano i contorni di impalcature fragili e traballanti, i gesti solenni si rivelano ridicoli, le cattedre altezzose si riducono a miserabili sgabelli, i pozzi di scienza non sono altro che modeste pozzanghere...

Per sollevarsi, occorre essere leggeri, acquistare levità. Alle volte basta un'alzata di spalle per raggiungere e mantenere la quota giusta e stabilirvi il proprio punto di osservazione, disincantato, della realtà.

Troppi individui, invece, risultano appesantiti da una grossa considerazione di sé e dei propri meriti (specie se presunti).

All'opposto, la persona "superiore" riesce a vedere cose e uomini con un sorriso di benevola compassione, di indulgenza. Anche il riso, in certi casi, può essere una forma di *pietas* verso le miserie e le debolezze umane.

Insisto: l'umorismo è un'operazione radicale di ridimensionamento, possibile soltanto da una certa altezza.

Dice il teologo Jean Paul F. Richter (1763-1785), che non ha mai nascosto il proprio amore per la letteratura: «...Occorre elevarsi tanto al di sopra dei nuvoloni della vita, al punto da scoprire che il mondo esterno, con le sue trappole, giochetti, trabocchetti, sta ai nostri piedi come un giardino d'infanzia accartocciato...»[9]

[9] *Levana oder Erziehlehre,* Paderbon 1963, pag. 71.

L'immagine opposta a quella del sapiente che si sente superiore a certe bassezze, ma non si illude di essere lui a far muovere il mondo, è quella, abbozzata da padre M. Lelong, del gallo issato sul proprio letamaio che, al mattino, si illude di far sorgere il sole lanciando al cielo il suo pretenzioso chicchirichì.

L'equivalente del letamaio, in certi casi, può essere il trono, la poltrona di comando, la cattedra. Ma il chicchirichì degli occupanti riesce solo a far divertire gli angeli.

Umorismo e conoscenza

Il rapporto molto stretto tra umorismo e conoscenza viene messo in evidenza da Moni Ovadia, noto uomo di teatro ebreo: «Noi siamo abituati a considerare il riso come qualcosa di irriverente. La risata ebraica è essenzialmente autodelatoria, rivolta contro se stessi, non contro gli altri. È una specie di autocritica che serve ad illuminare la dimensione paradossale della realtà.

«Dobbiamo capire che l'umorismo ebraico è una forma di conoscenza, è un atto che permette di relazionarsi col mondo attraverso una modalità cognitiva, che non è quella della logica formale, della logica del potere o della logica della serietà, ma si muove secondo una sua logica propria, che non pretende di essere unica, ma pretende di smascherare l'arroganza delle altre logiche a pretendere di essere uniche.

«Perché l'umorismo ebraico si rivolge contro se stessi? Perché il più grave pericolo è prendersi sul serio. Noi abbiamo visto cos'è successo di un imbianchino austriaco, con un taglio di capelli improbabile e con i pantaloni ad allacciatura ascellare, che si è messo a farneticare credendo di essere Dio in terra. Se lui avesse saputo ridere di se stesso, se avesse visto il lato ridicolo di sé, non sarebbe caduto lui per primo in una trappola così tremenda. L'umorismo ebraico non risparmia nessuno, neanche Mosè, neanche Dio...»[10]

Riso e lacrime

Lo stesso Moni Ovadia osserva: «Ci sono dei momenti per sorridere e dei momenti per piangere. Ma la vita non è a compartimen-

[10] Intervista a "Provincia", Venezia, 14 gennaio 2004.

ti stagni, per cui è difficile separare quei momenti. Per esempio, una risata può erompere tra le lacrime. La Cabala dice che quando una risata erompe tra le lacrime si aprono le porte del Cielo.

«...All'improvviso, in una situazione anche drammatica, anche dolorosa, può emergere un lato comico, un lato improvvisamente buffo, che non vuol dire necessariamente irriverenza. Dipende da come si ride: c'è un ridere che deride, c'è un ridere che irride e c'è un riso che ride, che mostra la fragilità dell'uomo e le sue contraddizioni»[11].

Precisazioni

Riassumendo, ritengo sia utile fare alcune precisazioni fondamentali a riguardo del riso.

1. C'è una risata che intende soltanto coprire il vuoto di certe esistenze scombinate. Ma c'è pure il riso che vorrebbe nascondere, maldestramente, la disperazione e le frustrazioni.

C'è un riso sciocco, ma c'è pure il riso che esprime pienezza (sia pure una pienezza... incompleta).

2. Ridere non vuol dire che non esiste niente di importante, che tutto si equivale, che si può banalizzare ogni cosa. Al contrario, il riso ci porta a scoprire l'essenziale.

3. Non ci può essere comicità, e neppure ironia, se alla base non ci sta un'etica, un senso morale, solidi principi di riferimento. La satira stessa, se autentica, si rapporta a una scala precisa di valori. Così come ritengo che fondamentale sia la passione per la giustizia. Il comico, in fondo, intende ristabilire almeno un po' di giustizia nel mondo.

4. Soprattutto bisogna ribadire la possibile coesistenza tra riso e dolore. Non dobbiamo legare il riso alla felicità e le lacrime al dolore. Infatti la gioia incontenibile può sciogliersi in pianto e la pena più angosciosa provocare il riso.

F. Nietzsche, in *Volontà di potere*, ha sentenziato: «Forse io conosco meglio di tutti la ragione per la quale l'uomo ride: solo lui soffre a tal punto da essere stato costretto a inventarsi il riso. Il più infelice e il più melanconico degli animali è, giustamente, quello più allegro».

[11] *Ibidem.*

L'UMORISMO NELLA BIBBIA

Il Divino Umorista

F. Dagonet[1], parlando di Teresa di Lisieux, scrive: «In tutta questa faccenda, c'è come un sorriso di Dio. Noi rimaniamo sconcertati, perché dimentichiamo troppo in fretta che Dio ha dell'humour. La santità di Teresa, che ha deliberatamente voluto essere quella dell'ultimo posto, mentre Dio invece l'ha espressamente collocata al primo, non è forse sorprendente? Dovremmo pertanto riconoscere in ciò il modo abbastanza abituale di agire di Dio... Ricordatevi l'elezione di David... il più piccolo, l'ultimo, quello a cui nessuno pensava. E proprio lui sarà l'eletto, è lui che diventerà il grande David.

«D'altra parte, il popolo d'Israele stesso è stato forse eletto perché era più potente, più dotato, più ricco degli altri? [2] Al contrario, tra questi giganti che sono simultaneamente e successivamente l'Assiria, Babilonia, la Persia, i Greci, i Romani, Israele risulta immancabilmente l'ultimo, il più povero, il più piccolo. Eppure è esso il popolo eletto. Tale è l'umorismo di Dio che sceglierà ancora il più giudeo dei persecutori dei cristiani, Saulo di Tarso... Si direbbe che Dio si diverta a sconcertare la nostra logica, sempre troppo sicura di sé».

Una pagina splendida, su questo soggetto, è quella che si trova nel volumetto *Le Suore del Divin Sorriso*[3]: «Non c'è umorista così vivace, imprevedibile e sorprendente come il Signore.

[1] In "Informations Catholiques Internationales", n. 417, Paris 1972.

[2] Il Deuteronomio è molto esplicito a questo riguardo: "*Il Signore si è legato a voi e vi ha scelti, non perché siete più numerosi degli altri popoli – siete infatti il più piccolo di tutti i popoli –, ma perché il Signore vi ama*"(Dt 7,7-8).

[3] Si tratta di un libro tratto (e liberamente rielaborato) da un testo di frère Hilaire, *Humour en Eglise*, e pubblicato da Gribaudi, Torino 1972. In parecchie pagine vi si avverte la mano dell'editore stesso, il quale ha avuto anche il meri-

«Egli si diverte a scompigliare i nostri piani, a sconvolgere i nostri schemi, a capovolgere i nostri progetti, a far crollare le nostre impalcature.

«È il Dio sempre in agguato. Quando credi di averlo davanti, è dietro di te che ti afferra alle spalle; quando pensi di averlo in mano ti è già sfuggito, e ti precede di un buon miglio; quando giureresti di averlo perduto e sei nell'angoscia più cupa, eccotelo vicino ad avvolgerti col manto della sua misericordia; quando il male ti ha reso nero, è lì davanti col pennello inzuppato di grazia che chiede soltanto di poterti ridipingere a nuovo; quando il bene ti ha dato alla testa, ti fa cadere in capo una tegola perché tu scenda di qualche gradino.

«È l'Eterno Disturbatore. Il Sommo Rompiscatole. Quando il tuo cuore si appisola, vi penetra come il verme nella mela, e rode, rode sino a che tu non riprovi quella sete di Lui che sola ti fa vivere, mentre ti fa morire; quando il tuo occhio si posa su qualcosa che ti pare il traguardo della felicità, egli subito te lo appanna, e quel che ti pareva importantissimo diventa banale, povero, di fronte alla forza della sua seduzione; quando hai accumulato denaro e vorresti dormire fra guanciali di banconote, te le riduce in cenere; ti accorgi allora che dormire per terra fa bene non solo al tuo spirito, ma anche al tuo corpo.

«Egli ha disseminato il mondo di stelle, di luci e colori, ed è contento se le cogli; ma guai se te ne riempi la bisaccia: te la scuote e ti ritrovi il sacco vuoto. Solo se ci metterai Lui – che ha un peso "*soave e leggero*" – potrai riprenderti sulle spalle la bisaccia.

«Ama i rebus e l'enigmistica. In ogni istante ti mette di fronte a un bivio. Vuole che fra mille tu impari a decifare la sua via. Se la tua fede è solo intellettuale, te la ingarbuglia col nodo del suo mistero. E se ti ostini a cercare di dipanarlo col ragionamento, sarà fatica inutile. Ma se ci metterai un po' d'olio di cuore, ti si scioglierà in mano come per miracolo. Vuol essere adorato. Solo così può essere capito.

«Ama mettere in imbarazzo tutti: non ha forse dato le chiavi della sua Chiesa proprio a chi lo aveva tradito per ben tre volte?

to, in quei tempi "pionieristici", di presentare un'intera collana dedicata all'umorismo.

Non ha forse resi perplessi eternamente coloro che sono in autorità chinandosi a lavare i piedi di umilissimi pescatori? Non continua forse a irritare tutti i pastori di questo mondo con la sua "unica" pecorella, quella nera, più importante delle 99? Non ha forse messo nei pasticci i padri con la faccenda del figliol prodigo, i risparmiatori con quella dei talenti, gli evasori fiscali con il "*date a Cesare*", i preoccupati con la moltiplicazione dei pani, coloro che pregano con il "*Non chi dice: Signore Signore*", i giudici con l'adultera, i medici con il paralitico, i morti con Lazzaro?...»[4]

C'è di mezzo anche il balbuziente

C'è da aggiungere che Dio ha messo in difficoltà anche i fini parlatori, buttandogli tra i piedi Mosè, che era balbuziente (Es 4,10). Non si poteva essere più umorista, più amante degli scherzi di così. Dovendo scegliersi uno che fosse il suo portavoce, Dio non ingaggia un parlatore disinvolto, ma uno "*impacciato di bocca e di lingua*".

Dio sconvolge anche le nostre classificazioni, i nostri criteri di valutazione. Un ragazzo non ha autorità, non viene preso sul serio perché non ha esperienza. Eppure Lui sceglie come profeta Geremia, che protesta: «*Sono giovane... non so parlare...*" (Ger 1,6). Si direbbe che Dio scelga gli inesperti, quelli che non sono all'altezza del compito, per affidare loro incarichi importanti. Sembra che Lui applichi il "principio della inadeguatezza".

Sfida

Osserva X. Léon Dufour, uno dei più prestigiosi biblisti: «Certamente l'uomo biblico sa ridere; in racconti più numerosi di quello che si pensi si cela una forza comica vigorosa.

«Ma questo riso è caratterizzato dall'asprezza della condizione dell'uomo di Israele e sovente non manca di una nota di sfida, di scherno o di trionfo...»[5]

[4] *Op. cit.* pagg. 59-63.

[5] In *Dizionario di Teologia Biblica*, alla voce "Riso", nuova ediz. Marietti, Genova 1995.

La creazione come gioco

«Dio rise e il mondo fu» (Marc-Alain Ouaknin). Non è solo una formula ad effetto. Un gesuita francese, Francois Euvé, fisico di formazione, dottore in teologia, ha scritto un ponderoso saggio dal titolo *Penser la création comme jeu*[6], in cui ribalta i soliti criteri di interpretazione del racconto della creazione, e la presenta non più come "produzione", "fabbricazione", ma come gioco da parte di Dio, che non sarebbe più l'artigiano, l'ingegnere, l'orologiaio cosmico. Viene così sottolineato l'aspetto ludico della creazione. Per cui, a differenza di una legge "meccanica", che presiederebbe al funzionamento dell'universo, ci sarebbe una legge divina che spalanca uno spazio di libertà.

Viene citato, naturalmente, il celebre brano del Libro dei Proverbi (8,22-31), dove leggiamo uno stupefacente auto-elogio della Sapienza, la quale presiede all'opera della creazione:

"Il Signore mi ha creato all'inizio della sua attività,
prima di ogni sua opera, fin d'allora.
Dall'eternità sono stata costituita,
fin dal principio, dagli inizi della terra.
Quando non esistevano gli abissi, io fui generata;
quando ancora non vi erano le sorgenti cariche d'acqua;
prima che fossero fissate le basi dei monti,
prima delle colline, io sono stata generata.
Quando ancora non aveva fatto la terra e i campi,
né le prime zolle del mondo;
quando egli fissava i cieli, io ero là;
quando tracciava un cerchio sull'abisso;
quando condensava le nubi in alto;
quando fissava le sorgenti dell'abisso;
quando stabiliva al mare i suoi limiti,
sicché le acque non ne oltrepassassero la spiaggia;
quando disponeva le fondamenta della terra,
allora io ero con lui come architetto
ed ero la sua delizia ogni giorno,
dilettandomi davanti a lui in ogni istante;
dilettandomi sul globo terrestre,
ponendo le mie delizie tra i figli dell'uomo".

[6] Editions du Cerf, Paris 2002.

Notare: l'*architetto* del v. 30 viene da molti tradotto, più esattamente, con "bambina". Bambina che, precisamente, "gioca" (e non soltanto "si diletta") davanti a Lui. Qui, tra l'altro, abbiamo un rovesciamento dell'immagine tradizionale della sapienza, legata alla vecchiaia, all'esperienza, alla serietà. La Sapienza, in questo brano, viene raffigurata con l'immagine dell'infanzia gaia, spensierata, esuberante, diciamo pure giocherellona.

Tra l'altro è interessante rilevare come, nella lingua ebraica, "giocare" e "ridere" derivino dalla stessa radice.

Accettare un Dio che gioca

Negli stupendi mosaici del Duomo di Monreale, una delle immagini più singolari è certamente quella del Creatore che, con serena tranquillità, sembra divertirsi, trastullarsi con gli astri che escono dalla sua mano.

Vorrei citare, a questo punto, un racconto tratto dalla *Vita della beata Umiliana de' Cerchi* – mistica fiorentina (1219-1246) – scritta da fra' Vito da Cortona[7].

«...Sofferente per questa grave infermità e per il dolore al fianco, giaceva a letto senza potersene alzare.

«Era sua abitudine non restare mai a letto se solo potesse fare qualcos'altro: tanto era sollecita e attenta alla propria salvezza.

«Mentre dunque giaceva nel suo letto, dentro la sua cella chiusa nella torre (infatti chiudeva sempre la porta della cella dal di dentro, perché nessuno potesse venire a interrompere le sue continue preghiere), ecco un bambino di quattro anni o poco meno, dal volto bellissimo, armonioso, grazioso, dolcissimo d'aspetto: *giocava con impegno* proprio nella sua cella, davanti a lei.

«Quando lo vide, provò una grande gioia, credendo che fosse per davvero un messaggero del sommo re. E, rivolgendogli la parola, disse: "O amore dolcissimo, o carissimo bambino! Non sai fare altro che giocare?"

«E il bambino, con il suo sguardo tranquillo, le rispose: "Che altro volete che faccia?"

[7] In *Scrittrici mistiche italiane*, a cura di G. Pozzi e C. Leonardi, Marietti, Genova 1988.

«E la benedetta Umiliana umilmente disse: "Voglio che tu mi dica qualcosa di bello su Dio".

«E il bambino disse: "Credi che sia bene e giusto che uno parli di se stesso?"»

Un filo che percorre tutta la storia della salvezza

Impossibile dar conto, nei limiti imposti da questo volume, di tutte le pagine della Bibbia dove scorre il filo sottile dell'umorismo, o esplode addirittura il riso. Mi limito, perciò, ad alcune rapide citazioni.

Alla nascita di Isacco, Sara commenta: "*Motivo di lieto riso mi ha dato Dio*" (Gen 21,6). Questo, almeno, secondo la traduzione della CEI. In realtà, il testo ebraico dice qualcosa di diverso, e cioè, letteralmente: "*Dio mi ha fatto un riso*"[8]. E aggiunge: "*Farò ridere chi lo verrà a sapere*".

Nel libro dei Numeri abbiamo il celebre episodio dell'asina di Balaam (Nm capp. 22-24).

Nel Libro dei Giudici compare un personaggio particolare, Sansone, la cui forza sparisce di fronte a una donna che gli tende un tranello. I suoi capelli, legati a un voto, erano la condizione della sua forza. E così, con una certa ironia, viene mostrato che cosa valga l'uomo allorché si stacca dalla sua forza che è Dio (Gdc 16,4-20).

Nella pagina che documenta il trionfo di Elia sui profeti di Baal (1 Re 18,19-40), non c'è solo l'umorismo, ma l'irrisione, il sarcasmo: "*...Elia cominciò a beffarsi di loro dicendo: 'Gridate con voce più alta, perché egli è un dio! Forse è soprappensiero oppure indaffarato o in viaggio; caso mai si fosse addormentato, si sveglierà...'*"

Anche nella vicenda che ha quale protagonista Ester troviamo il perfido Aman che viene ridicolizzato al punto da dover tributare ad un altro, e precisamente a Mardocheo, che lui voleva nella polvere, gli onori che pretendeva per sé. Tutta la scena è carica di terribile ironia, fino all'agghiacciante finale (Est 6,4-11; 7,10).

[8] André Chouraqui: "Elohîm m'a fait un rire!"

Perfino in un libro drammatico, come quello di Giobbe, non è assente il sorriso. È Dio stesso che, con sottile ironia, interroga Giobbe sui misteri del creato (capp. 38-40): "*Dov'eri tu...?*"

Il Libro dei Proverbi è spesso percorso dall'arguzia, con fini marcatamente pedagogici.

Giona

Un discorso a parte meriterebbe Giona[9], che è il libro più umoristico di tutta la Bibbia. Quei quattro capitoli contengono un messaggio estremamente serio, ma racchiuso in una cornice umoristica.

Giona è, indubbiamente, un personaggio singolare, sconcertante: comico e drammatico al tempo stesso; furioso e piagnucoloso; irritato e patetico; incavolato e amante della tranquillità.

Fa una predica di sole cinque parole (la più breve che si conosca) e riesce con quella a convertire l'intera città di Ninive che conta più di centoventimila persone, la cui condotta è decisamente perversa. Normalmente i predicatori si lamentano perché i loro sermoni non producono alcun effetto. Giona, invece, si lamenta, anzi si arrabbia, perché la sua predicazione "terroristica" è stata presa sul serio! E, addirittura, invoca la morte.

Dio, perciò, gli gioca lo scherzetto del ricino che dovrebbe calmare la sua terribile emicrania, e poi del verme che rode la provvidenziale cucurbitacea. Notevole la canzonatura da parte del Signore: "*Ti sembra giusto essere così sdegnato per una pianta di ricino?*" (4,9). Anche qui, il testo ebraico dice qualcosa di meglio. Ossia: "È proprio il caso di arrabbiarsi tanto per un ricino?" O anche: "Ti fa bene essere così furioso?" Come a dire: bada che rischi l'infarto!

Così è fatto l'uomo...

Ma non posso trattenermi dal citare alcune pagine, di rara penetrazione psicologica, scritte da A. Maillot su Giona[10]. In esse

[9] Come già annunciato nella Prefazione, mi riprometto di dedicare a questo personaggio un volume a parte nel filone, appunto, dell'umorismo.

[10] *Jonas (ou les farces dei Dieu)*, Delachaux et Niestlé, Paris-Neuchâtel-Montréal 1977.

si leggono, come in filigrana, le contraddizioni dell'uomo, specialmente quando non riesce a prendere le cose con un minimo di umorismo, ma tende a drammatizzare tutto: «...Dal suo trespolo di frasche, dice fra sé che, malgrado ciò che confessa a riguardo del Dio misericordioso, la cosa si mette male per i niniviti. Ed entro quaranta giorni si vedrà quel che si vedrà. E magari anche prima...

«...Giona ha richiamato Dio all'ordine, l'ha richiamato ai suoi doveri di giustizia. Gli ha ricordato che non ha il diritto di far passare il suo profeta come un asino.

«In fondo, quando sta nella sua capanna, Giona pensa che esiste una possibilità, una speranza. Sì, speranza nel castigo. Speranza di non aver fatto tutto quel viaggio avventuroso e sprecato il suo fiato per niente.

«Ed ecco che Giona aspetta, seduto in prima fila, i fuochi d'artificio. Ma la commedia continua. Dio concede delle "cose" inverosimili. Come il pesce era un'invenzione speciale per Giona, era stato creato appositamente per lui, così qui Dio si inventa una pianta, che sarà il tormento degli esegeti, i quali finiranno per chiamarlo ricino. Per gli antichi, un ricino. Per antichi e moderni, una cucurbitacea rampicante, per altri una palma. E se fosse una zucca?

«Dio, senza chiedere il permesso né agli zoologi, né ai botanici, quando vuole un pesce o un ortaggio, se li ordina. A dispetto delle leggi naturali.

«In questo libro, Dio diventa iconoclasta. Manda tutto all'aria: botanica e teologia. Niente si salva (eccetto la salvezza dell'uomo)».

Per curare l'emicrania del profeta "apocalittico"

«Dunque, Dio si è comandato un "coso" per goderselo a proprio piacere per qualche ora. E perché ne possiamo godere anche noi. La capanna di Giona non lo protegge a sufficienza. L'ombra è rara, le foglie sono presto seccate. E a Giona monta il sangue alla testa. Sale la pressione. Ha delle cefalee. Tra poco il sole si metterà a picchiare. Ed ecco che Dio fa crescere questa liana, questo "coso" che procura un'ombra assai gradita al cranio di Giona. Non dimentichiamo che Giona è malato. Malato della salvezza eventuale dei niniviti. Malato per essere stato menato per il naso da Dio.

«Ha delle emicranie, ha male al cuore, mal di pancia, male da per tutto, perché Dio è buono: gli fa male al cuore che Dio abbia un cuore. Ma proprio il cuore di Dio è abbastanza grande perché ci sia posto anche per Giona. E Dio inventa quel "coso" che protegge la povera e preziosa testa di Giona, che è tutta sottosopra. Testa in cui le idee, il catechismo, le confessioni di fede cozzano tra di loro creando una gran confusione.

«La testa di Giona è come un flipper. Ed ecco che il "coso" ci mette sopra un po' di ombra e forse un po' di ordine, e tutto fa tilt. Miracolo! Miracolo ancora maggiore della conversione dei niniviti. Per una volta Giona appare contento, anzi molto contento.

«Tipo strano questo Giona. Un niente, un "coso", una zucca, una foglia di zucchina basta a farlo felice. Sono le contraddizioni dell'uomo. Tuona contro i mali della società, della Chiesa, contro vescovi e pastori, minaccia l'Apocalisse, invoca il fuoco dell'inferno quasi fosse uno scherzo. Tutto sta sprofondando nell'abisso. E poi, in casa, gli basta un piattino delizioso, un dolce, una sigaretta o la pipa, un titolo d'onore: ed eccolo gratificato, contento come un bambino con i suoi giocattoli preferiti. L'uomo, curioso animale. Bizzarro. Imprevedibile.

«Giona che aspetta l'apocalisse, il giudizio finale, Hiroscima, il fuoco per Ninive. Giona che chiama in causa la teologia, l'alleanza, il cielo e la divinità... Giona ribelle, grandioso e piccino, sublime e ridicolo... che va in visibilio per un "coso" che gli procura un po' di frescura.

«Si sentenzia sulla sparizione dei valori, della disciplina, dell'ordine, della moralità. E poi ci si consola con un bicchierino di liquore, un pasticcino.

«Ma, attenzione, la colpa non sta tanto nell'aver gustato una caramella, un cioccolatino, nell'aver goduto di gioie semplici. La colpa è il tragico. La colpa è il tragico di uomini che aspettano la distruzione imminente del mondo, e poche ore dopo vanno nella capanna di Giona a prendere il fresco, a sorbirsi l'aperitivo, in attesa dello spettacolo, diventando comici».

Manca l'umorismo e abbonda il ridicolo

Prosegue la sua sottile analisi A. Maillot: «Nella Chiesa, manca forse l'umorismo. In compenso abbonda il ridicolo, ci sono tanti comici inconsapevoli.

«Ma torniamo a Giona. Il "coso" che lo rallegra ha vita breve. Il fatto è che Dio ci ha messo qualcosa di suo spedendo un verme a pungere il "coso", che è subito seccato. Verme speciale anche questo, verme unico, come il pesce, la pianta, il vento, e come quell'esemplare unico che è Giona.

«Quasi non bastasse il verme, che fa appassire la pianta, ci si mette pure lo scirocco, che porta una tempesta di sabbia e un caldo torrido. Ci si sarebbe aspettati che dovessero essere i niniviti le vittime predestinate dell'uragano. E invece è Giona, affacciato al suo balcone panoramico, ad essere colpito da un'insolazione violenta. Si sente venir meno per il dolore e la rabbia.

«Ma, non appena si riprende un po', riprende le invettive: "Meglio crepare". Un Dio diverso l'avrebbe accontentato immediatamente. Bastava che il sole picchiasse ancora più forte, e Giona sarebbe sparito, dissolto, seccato come il ricino.

«Dio, tuttavia, non intende condurre la commedia fino al termine, ma semplicemente mostrare che Lui non è un Dio che assomiglia agli altri. È l'Altro, Lui ama anche lo sventurato Giona. Ed è pieno di pazienza anche nei suoi confronti. Ed ecco che Dio ripete, in maniera ancora più gustosa, ciò che ha già detto al suo profeta: "Stai attento: nel tuo stato, alla tua età, stavolta rischi la congestione cerebrale! Guarda che rischi di morire per davvero! Ne vale la pena?".

«E Dio mostra la causa della collera di Giona: una zucca, una zucchina, o qualcosa di simile. Ecco che cos'è l'uomo: un essere che si irrita a morte per una zucchina! Grandi catastrofi attese e piccoli piaceri gustati, la prima volta. E adesso un piccolo incidente che diventa una catastrofe.

«Anche noi, riconosciamolo, siamo simili a Giona nel drammatizzare piccole cose, nel trasformare minuscoli fatti spiacevoli in tragedie.

«Troppo spesso ci dimentichiamo di rendere grazie per gli innumerevoli benefici ricevuti. Ma non appena ci viene a mancare un "coso", o una cosa, strilliamo come polli spennati, e rischiamo la congestione.

«Abbiamo visto sfilare, impassibili, carovane di cammelli (ossia di disgrazie altrui). Ma, nel chiuso della nostra stanza, facciamo il finimondo per una mosca, un moscerino, una zanzara. E il moscerino diventa cammello!»

...Anche se era una gran bella zucca!

Conclude A. Maillot: «E poi ci sono quelli che, dopo aver scatenato l'inferno, si infilano beatamente le pantofole e si accendono la pipa. Comici. Ci sono quelli che fanno un dramma per un "coso". Buffoni. Drammatizzano tutto. Ridicolmente.

«Giona, come tutti gli individui che vanno in collera, che si sfogano per un nonnulla, non ha mai torto. Arriva addirittura a sostenere che aveva ragione ad aver torto! Eppure, per lo meno, Giona qualche scusante poteva accamparla. Aspettava, legittimamente, di vedere il fuoco dal cielo piombare su Ninive per incenerirla una buona volta. Ed è lui che si prende un colpo di sole. I pagani almeno avevano potuto rientrare nelle loro case per ripararsi dalla canicola. Lui, invece, è esposto al caldo torrido. Quasi in coma. E ciò a motivo della Parola di Dio che l'ha spedito in quella terra inospitale. Aveva di che lagnarsi, dobbiamo ammetterlo.

«Quanto al sermone di Dio, risulta molto bello e molto breve (il che non guasta mai). E la lezione viene data sotto forma di parabola. Si tratta di una specie di confessione di fede da parte di Dio. In sostanza Yhwh dice: "Capirei la tua rabbia se tu fossi legato a questa pianta da una pena, dalla fatica, dal tempo che le hai dedicato, in una parola dall'amore (che è sempre un fatto di tempo e di pena). Capisco l'angoscia e la collera e la protesta di chi piange una persona amata, il proprio sposo, un bambino. In casi come questi, comprendo perfino le invettive, le bestemmie lanciate contro il cielo, e capisco che si invochi la morte come una liberazione. Ma non capisco che si faccia un dramma per un arbusto, una zucca, una cosa che è solanto un 'coso'".

«D'altra parte, Dio non ci impedisce di curare il nostro appezzamento di zucchine, il nostro vaso di gerani, non ci proibisce di occuparci del canarino o del gatto. Ci chiede soltanto di avere il senso delle proporzioni, di possedere sufficiente saggezza per distinguere le vere e le false disgrazie. Insomma, quella saggezza che ci permette di coltivare dei veri amori.

«"Francamente – dice Dio – non credi che la morte di una pianta di zucca, che tu non hai seminato, né sarchiato, né protetto, e per la quale non ti sei dato minimamente da fare, sia meno grave della morte di un ninivita, anche se la tua zucca era una gran bella zucca?..."»

Detto tra parentesi: ah! se gli esegeti fossero un po' meno seriosi, e un po' più originali e perfino spregiudicati al modo di Maillot, come ameremmo e gusteremmo di più la Bibbia...

Messaggio conclusivo

Si volesse riassumere in poche parole il messaggio del libro di Giona, si potrebbero mettere in bocca a Dio, più o meno, queste parole: «Sorridete... Siate saggi... Niente tragedie... Niente drammi... Mettetevi in piedi!... Al lavoro!... A Ninive, e non altrove!... Non concedetevi facili evasioni, col rischio di finire in bocca ai pesci...

«E mettetevi anche in ginocchio a pregare per Ninive! Fin che ci sarà un quarto d'ora, o anche un solo secondo di tempo per la salvezza del mondo, quello è il tempo che va coperto col vostro impegno, quello è il tempo della speranza. Fin che verrà concessa una proroga di grazia ("*quaranta giorni...*"), tutto sarà ancora possibile, anche il meglio, soprattutto il meglio, l'inatteso...»

E ancora: «Metteteci dell'umorismo nella vostra azione. L'umorismo non è mai disfattista. Al contrario! L'umorismo, ricordando all'uomo i suoi limiti, lo invita alla modestia, a non prendersi troppo sul serio, a lasciar spazio all'Altro».

I cristiani non hanno bisogno di idoli, o di miti alienanti, e nemmeno di cause sublimi per mettersi in cammino. Hanno semplicemente bisogno di uno sguardo benevolo, compassionevole, sulla realtà concreta che li circonda.

L'umorismo, in fondo, è rispetto dell'uomo, della sua verità. E anche delle sue possibilità inaspettate...

Una satira del potere

Nel Libro dei Giudici (9,7-15) troviamo una sferzante satira del potere, sotto forma di favola, messa in bocca a Iotam che sta sulla cima del monte Garizim:

"Si misero in cammino gli alberi
per ungere un re su di essi.
Dissero all'ulivo:
Regna su di noi.
Rispose loro l'ulivo:
Rinuncerò al mio olio,
grazie al quale
si onorano dèi e uomini,
e andrò ad agitarmi sugli alberi?
Dissero gli alberi al fico:
Vieni tu, regna su di noi.
Rispose loro il fico:
Rinuncerò alla mia dolcezza
e al mio frutto squisito,
e andrò ad agitarmi sugli alberi?
Dissero gli alberi alla vite:
Vieni tu, regna su di noi.
Rispose loro la vite:
Rinuncerò al mio mosto
che allieta dèi e uomini,
e andrò ad agitarmi sugli alberi?
Dissero tutti gli alberi al rovo:
Vieni tu, regna su di noi.
Rispose il rovo agli alberi:
Se in verità ungete
me re su di voi,
rifugiatevi alla mia ombra;
se no, esca un fuoco dal rovo
e divori i cedri del Libano..."

La lezione è molto trasparente, e neppure troppo incoraggiante: tra gli alberi, soltanto il rovo – la pianta più inutile e pretenziosa – assume il potere, e non ha nient'altro da offrire che un'ombra... che non c'è. Chi detiene il potere non ha nulla di utile da dare, ma intende unicamente prendere.

Detto diversamente: qui vengono irrise le pretese di un potere che si vanta di essere strumento divino (oltre che espressione della volontà popolare: "*dissero tutti gli alberi al rovo...*"), ma che troppo spesso porta a violenze, sfruttamento e ingiustizie di ogni genere.

E allora non resta che concludere come ha fatto Iotam: e adesso godetevelo, ed esso si goda voi! (9,19).

Quando Dio guarda dall'alto, divertito...

"*Perché le genti congiurano*
perché invano cospirano i popoli?
Insorgono i re della terra
e i principi congiurano insieme
contro il Signore e contro il suo Messia...
...Se ne ride chi abita i cieli
il Signore si fa beffe di loro" (Sal 2,1.4).

Parlando del riso di Dio, è quasi scontato riferirsi a questo passo. Se mi è consentita una citazione personale, trentacinque anni fa, commentando questo Salmo[11], ho scritto un capitolo intitolato «La Bibbia non dà ragione al Monsignore». Così:

«Mi sventolava sotto il naso il giornale. "Un mucchio di notizie che danno soltanto il disgusto. Leggi, per favore, che cosa ha combinato questo prete... Guarda che cosa ha il coraggio di sostenere quel teologo... E senti che dichiarazione idiota e blasfema ha avuto il fegato di fare quel Capo di Stato (educato in un collegio cattolico, per di più...). Prova a informarti sulle idee 'non conformiste' espresse in fatto di amore da quell'attricetta carica di milioni... E ancora: i Seminari che si svuotano, preti e frati e monache che buttano disinvoltamente la tonaca alle ortiche... e questa contestazione che non risparmia le più alte cariche ecclesiastiche... Infine, la marea di erotismo che ci avvolge da tutte le parti, dai cartelloni del cinema fino alla pubblicità di un frigorifero..."

"Allora?"

"Allora, o non si legge più il giornale, oppure, se lo si legge, il buonumore se ne va. Cose da far drizzare i capelli". E si passava, nervosamente, la mano tra i pochi capelli bianchi superstiti. Per proseguire:

"No. Così non si può andare avanti. Il mondo sta impazzendo. Non è una cosa seria".

[11] *Coraggio gridiamo. Eplorazioni nell'attualità dei Salmi,* Gribaudi, Torino 1970, pagg. 35 e ss.

“Certo, non è una cosa seria – concedevo –. Infatti non si è più capaci di sorridere...”. Mi ha guardato, trasecolato. Avrà pensato: costui sta dando in ciampanelle.

“Stia a sentire – ho ripreso –. Un mattino Iddio si affaccia sul mondo, che è il suo modo di leggere il giornale. Nota uno strano fermento. Sta accadendo qualcosa di grosso. Infatti hanno organizzato una riunione al vertice: ci sono tutti i Capi di Stato, i grandi e i meno grandi della Terra, ma proprio tutti. Stanno formando una specie di Santa Alleanza”.

“Che bello!”

“Un momento... Quella è una Santa Alleanza alla rovescia. Voglio dire una diabolica crociata per scuotere il Suo giogo. Insomma, una colossale cospirazione, su scala mondiale, contro Dio. Una faccenda preoccupante”.

“Beh! Non esageriamo. A Dio basta un'occhiata per incenerire quei mascalzoni gallonati”.

“E invece no, caro monsignore. La storia, meglio, la Bibbia le dà torto. Non è affatto andata come pensa Lei. Ascolti:

‘*Lui che abita nel cielo ne ride,*

il Signore li guarda divertito’[12]. Sta scritto nel Salmo 2, versetto 4”.

“Caspita! E io che da cinquant'anni lo leggo tutte le domeniche, nel breviario, non avevo mai notato questo particolare...”»

Ride perché è il più forte

Cito ancora il mio commento d'antan: «Già. Dio ride. Un particolare. Non certo insignificante. Anche se risulta pressoché ignorato dagli esegeti e dai teologi[13]. Ho sfogliato parecchi manuali di teologia. Non sono, finora, riuscito a trovare un capitolo, una pagina sul riso, o, se si preferisce, sul sorriso di Dio.

Ed è un grosso guaio. Il mondo sarebbe “una cosa più seria” se ci si fosse preoccupati di costruire una teologia del sorriso.

[12] Allora avevo adottato questa traduzione – “*li guarda divertito*” – attinta non so più dove. D.M. Turoldo traduce: “*gioco di loro si prende*”.

[13] Oggi, fortunatamente, non più. Comunque, ce n'è voluto del tempo per arrivare a scoprire il riso di Dio!

Soltanto in un ponderoso teologo contemporaneo ho trovato una pagina che riscatta, almeno parzialmente, troppi silenzi e può costituire un ottimo commento a quelle righe del Salmo.

"Il riso. Quest'umile creatura sembrerebbe destinata a dissolversi, senza rumore, nel nulla, allorché penetra sul sagrato dell'immensità di Dio. Eppure del riso la Scrittura fa l'immagine e la figura dei pensieri intimi di Dio stesso.

"La Parola della Scrittura potrebbe anche riempirci di stupore, ma resta il fatto innegabile che Dio ride nel cielo. Ride del riso della tranquillità, della sicurezza e della serenità. Ride del riso che domina tutte le fosche complicazioni di una storia che è crudele e sanguinaria, folle e volgare. Ride con calma. Si potrebbe quasi dire: come se tutto ciò non lo toccasse. Pieno di compassione. Lui conosce perfettamente il dramma amaro di questa terra.

"Dio ride, dice la Scrittura. E, con ciò, afferma che perfino il più minuscolo riso, puro e argentino, che scaturisce da non importa dove, da un cuore retto, dinanzi a qualsiasi idiozia di questo mondo, riflette un'immagine e un raggio di Dio. È un ricalco del Dio vincitore e signore della storia e dell'eternità. Di quel Dio il cui riso sta a dimostrare che, in fondo, tutto è buono alla fin fine"[14].

Dunque. Il riso come espressione della signoria di Dio. Un Dio che domina, padroneggia tutto. Un Dio che ha voluto correre il rischio della creazione e, soprattutto, ha voluto correre il rischio di mettere al centro della propria opera quel "coso" impastato di fango e di somiglianza divina che si chiama uomo...

...Ride perché sa di poter venire a capo di tutti gli imbrogli, di rimediare a tutti i guai combinati dalla sua "somiglianza".

Ride perché sa di risultare vincitore. Perché è il più forte».

Più forte perché ama

È stato detto (Dubois-Dumée) che l'umorismo costituisce "la gentilezza del cuore". O, meglio ancora, che rappresenta "il rivestimento dell'amore". Ciò vale, prima di tutto, per il sorriso di Dio. Dio ama. Per questo è capace di sorridere...

[14] Karl Rahner, *Im Heute Glauben und Alltägliche Dinge*, Benziger, Einsiedeln.

...Soltanto chi ama può sorridere divertito di tutte le meschinità umane. Perché l'amore riuscirà sempre a spuntarla.

Dicevo, sopra, che Dio ride perché è il più forte. La cosa, forse, può dare fastidio a qualcuno. Ora sappiamo in che cosa consiste la forza di Dio. Consiste nella *debolezza* del suo amore. Per questo può sorridere. Sa che, alla fine, nessuna potenza può vincere l'amore.

Dimmi, per favore...

«Non ti dispiacerà, Signore, che abbia rivendicato il tuo diritto al riso. Non ti avrò dato fastidio, spero, per essermi fermato a contemplare a lungo il tuo sorriso. Lasciatelo gridare ancora una volta: sei un ineguagliabile umorista.

Dimmi, per favore. Non è, per caso, un'invenzione del tuo umorismo, quando sei venuto in terra, il fatto di dimenticarti di avvertire l'autorità costituita, i custodi della legge, i rappresentanti ufficiali della religione, e di mandare gli inviti (e che inviti raffinati, con tanto di musica!) a dei semplici pastori, gente rozza, senza cultura, e perfino un po' sudicia?

Dimmi ancora, per favore. Non ti sbizzarisci forse nel tuo umorismo quando scegli le creature più basse, più umili, per operare i tuoi prodigi; quando posi gli occhi sulle realtà più insignificanti per manifestare la tua potenza; quando permetti a un "disastro" come me di annunciare una piccola parola del tuo messaggio?

E, allora, permettimi, di guardarti "divertito". Di guardare Te, che mi osservi "divertito"».

Umorismo come segno d'intelligenza

«L'umorismo – scrivevo allora, e confermo oggi – è uno dei segni più sicuri di intelligenza. A pensarci bene, l'intelligenza consiste nella capacità di *prendere una certa distanza dalle cose*, dalle persone, dagli avvenimenti.

Troppi individui stanno eccessivamente addossati alle cose. E allora la visione risulta parziale, distorta, centrata sui particolari, senza prospettiva, senza sfumature, marcata dalla passionalità, da tinte troppo cariche. Significative, a questo proposito, certe discussioni tra gente accipigliata, tesa, arrabbiata, amara, nervosa, perfino isterica, che fa di ogni problema una tragedia, di ogni novità un'eresia, di ogni critica una sciagura, di ogni protesta una rivoluzione. E la confusione celebra inenarrabili trionfi.

Invece è urgente, è igienico costruirsi una nicchia nel cuore, da dove scaturirà quel sorriso che è capace di guardare con benevolenza e simpatia a tutte le cose, che è senso del limite, proprio e altrui.

Saper prendere le distanze, rende il nostro sguardo lucido, penetrante. Qualcuno ha detto: l'umorismo consiste nel valutare le cose per quello che sono: serie le cose serie, irrilevanti le cose di poco peso. Ma, aggiungo io, esiste anche la capacità di sorridere delle cose serie e di prendere sul serio le cose insignificanti. Questo è indice di equilibro, di buona salute. E, soprattutto, di intelligenza...

...Un'illustrazione convincente di cos'è l'umorismo ci viene data da papa Onorio III, il quale, "nel mosaico dell'abside di san Paolo-fuori-le-mura, si è fatto rappresentare piccolissimo, assolutamente minuscolo, su misura del piede destro del diletto Signore. In tal modo, con un sorriso di soddisfazione che la barba non riesce a celare, lascia al *Pantocrator* il compito di governare da Signore la propria Chiesa, nel mondo di questo tempo... e di tutti i tempi"[15]».

Umorismo come carisma da spendere

Concludevo così il mio commento, che posso sottoscrivere ancor oggi: «Non dobbiamo aver paura di parlare dell'umorismo come carisma. E chi lo possiede deve metterlo a servizio degli altri. In questo senso, è esatto parlare di *diaconia dell'humour.*

Ci sono tanti individui che si incaricano di regalare ai propri simili soltanto dolori, ferite, amarezze, delusioni. Ebbene, mi sembra urgente venga ristabilito l'equilibrio. Ossia, è indispensabile che qualcuno si incarichi di far dimenticare agli uomini gli affanni e le sofferenze che sono loro inflitte dagli altri.

[15] André Manaranche, *Prêtres à la manière des Apôtres,* Centurion, Paris, pag. 221.

Non c'è servizio più prezioso di quello che consiste nell'allentare qualche tensione, arrotondare qualche spigolo, spianare qualche ruga, cancellare qualche piega amara, predisporre a un sorriso, ridare coraggio nella lotta della vita.

Questa "diaconia dell'umorismo", allora, diventa un riflesso di quel Dio che è venuto ad abitare sulla terra per condividere la nostra gioia, per portarci la gioia. È una verità compresa da un piccolo, grande protagonista dei fumetti: "Ma sta' allegro, Charlie Brown! Poiché, dopo tutto quello che si dice o si fa, c'è qualcuno che ti vuol bene, e questo 'qualcuno' è soltanto un rappresentante molto umile, a misura di nocciolina, di Qualcuno molto più grande di lui"[16]».

Una risata per combattere gli idoli[17]

La polemica anti-idolatrica rappresenta un filo ininterrotto che si dipana attraverso tutte le pagine della Bibbia, dal delizioso quadretto di Is 44, che ironizza sul costruttore di statuette idolatriche in legno, a Geremia che considera gli idoli alla stregua di *spaventapasseri in un campo di cocomeri* (10,5 ss.), alle stesse tradizioni della Genesi (i *terafim* del clan di Giacobbe in Gen 35,2), alla beffarda denuncia della loro impotenza, del loro essere morti, che è presente in moltissime pagine del Libro Sacro.

Fondamentale risulta la pedagogia svolta dal Salmo 115, in cui, secondo l'opinione della studiosa M. Mannati, gli idoli vengono spazzati via da una fragorosa risata[18].

Il Salmo, infatti, ha una forma dialogica: ad ogni affermazione dei leviti, il popolo risponde con una risata beffarda. Meglio: con una sghignazzata.

"Gli idoli delle genti sono argento e oro,
opera delle mani dell'uomo.
Hanno bocca e non parlano,

[16] Robert L. Short, *Il Vangelo secondo Charlie Brown*, Gribaudi, Torino 1968.

[17] Cfr. Alessandro Pronzato, *Ritorno ai Dieci Comandamenti*, vol. I, Gribaudi, Milano 2002, pagg. 64 e ss.

[18] Nel Salmo viene ripresa la grande canzonatura, lo sbeffeggiamento di Is 44,9 ss. e di Ger 13,3 ss. Soprattutto l'episodio burlesco di Dn 14,1-22.

hanno occhi e non vedono,
hanno orecchi e non odono,
hanno narici e non odorano.
Hanno mani e non palpano,
hanno piedi e non camminano..." (vv. 5-8).

Il Salmo 115, in fondo, si può considerare un dissacrante sberleffo indirizzato agli idoli. Mi pare anche quanto mai pertinente (sotto l'apparente impertinenza) la precisazione di Maillot-Lelièvre, autori di un originale e stimolante commento al Salterio in due volumi[19]: «Non è un abuso del Salmo il vedervi una bellissima presa in giro del Dio dei filosofi e dei sapienti, e di non pochi teologi, un Dio così morto, così freddo e così manipolato dall'uomo quanto lo sono gli dèi d'oro e d'argento. Un Dio senza parola e senza vita, senza udito, senza odorato, senza tatto, senza il minimo mormorio. Sì, un Dio defunto prima ancora di essere nato, sepolto nella polvere delle biblioteche da dove non dovrebbe mai più uscire».

Comunque, la lezione fondamentale che si può ricavare dal Salmo 115 è che gli idoli (queste "bambole" secondo Vahanian, o "scimmie" secondo Lutero) si combattono e si sconfiggono soprattutto con una sonora sghignazzata. Gli idoli non si scompongono quando ci si scaglia con violenza verbale contro di loro. Hanno paura soltanto quando c'è qualcuno che osa ridere loro in faccia. «Una risata li seppellirà...»

Gesù ha mai riso?

Ogni tanto viene riproposta, stucchevolmente, la questione se Gesù abbia riso, o almeno sorriso. Dal Vangelo la cosa non risulterebbe.

Non è il caso di spendere molte parole, basta una strizzatina alle meningi. Ho letto, con interesse, un libro sul "significato umano del riso"[20]. L'autore, con dovizia di argomenti e una logica stringente, dimostra come il riso faccia parte della "struttura costitutiva dell'essere umano". Per cui l'uomo è pienamente

[19] *Les Psaumes*, Labor et Fides, Genève 1966.
[20] Si tratta del volume di F. Jeanson, *Signification humaine du rire*, Paris 1968.

uomo solo se è capace di ridere. Mancando il riso, la sua umanità risulta difettosa, carente, priva com'è di un elemento essenziale.

Ora, se Gesù realizza l'immagine dell'uomo perfetto, non può non possedere questa dimensione essenziale che è il riso. È mai possibile che l'Uomo-Dio, il quale ha voluto condividere pienamente la nostra condizione umana, sia stato sprovvisto di questo dono?

Proviamo a ragionare: poteva attirare nugoli di bambini, masse di gente semplice, un uomo burbero, scostante, dal cipiglio sempre spianato?

Come è possibile che si sia presentato nella sala del banchetto alle nozze di Cana con una faccia... da funerale, scusandosi magari dell'equivoco: lui pensava di dover partecipare a una veglia funebre?

Nella stessa occasione, poteva avere un volto afflitto quando sentiva il maestro di tavola complimentarsi con lo sposo per quel vino prodigioso e di provenienza misteriosa (Gv 2,10)? È lecito almeno supporre che abbia sorriso sotto i baffi (come si suol dire), dal momento che lui sapeva lo scherzo miracoloso che aveva fatto a quella brigata...

E poteva forse dire a muso duro ai propri amici: "*Questo vi ho detto perché la mia gioia sia in voi e la vostra gioia sia piena* (Gv 15,11)? Gesù, al contrario, proprio nell'imminenza della Passione – e il particolare è quanto mai significativo –, non ha inoculato nelle vene dei suoi discepoli la tristezza, ma la gioia. E riesce arduo immaginare che l'abbia fatto senza almeno un sorriso.

Nota giustamente J. Sulivan: «L'umorismo non è mai assente nel Vangelo. Spesso, più che dalle parole, scaturisce dal contesto in cui vengono pronunciate».

Un esempio tipico è rappresentato dalla conclusione della parabola del Samaritano (Lc 10,25-37). Il dottore della Legge, pedante, puntiglioso, ha voluto tutte le precisazioni da parte di Gesù a riguardo del prossimo. Il Maestro si è spiegato con una parabola dove, sorprendentemente, la lezione e il comportamento giusti vengono forniti da un individuo che non può certo considerarsi un campione dell'ortodossia religiosa, il samaritano appunto.

Gesù sa che un ebreo non pronuncia volentieri quel nome. Il samaritano è, precisamente, la persona innominabile. Il samaritano è un rinnegato, per cui a pronunciare il suo nome c'è pericolo di sporcarsi la bocca. Peggio di una bestemmia.

Ora Gesù, al termine del racconto, rovesciando provocatoriamente, direi maliziosamente, la domanda iniziale dello scriba ("*chi è il mio prossimo?*" diventa "*chi di questi tre ti sembra sia stato il prossimo di colui che è incappato nei briganti?*"), vuol costringere lo scriba a dire "il samaritano".

Ma quello non è per nulla disposto a pronunciare il nome del nemico aborrito. Se la cava con un giro di parole: "*...chi ha avuto compassione di lui...*" A questo punto, quasi sicuramente, sul volto di Gesù dev'essere spuntato un sorriso. Anche se non è riuscito a far pronunciare quel nome, il Maestro può ritenersi intimamente soddisfatto: il colpo è arrivato ugualmente a bersaglio; la lezione, anche se decisamente indigesta, è stata ingoiata.

Dunque, in questo come in altri casi, a saper leggere tra le righe, il sorriso di Gesù affiora più di una volta.

Lo scherzo giocato ai sapientoni

Basti pensare ancora alla famosa preghiera di lode: "*Ti benedico, o Padre, Signore del cielo e della terra, perché hai tenuto nascoste queste cose ai sapienti e agli intelligenti, e le hai rivelate ai piccoli. Sì, o Padre, perché così è piaciuto a te*" (Mt 11,25-26).

Cerchiamo di chiarire la faccenda. Non è che i sapienti e gli intelligenti hanno qualche difficoltà, non riescono pur mettendocela tutta. È proprio che Dio, divertendosi come in un gioco di ragazzi, ha nascosto alcune "cose", gliele ha sottratte, e fa in modo che non le trovino, per quanto si rompano la testa pensante.

Quelli, magari, ritengono che siano difficili. In realtà, non sono né facili, né difficili. Sono state, semplicemente, nascoste per prendersi gioco di loro.

Vedendo che certi individui si danno arie di chi sa tutto, e si illudono che la verità debba necessariamente ottenere il loro visto e pagare il doveroso pedaggio al loro cervello regolarmente... fumante, il Padre, aggirando i loro rigorosi quanto ridicoli e pretenziosi controlli, ha svelato i propri segreti, quasi di contrabbando, ai "piccoli".

Costatando come quei saccenti si prendano terribilmente sul serio, Dio si fa gioco di loro. E Gesù prende atto di questo fatto, con intima – ma neppure troppo nascosta – soddisfazione.

Non esiste una spiegazione logica di tale comportamento. Cristo riconosce: "*Sì, o Padre, perché così è piaciuto a te*". Si potrebbe tradurre liberamente: perché in questo modo hai voluto divertirti. Perché hai sempre voglia di giocare.

Dio non si lascia commuovere dalle "teste pensanti" (quando sono soltanto teste pensanti). Si direbbe, anzi, provi piacere a mandare a vuoto i loro sforzi ponderosi. E Gesù si rende "complice" di questo gioco ("*Ti benedico, Padre...*").

Ricordo una bellissima vignetta apparsa su una rivista francese. Si vedono dei professoroni, muniti di barba imponente, che scrutano seriosamente l'orizzonte lontano, issati su una pila di volumoni, con i loro potenti cannocchiali. E lì, proprio ai loro piedi, senza che loro se ne avvedano, impegnati come sono a guardare lontano, c'è il Bambino che gioca spensieratamente con altri bambini.

LA BIBBIA DELL'UMORISMO EBRAICO

L'annunciazione ebraica

Spiega Moni Ovadia[1]: «Pochi riflettono sul tema della "annunciazione ebraica". Quella cristiana è invece notissima. La cattolicità ne ha fatto giustamente un tema centrale, aprendo la strada al culto mariano pervaso di purezza e di luce.

«Il teatro dell'annunciazione ebraica non potrebbe essere più diverso. La sua parusìa è accolta da uno scoppio di risa. Abrahamo all'annuncio – portato dall'Arcangelo in travestimento di viandante – che egli, ormai centenario, avrà per congiungimento un figlio da sua moglie Sarah novantenne e da sempre sterile, scoppia a ridere. Sarah, in modo più ritroso, ride anche lei. L'Arcangelo la vede e le dice: "*Cosa fai, ridi?*" Sarah nega e si schermisce, ma l'Arcangelo insiste: "*No, no, ti ho vista. Tu hai riso!*"

«Anni più tardi, in presenza del lieto evento, è lecito supporre che anche Dio abbia riso della ilare diffidenza di Sarah e di Abrahamo. A perenne testimonianza di questo fatto rimane il nome che l'Eterno chiede loro di dare al neonato: "*Lo chiamerete Isacco!*" (in ebraico *Itzkhak* dal verbo ebraico *tzakhak*, "ridere"). Dunque Isacco significa "Chi rise" o "Colui che rise".

«Abrahamo ha già avuto un figlio dalla serva Hagar: *Ishmael* ("Dio ascolta"). Su di lui l'Eterno promette di stabilire un grande popolo. Sarà il popolo dell'*Islam.*

«Ma è Isacco, il figlio di Abrahamo che darà vita al progetto identario *Israel.* Questo progetto si annuncia con uno scoppio di riso. Il riso di sé, beninteso. Il patriarca e la matriarca diranno: "Le genti rideranno di noi perché abbiamo riso dell'annuncio miracoloso"».

[1] *L'ebreo che ride. L'umorismo ebraico in otto lezioni e duecento storielle,* Einaudi, Torino 1998, pagg. 10 e ss.

Ovadia tira le conseguenze da questo fatto "originario": «Il ridere di sé e il ridere divino, dunque, attengono alla dimensione del miracolo umoristico che apre alla Storia. Il miracolo nega l'evidenza del senso comune a favore del farsi di ciò che si pensava impossibile.

«In sintonia con questa linea, si costruisce l'umorismo ebraico. Il suo scopo è quello di esiliare l'arroganza delle certezze, di introdurre una dimensione imprevista che stimoli a creare una nuova fonte di pensiero consapevole della propria precarietà. L'umorismo ebraico appartiene ad una *forma mentis* irriducibilmente anti-idolatrica. La sua ambizione è quella di smascherare la violenza del pregiudizio e di sculacciare la stupidità del mondo».

Pregare con umorismo

L'umorismo ebraico si manifesta anche nella relazione con Dio, e abbraccia pure il campo della preghiera. Ecco due esempi significativi.

Questa bellissima storiella ci viene raccontata ancora da Moni Ovadia in quello straordinario libro (straordinario anche per profondità e originalità) che è *Vai a te stesso*[2]. «Un vecchio ebreo ortodosso sta pregando davanti al muro del pianto sotto il sole del meriggio. Malgrado il caldo torrido e la sua avanzata età, il ritmo con cui il corpo del pio vegliardo ondeggia accompagnato dal movimento delle labbra è frenetico. Poco distante, all'ombra, un turista americano, anch'egli ebreo ma totalmente secolarizzato e scettico, osserva il vetusto devoto e borbotta tra sé: "Ma guarda un po' quel vecchio fanatico, non gli basta essere vestito da carnevale... guarda come si agita alla sua età, chissà cosa pensa di ottenere... perché non si occupa piuttosto della salute vecchio fesso?"

Il tempo passa, altri ortodossi vengono, pregano e se ne vanno, ma quel vecchio non si muove dal suo posto e continua la sua forsennata preghiera con inalterata concentrazione e con lo stesso ritmo oscillatorio di tutto il corpo. Il turista ebreo americano

[2] Einaudi, Torino 2002, pagg. 100-101.

è sempre più indispettito, ma non riesce ad andarsene, c'è qualcosa nell'atteggiamento di quel canuto *khassid*[3] che lo tiene inchiodato lì. E continua a bofonchiare: "Guardalo il vecchio stupido, non solo fanatico, ma pazzo anche... poco poco adesso gli viene un collasso".

Ma lungi dal dare segni di cedimento, il vecchio ebreo ultra ortodosso prosegue inarrestabile il suo atto devozionale davanti a quel muro millenario che mille mani hanno trafitto con bigliettini di voti, richieste, preghiere, ringraziamenti e memorie.

Il tempo scivola inesorabile sulla fede ipercinetica di quel veterano della preghiera. Sono ormai trascorse quattro ore. Il turista americano è come magnetizzato. Qualcosa in quella scena è al di là della sua comprensione. La stizza si è trasformata in una sorta di incredula ammirazione. Allo scoccare della quinta ora non può più trattenersi. Si avvicina al vecchio, gli mette una mano sulla spalla e lo ferma. Il vecchio religioso ha un sussulto di paura. Si gira e incontra lo sguardo incantato del turista già scettico e lo osserva interdetto... Il turista sbotta: "Mi scusi se mi sono permesso, ma io dovevo assolutamente capire, sono cinque ore che la osservo pregare senza sosta... ma dove trova la forza per una simile fede un uomo della sua età, cosa la induce a un tale fervore?"

Il vecchio ortodosso, stupito per una simile domanda, replica con convinzione: "Che cosa vuol dire cosa, come, perché. Ce ne ho tante, tante cose da chiedergli al Padrone dell'Universo e voglio che Lui mi esaudisca, ho bisogno molto che Lui mi esaudisca, lo può capire lei questo??? E siccome voglio che Lui mi esaudisca tutte le mie richieste, io prego e prego forte anche con tutto il corpo come insegna il Caboleh, capisce adesso???"

A questo punto con sincera curiosità il turista domanda: "Eehh, scusi, funziona???"

Il vecchio ebreo sospira, inarca le sopracciglia, fa spallucce e risponde: "Ha presente parlare con un muro???"»

[3] Letteralmente "pio". Il termine si riferisce ai seguaci del movimento *khassidico.* Si tratta di un movimento di intonazione religiosa e sociale fondato dal Ba'al Shem Tov nel XVIII secolo, diffuso in Volinia e Podolia. Nonostante sia stato contrastato dai talmudisti, i *Mitnagghedim,*"oppositori", il movimento si è diffuso in tutta l'Europa orientale e anche altrove.

Il rabbino che vuol vincere alla lotteria

Altra storia gustosa. Un vecchio rabbino va in pensione. È povero in canna, malandato, pieno di acciacchi, e non ha messo soldi da parte. L'avvenire per lui si presenta a tinte fosche. Allora ricorre alla preghiera, martellante, fiduciosa. Con l'Onnipotente ha dei conti aperti.

«Padrone dell'Universo, sai che ti ho sempre servito con fedeltà e dedizione nel più totale disinteresse. Ora mi ritrovo solo, acciaccato, privo di risorse e di alcuna forma di assistenza. Ti prego, fammi vincere alla lotteria e così risolverò tutti i miei problemi e potrò vivere con sufficiente serenità i miei ultimi anni tribolati».

Nessuna risposta. Ma quello non si dà per vinto e insiste: «Signore, forse non mi hai capito bene. Non pretendo la luna. Ti chiedo solo di farmi vincere alla lotteria. In fondo, cosa ti costa? Tu puoi tutto e io mi trovo in queste condizioni miserande».

Niente. Il poveraccio si scoccia e si mette a protestare con vigore: «Padrone dell'Universo, mi hai proprio deluso. Mi domando cosa contano davanti a Te tanti anni spesi per la tua causa, se non mi concedi neanche quella piccola ricompensa che ti chiedo... Scusa, non si fa così... non è bello da parte tua. Non ritengo di meritare un simile trattamento da Te che sei giusto... In fondo ti chiedevo solo una piccola vincita alla lotteria».

A questo punto si sente una voce dal tono tra l'ironico e l'infastidito: «Mio servo fedele e brontolone, io avrei intenzione di esaudire il tuo desiderio e farti vincere, se proprio ci tieni tanto. Ma tu... compra almeno il biglietto!...»

Un po' ciascuno

Un personaggio letterario rappresentativo dell'umorismo ebraico è quello del lattivendolo Tewje, protagonista del famoso romanzo di Shalom Aleichem[4], da cui è stato tratto un film di grande successo, *Il violinista sul tetto*, che è anche il titolo di uno spettacolo che Moni Ovadia ha portato in vari teatri italiani.

[4] *La storia di Tewje il lattivendolo,* Feltrinelli, Milano 2000.

Il poveraccio, a un certo punto, si sfoga: «Caro Signor Dio, sei stato molto gentile a sceglierti gli ebrei cioè noi come popolo eletto, ma visto come stanno le cose, non è che potresti sceglierti ogni tanto anche qualcun altro, anche per poco tempo, così, giusto per cambiare...»

* * *

Qualcuno parla addiritttura, senza paura di apparire irriverente, di una "elezione per sfiga". Tipica questa storiella:

«Quando pensa di tornare in terra di Israele, Rev Chaim?»

«Con la prima nave che salpa dal porto di questa città, signor Perper».

«Senta, Rev Chaim, mi farebbe un grosso favore? Si tratta di consegnare un pacco da parte mia».

«Certo, signor Perper. Non c'è problema».

Il commerciante chiede scusa e si assenta un istante. Poi torna in salotto recando sulle braccia un voluminoso rotolo della *Torà* e dice:

«La prego, Rev Chaim, mi faccia questo favore. Vada su fino in cima al Sinai e renda indietro questo bel regalo. Basta così!» [5]

Le delizie del matrimonio

Ed ecco una panoramica di storielle varie, colte nel grande ventaglio dell'umorismo ebraico, che hanno dato luogo a una letteratura sterminata[6].

Il tema del matrimonio fornisce innumerevoli spunti. Un proverbio ebraico stabilisce: «Il matrimonio è come una città asse-

[5] Riferita da Elena Loewenthal, *Un'aringa in paradiso. Enciclopedia della risata ebraica,* Baldini & Castoldi, Milano 1997, pag. 90.

[6] Ho attinto soprattutto a un testo fondamentale: Dory Rotnemer-Ouaknin, *La Nouvelle Bible de l'humour juif,* di complessive 562 pagine, Editions du Rocher, Monaco 1999. Ma anche dai volumi di Moni Ovadia già citati e da:

Ferruccio Fölkel, *Storielle ebraiche,* Rizzoli, Milano 1993.

Ferruccio Fölkel, *Nuove storielle ebraiche,* Rizzoli, Milano 2001.

Daniel Lifschitz, *Il Rabbi ci insegna... a ridere,* Paoline, Milano 1999.

Daniel Lifschitz, *Storielle di rabbini, mendicanti e malandrini,* Paoline, Milano 1999.

Daniel Lifschitz, *Ride bene chi ride ebraico,* Paoline, Milano 1999.

Franco Palmieri, *Ridere per vivere,* Edizioni Ares, Milano 1999.

diata: quelli che stanno all'interno hanno voglia di uscirne, mentre quelli che sono all'esterno hanno voglia di entrarvi...»

* * *

Ezechiele e suo figlio Amos ingaggiano una discussione alla fine del pranzo: «È vero – domanda il figlio – che il matrimonio modifica la personalità?»

Risponde Ezechiele: «Indubbiamente sì. Prima di sposarci, io parlavo e tua madre mi stava ad ascoltare incantata. Qualche tempo dopo le nozze, era lei che parlava e io ascoltavo. Adesso, parliamo tutti e due e sono i vicini che ci sentono...»

* * *

Chlomo, il sensale di matrimoni (in ebraico *shadkem*), abborda il signor Weiss e gli annuncia in tono trionfale: «Stavolta ho veramente una giovane donna che fa per voi. Guardate questa foto, non è bella questa brunetta?»

«Ma io la conosco! Non è Rachele, la figlia del gioielliere?»

«Precisamente! E sapete a quanto ammonta la sua dote? Tre milioni!»

«Sì, ma l'ho già vista una volta, e ho avuto l'impressione che zoppicasse. Zoppica sempre?»

«No, non sempre: soltanto quando cammina».

* * *

Esiste anche una variante. Il solito sensale va a trovare Giacobbe, giovane scapolo:

«Non potete lasciar perdere questa occasione. È bella, intelligente, ricca...» (segue un piccolo silenzio imbarazzato). L'altro intuisce che c'è qualcosa che non va:

«Avanti, qual è il difetto?»

«Oh, una cosa da niente... Balbetta...»

«Hmmm... non è mica una cosa da poco...»

«Sì, ma rassicuratevi: balbetta solo quando parla!»

* * *

Arieh catechizza suo figlio: «Vuoi sposarti con una ragazza che ti meriti? Sceglila tanto bella che potresti sposarla anche se non fosse ricca, e tanto ricca che potresti sposarla anche se non fosse bella...»

* * *

La moglie, un po' dominatrice, aggredisce il marito: «Perché farla tanto lunga? Se hai qualcosa da dire, taci!»

* * *

«Mia moglie è malata» annuncia in tono desolato il marito a un amico.

«Oh, poveretta... E che cos'ha?»

«Si è avvelenata».

«E come è potuta accadere una cosa simile?»

«Si è morsicata la lingua».

* * *

Ruth annuncia al marito: «Sai, Zaccaria caro, cosa ho sognato l'altra notte? Ho fatto un bellissimo sogno: tu mi avevi comprato una pelliccia di visone».

«Stupendo! Sono felice che tu possa indossarla in tutti i prossimi sogni».

* * *

Hersh incoccia per strada un amico. Questi, salutandolo, nota che ha il viso tumefatto e tutto graffiato.

«Cosa ti è successo per avere una faccia ridotta in quello stato?» domanda apprensivo.

«Le solite cose. È il lavoro manuale di mia moglie...»

* * *

Sara provoca il marito:

«Tu che ti vanti di conoscere l'avvenire, predicimi quando morirò».

«Morirai in una vigilia di festa».

«Ma quale festa?»

«La mia!»

«E quand'è la tua festa?»

«Il giorno dopo la tua morte».

* * *

Simone ha appenna partecipato alla sepoltura della moglie, ed esce di gran fretta dal cimitero. I parenti e gli amici si mostrano stupiti per quella precipitazione:

«Simone, non è carino...»

Lui spiega: «Lei era di umore tanto mutevole. Adesso che è in cielo, non vorrei che cambi idea...»

* * *

La signora Clara annuncia a un'amica: «Mio marito è guarito, era ora, sia ringraziato Dio! Il dottore ha detto che adesso può mangiare tutto quello che voglio io!»

Genitori e figli

Allorché Samuele tocca l'età fatidica dei dodici anni, il padre gli annuncia in tono grave: «Sam, è venuto il tempo di insegnarti le cose della vita...»

«Sbrigati, papà: dimmi subito che cosa vuoi sapere...»

* * *

Abramo fa una passeggiata nella campagna in compagnia del figlioletto. Questi a un certo punto gli fa notare:

«Papà, guarda, un uccello ti ha sporcato il cappello!»

«Non è nulla, figlio mio. Ringraziamo piuttosto il Signore di non aver dato le ali alle mucche...»

* * *

Il figlio più giovane è partito alla volta dell'Africa per condurre una ricerca in vista del suo dottorato in antropologia. Prima di rientrare, si preoccupa di telefonare, non senza un certo imbarazzo, alla mamma:

«Ah, figlio mio, come stai? Non ho più avuto tue notizie! Stai bene?»

«Sì, sto per tornare...»

«Benissimo, sarai il benvenuto. E quando?»

«Mamma, ho una cosa da dirti... Mi sono sposato!»

«Senza neppure avvertirmi! Comunque, sono felice. Faremo una grande festa!»

«È di pelle nera, mamma...»

«Beh, cosa vuol dire? Oggi non badiamo più a queste cose... Benvenuta anche lei in casa nostra. Importante è che tu sia contento».

«Il fatto è, mamma, che lei è divorziata...»

«E che importanza ha? Siamo emancipati, ormai...»

«Ha quatttro figli...»

«Benissimo! I bambini rappresentano una benedizione di Dio, sono vita, allegria, e poi porteranno il tuo nome. Allora, dimmi, quando vieni?»

«La prossima settimana. Ma non preoccuparti, andremo all'hotel per non disturbarvi...»

«Ma vuoi scherzare? Nessun disturbo, ci mancherebbe altro! Abbiamo una casa per accoglievi tutti. Tu e la tua sposa nel nostro letto, il babbo sul divano del salotto, i tuoi figli nella camera di tuo fratello che è partito per le vacanze. Tutto sistemato, vedi?»

«E tu mamma?»

«Io?! Ah, aprirò la finestra e mi butterò giù...»

* * *

Qual è la differenza tra una madre italiana e una madre ebrea? Questa: la madre italiana, minaccia: «Se non mangi, va a finire che ti ammali e muori». La madre ebrea dice un'altra cosa: «Se non mangi, io muoio!»

Tra amici

Scambio di opinioni su alcune situazioni ipotetiche.

«Supponiamo che tu trovi per strada un portafogli. Quando lo apri, ti accorgi che dentro c'è un milione di dollari... Che cosa fai?»

«Me lo tengo, naturalmente... A meno che non scopra che l'ha perso un poveretto...»

* * *

Dov e Mendele magnificano le qualità dei rispettivi rabbini:

«Il mio rabbi – attacca Dov – parla a tu per tu con Dio tutti i venerdì...»

«Impossibile! Ma chi te l'ha detto?»

«Me l'ha confidato lui stesso».

«E tu ci credi? È un bugiardo patentato!»

«Se fosse davvero un bugiardo, credi che Dio gli parlerebbe?!»

* * *

Tre amici, un musulmano, un cristiano e un ebreo discutono accanitamente sulla superiorità del loro Dio.

Attacca il seguace di Maometto: «Il mio Dio, senza dubbio, è il migliore. Un giorno mi trovavo su una nave, quando si è scatenata una tempesta. Ho pregato, ho pregato, e all'improvviso il mare si è calmato».

«Questo è niente – replica il cristiano –. Un giorno viaggiavo in aereo, si è scatenato un uragano e l'aereo sembrava impazzito. Ho pregato, pregato, e all'improvviso è tornata la calma nei cieli».

È la volta dell'ebreo: «Queste sono sciocchezze. Un giorno, ed era sabato, ho trovato un portamonete pieno di denaro sul marciapiede. Sapete, la mia legge mi impedisce di portare pesi nel giorno sacro... Ebbene, ho pregato, pregato, e bruscamente tutto attorno a me è diventato lunedì!»

Storie di rabbini

Il sacrestano (*shammes*) della sinagoga rimprovera il proprio rabbino di trattenersi a parlare con le donne per strada:

«Vi ho visto io stesso oggi, non potete negarlo!»

«E che c'è di male?» si difende il rabbino.

«Non sta bene, sono cose che non si fanno... Date scandalo».

«Stammi a sentire: è meglio parlare alle donne pensando a Dio, oppure parlare a Dio pensando alle donne?...»

* * *

È il giorno di Kippur. Tutti i fedeli sono radunati nella sinagoga e il gran rabbino, sovrastando tutte le voci, dopo essersi buttato a terra, si mette a gridare tra le lacrime:

«Non sono niente, mio Dio, davanti a te... proprio niente... meno che la polvere della terra...»

Il rabbino della sinagoga, per non essere da meno, scoppia a piangere pure a lui, ed esclama:

«Signore, chi sono io davanti a te? Niente, un soffio, un granello di sabbia perduto nell'Universo».

Il cantore della sinagoga (*khazam*) si sente in dovere di imitarli e si butta a terra pure lui:

«Mio Dio, sono un miserabile nulla, un verme della terra...»

A questo punto, il gran rabbino e il rabbino subalterno, indispettiti, si scambiano un'occhiata e commentano:

«Ma chi crede di essere, quello!...»

* * *

Esiste anche una variante. C'è un rabbino che dice a un collega:

«Ah, io non sono niente, ne sono più che convinto, io non sono veramente niente, sono una nullità».

L'altro lo ammonisce:

«Non ti fare così piccolo, Yankele, perché non sei così grande!»

* * *

Rabbi Gionata, sprofondato nella poltrona sta dipanando un pensiero che lo intriga assai: «Normalmente si dice che quando uno lavora come un dannato, non lo fa per sé, ma per i figli. I figli, poi, a loro volta, assicurano che lavorano forsennatamente non per sé, ma per lasciare qualcosa ai loro rampolli. E così via... Ebbene, io prima di morire, vorrei proprio vedere quel figlio fortunato per il quale tante generazioni si sono affaticate...»

* * *

Asher ha commesso una grave colpa e viene condotto dinanzi al rabbino per ascoltare la sentenza:

«Digiunerai tre volte la settimana» stabilisce il rabbi.

«Ma non posso digiunare, sono malato, debole, non mi reggo in piedi» protesta Asher.

«Allora devi dire molte preghiere e supplicare Dio di perdonarti».

«Rabbi, non posso, lavoro tutta la giornata. Dove trovo il tempo per dire tutte quelle orazioni?»

«Se è così – dice il rabbi – ti concedo di distribuire molto denaro ai poveri, in modo che ti sia molto perdonato».

«Rabbino, la cosa non è possibile, ho parecchi bambini e devo lavorare duro, non c'è denaro sufficiente neppure per soddisfare la loro fame...»

«Ma allora, che cosa vuoi, razza di miscredente?» si indigna il rabbino.

E Asher, in tono conciliante: «Se siete d'accordo, potrei non venire alla sinagoga per un paio d'anni...»

* * *

Martedì mattina. David si reca dal rabbino e gli espone il proprio problema:

«Da domenica, non trovo più il mio orologio...»

«Avete dei sospetti?» indaga il rabbino.

«Effettivamente, sì: sabato sera ho giocato a carte con alcuni amici. Può darsi sia stato uno di loro a fregarmi l'orologio».

«La faccenda non è molto complicata – assicura il rabbino –. Sabato prossimo, nella sinagoga, si fa la lettura delle Dieci Parole. Mettiti in una posizione favorevole e controlla bene la faccia dei tuoi amici. Quando si leggerà "Non rubare", perlustrali bene con il tuo sguardo. Colui che arrossirà è sicuramente lui che ti ha sottratto l'orologio».

David esegue puntualmente. E, il lunedì mattina, si reca a ringraziare il rabbino.

«Allora la cosa ha funzionato?»

«Sì, ma più presto di quello che avevate previsto voi».

«Sarebbe a dire?»

«Eh, quando hanno letto "Non commettere adulterio", mi sono ricordato di aver dimenticato l'orologio a casa della signora Stein!...»

* * *

Nel corso di una cena ufficiale, un vescovo e un rabbino sono seduti a fianco a fianco. Viene servito del prosciutto che fa venire l'acquolina in bocca, ma il rabbino, ligio alla propria legge, non se ne serve.

Il vescovo lo provoca: «Si rifiuta di assaggiarlo, signor rabbino?», con un sorriso malizioso.

«No, monsignore, la mia religione lo vieta espressamente».

«È un gran peccato, signor rabbino. Non sa cosa si perde!» insinua, perfido, l'Eccellentissimo.

Alla fine della cena, nell'atto del commiato, ci sono i soliti convenevoli. Il rabbino dice al vescovo:

«Monsignore, la prego di porgere i miei più sentiti ossequi alla sua signora».

«Signor rabbino, mi meraviglio di lei... Dovrebbe sapere che io non sono sposato. La mia religione lo vieta».

«Che peccato, monsignore... Lei non sa cosa perde!»

I rapporti con Dio

Efraim è sconvolto, capitano tutte a lui: suo figlio si è sposato con una che non è neppure ebrea; la moglie è caduta in una grave forma di depressione; la figlia è stata pizzicata mentre comprava la droga; il contabile è scappato con la cassa; un camion ha sfondato il portone del magazzino...

«Mio Dio – urla Efraim – È troppo!... Non ne posso più! Fatemi morire... Sono stanco di soffrire...»

A questo punto la vetrina va in frantumi e una grossa scheggia gli sfiora il volto finendo ai suoi piedi. Efraim esclama:

«Mio Dio! Ho già abbastanza miserie perché, in sovrappiù, mi prendiate anche alla lettera quando parlo!»

* * *

Dov dice nella sua preghiera quotidiana: «Signore, dammi il pane da mangiare, gli abiti per vestirmi, non pretendo altro... Quanto all'acquavite, provvedo da solo...»

* * *

Un giudeo americano decisamente progressista e che fa professione aperta di ateismo, decide di mandare il figlio a studiare nella *Trinity School*, che è la miglior scuola di New York e che un tempo era tenuta dai gesuiti, perché riceva un'educazione all'altezza delle sue ambizioni.

Dopo qualche giorno, Benny rientra a casa tutto accaldato e comunica: «Babbo, adesso so che cos'è la Trinità: è il Padre, il Figlio e lo Spirito Santo!»

L'uomo, ferito nelle sue più profonde convinzioni laiche, ha un accesso di collera:

«Benny! Mettititelo bene in testa: noi abbiamo un solo Dio!... e non ci crediamo!»

* * *

Uno sbarbatello irriverente si vanta di fronte ai propri amici di non aver paura di nulla. All'improvviso si scatena un furioso temporale con accompagnamento di fragorosi colpi di tuono. Il giovane spaccone impallidisce, mentre i suoi amici si fanno beffe di lui. Che si giustifica così: «Sapete, per un momento ho temuto che Dio ci desse un'altra *Torah*».

* * *

Sono trascorsi appena sei mesi da quando Shapiro è diventato cattolico, ed ecco che si converte di nuovo, questa volta al protestantesimo. Tutti lo deridono:

«Per quale motivo cambi così spesso di religione?»

«Devo spiegarvi: essendo ebreo, non potevo sopportare l'idea di un Dio che mi vede in ogni luogo e in ogni momento, anche se apprezzo il fatto che Lui non si faccia vedere. Ecco perché mi sono fatto cattolico. Ma, dopo un certo tempo, non riuscivo più a sopportare l'idea di un Dio che io vedo da per tutto e ad ogni ora, anche se apprezzo il fatto che Lui non mi veda. E così sono diventato protestante: il loro Dio non mi vede, e neppure io lo vedo...»

* * *

A Roch Hachana (primo giorno dell'anno ebraico), ricorrenza consacrata essenzialmente alla preghiera e alla meditazione in vista dello Yom Kippur, Caleb si distingue per un fervore eccezionale, fino al punto di mettersi a singhiozzare. Nella sinagoga, i fedeli lo ammirano:

«Caleb, il tuo raccoglimento, il tuo ardore stanno a dimostrare che sei diventato così pio da versare addirittura delle lacrime...»

Lui spiega: «Vedete, cari amici, delle due l'una: o Dio esiste, e allora è il caso di piangere; o non esiste, e in tal caso c'è da piangere ancora di più!»

* * *

«Stammi a sentire, Giacobbe: in materia religiosa io non transigo proprio. Anzi, non posso nemmeno concepirlo un matrimonio tra un ebreo e una cristiana».

«Ma se ti capitasse una signorina cattolica molto ricca, che fosse disposta a sposarti?»

«Piuttosto mi convertirei al cristianesimo!»

* * *

Qual è la differenza tra il buon Dio e un ebreo polacco?

Riposta: «Il buon Dio sa tutto. L'ebreo polacco un po' meglio e un po' di più».

Di tutto un po'

Un non giudeo indaga presso un ebreo:

«Perché voi ebrei siete soliti rispondere a una domanda con un'altra domanda?»

«E perché no?» risponde l'altro.

* * *

Quali sono gli ebrei che hanno maggiormente influenzato la storia dell'umanità?

Mosè affermando: «Tutto risiede nella Legge».

Gesù dicendo: «Tutto risiede nell'amore».

Marx stabilendo: «Tutto risiede nel denaro».

Freud scoprendo: «Tutto risiede nel sesso».

Bergson dichiarando: «Tutto risiede nel riso».

Infine Einstein concludendo: «Tutto è relativo».

* * *

Due interpretazioni diverse a proposito della kippà, il famoso copricapo degli ebrei. Secondo la prima, la kippà sta a significare un atto di adorazione e umiltà, riconoscimento della grandezza di Dio.

La seconda, invece, dice che è per evitare che il lezzo dei pensieri salga fino all'Eterno. Moni Ovadia confessa che questa seconda spiegazione gli appare più convincente.

La stessa cosa potrebbe valere per gli zucchetti vescovili e cardinalizi...

* * *

«Sapete dirmi cos'è la *houtspa*?»

«È l'improntitudine, la faccia tosta di quell'individuo che, avendo ucciso i genitori, si appella alla clemenza della Corte perché è orfano!»

* * *

Rotschild al commediografo Tristan Bernard: «Dal momento che siete tanto buffo, fatemi ridere un po'».

Replica pronta: «Dal momento che siete tanto ricco, datemi un milione!»

A proposito di lifting

Salomone è brutto da far paura: strabico, la bocca storta, un naso enorme, due orecchie che lo avvicinano a un elefante, per di più zoppica. Ne soffre terribilmente, fino al punto da decidersi, un giorno, a rifarsi da capo a piedi. Sparisce dalla circolazione per un periodo di sei mesi. Un'operazione di chirurgia estetica dietro l'altra.

Quando, finalmente, esce dall'ospedale, è irriconoscibile: sembra un giovanotto, carrozzato a dovere, il volto perfetto sia di fronte che di profilo, la camminata elegante... Tutte le donne gli corrono dietro. È un bel partito, indubbiamente. E lui decide di sposarsi. Crede di aver trovato la donna della sua vita e stabilisce il giorno delle nozze.

Il mattino fatidico, impaziente, si slancia in strada e va a finire sotto una macchina che lo spiaccica al suolo. Salomone arriva dritto in paradiso e chiede immediatamente udienza presso il Padrone dell'Universo. Ha di che lamentarsi:

«Questa non dovevi farmela, Dio mio! Avevo appena incominciato ad essere felice, dopo tanti anni di sofferenze e umiliazioni. Stavo per maritarmi... Perché mi hai fatto questo?»

Dio lo osserva per bene per alcuni secondi. Si mostra un po' sorpreso, imbarazzato. Alla fine scoppia a ridere:

«Ma sei tu, Salomone!? Scusami! Non ti avevo riconosciuto!»

Varie

Avi entra in un negozio elegante di abbigliamento e dice:

«Vorrei provare il vestito in vetrina».

«Spiacente, signore – risponde il commesso – ma per quello abbiamo una cabina».

* * *

Isacco le ha provate tutte. Ma ogni purgante, anche il più potente, non ha fatto effetto con il piccolo Isaia che ha ingoiato una moneta d'oro. Alla fine gli viene un'idea folgorante. Si precipita in banca, con il figlioletto in braccio e, dopo aver spiegato all'impiegato Schmitz, suo amico, l'incidente, domanda: «Non potrei versare il piccolo Isaia sul mio conto corrente?»

* * *

A Vienna, lungo una strada solitaria, in piena notte, un corpulento goym[7] ubriaco fradicio e con un'aria minacciosa va incontro a Neftali, il quale, impaurito, cerca di sgattaiolare via.

L'energumeno, però, lo blocca e lo insulta: «Tu sei uno sporco ebreo!» «E tu sei un sudicio ubriaco», replica Neftali. Il goym ammette: «Sì, ma a me domani passa...»

* * *

Una delle più famose maledizioni yiddish[8] suonava così: «Che tu possa perdere tutti i denti!... Che te ne rimanga solo uno: per il mal di denti!»

* * *

[7] Goym è il termine con cui vengono indicati le nazioni e gli individui non appartenenti alla religione ebraica.

[8] Lo yiddish è la lingua parlata dagli ebrei dell'est e del centro Europa, ma anche altrove, in seguito alle grandi ondate migratorie. È un misto di germanico medievale e di ebraico, aramaico, russo, e altro ancora...

«Tate, cosa significa per te etica?»

«Mi spiego con un esempio: viene in negozio, che è mio e di Bär, un cliente, il quale acquista della merce per sessanta fiorini, paga con una banconota da cento fiorini e se ne va. Io mi rendo conto che non ha ritirato il resto, e vengo assalito da un dubbio, che sarebbe poi l'etica: devo tenermi tutti i quaranta fiorini oppure li divido con il socio Bär?»

* * *

Appena uscito dalla sinagoga, Schmitz entra in uno dei principali negozi di gastronomia di Trieste e, adocchiando un bel prosciutto di Praga, si informa:

«Quanto verrebbe a costare?»

Fuori, frattanto, si sta scatenando un temporale, e nel preciso istante in cui il commerciante indica il prezzo, un lampo si schianta fragorosamente sulla piazza antistante. Schmitz solleva gli occhi al cielo e protesta: «Almeno chiedere sarà ancora permesso!?»

* * *

Moishe e Yankel si sono arruolati nell'esercito di Israele finendo nel reparto paracadutisti. Sono in procinto di effettuare il loro primo lancio. Il sergente spiega: «Semplicissimo: saltate dall'aereo, contate fino a venti, poi premete il bottone qui a destra sulla cinghia e il paracadute si aprirà. Non dovesse aprirsi, cosa che capita una volta su centomila, contate ancora fino a venti, poi schiacciate il bottone a sinistra e certamente il paracadute si spalancherà. Sotto di voi, non abbiate timore, ci saranno le autoambulanze che vi riporteranno al campo».

I due si lanciano, contano fino a venti, premono il bottone di destra e i paracadute rimangono chiusi. Premono quello di sinistra, ma i paracadute si rifiutano di aprirsi. Allora Moishe grida in direzione di Yankel: «Tipica organizzazione ebraica. Vedrai che quando arriviamo giù non ci saranno nemmeno le ambulanze!»

* * *

[9] Così vengono chiamati i mendicanti dello *shtetl* (villaggio) e del ghetto. Equivale anche a scroccone.

Nel parco del Prater di Vienna, un vecchio *shnorrer*[9], male in arnese, abborda un elegante, giovane signore, chiedendogli: «Scusi, signore, mi sa dire che ora è?» Quello, per tutta risposta: «Adesso te la dico io l'ora, lurido giudeo». E gli rifila un calcione nel fondo schiena, commentando: «Hai inteso bene? È l'una suonata!»

Lo *shnorrer* si allontana indolenzito, commentando: «Dopo tutto, mi è andata ancora bene. Fortuna che non l'ho incontrato un'ora prima...»

* * *

Masliah compare davanti al giudice per la quarta volta in sei mesi, e sempre con l'accusa di furto. Il magistrato gli fa la predica:

«Signor Masliah, quattro volte in sei mesi è un po' troppo. Dovreste provare vergogna...»

«Vostro Onore, non è gentile da parte vostra parlare così. Anch'io è la quarta volta che vi vedo qui in sei mesi, eppure non vi ho mosso alcun rimprovero...»

Faccende di medici

Domanda interessante: «Perché tanti ebrei si dedicano alla medicina?»

Risposta pertinente: «Perché un medico può dire a una donna di spogliarsi senza provare alcun senso di colpa. Può guardarla a lungo senza timore di essere interrotto. E, per di più, è il marito che paga il conto».

* * *

Chaim sta davanti al dottore, che gli dice:

«Ho due notizie per voi: una buona e una cattiva».

«Cominciate con quella buona, per favore».

«Ecco: avete ancora ventiquattro ore da vivere, questa è la notizia buona. La cattiva è questa: mi sono scordato di dirvelo ieri».

* * *

Raffaele ha mandato la propria signora a curarsi in una stazione termale. Tutti i mesi, puntualmente, manda del denaro. Ma dopo parecchi mesi, siccome quella non si decide a ritornare a casa, le lancia un ultimatum:

«Mia cara sposa, delle due l'una: o ritorni, oppure te ne vai...»

* * *

Dov, il vecchio *shnorrer,* decisamente sudicio, si fa esaminare dal medico un braccio piuttosto malconcio. Il dottore, alla fine, sentenzia:

«Non avete altro da fare che lavare il vostro braccio e pulirlo una dozzina di volte con un bagno caldo».

«Scusi, signor dottore, che cosa le fa pensare che io debba vivere ancora dodici anni?»

* * *

Aronne, che soffre di accentuata stitichezza, si vede prescrivere dal medico un lassativo che dovrebbe avere effetti dirompenti. All'indomani si presenta dal medico per informarlo: «Ha funzionato per due volte...»

«Soltanto?» si stupisce il dottore.

«Sì – spiega Aronne – una volta da mezzogiorno a mezzanotte, e la seconda volta da mezzanotte a mezzogiorno...»

* * *

Per la prima volta nella sua vita, la pudica signora Cyterman, settantenne, si reca per un consulto da un ginecologo. Dopo averle fatto le solite domande, il professore la prega di togliersi i vestiti. Lei, interdetta, domanda:

«Tutti?»

«Certo che sì» risponde il medico «Toglietevi tutto».

La signora, prima di eseguire, si informa: «Scusi, signor professore, ma vostra madre sa in che modo vi guadagnate da vivere?»

* * *

Il rabbino Rebibo si è ammalato. Chiamato al suo capezzale, il medico, dopo una visita sommaria, si pronuncia: «Niente di grave. Ma dovete bere molto latte e camminare pure molto».

Si riuniscono gli amministratori della comunità, discutono della faccenda e, dopo due ore di dibattiti, comunicano la decisione presa all'unanimità: «Per adesso il nostro rabbino farà lunghe camminate. Quanto al latte, prenderemo una decisione definitiva nella prossima riunione».

* * *

Yehouda, che sa leggere soltanto l'ebraico, consulta un oculista perché la sua vista si va affievolendo in maniera preoccupante. Il medico ha tra le mani un libro di preghiere. Lo apre a caso e chiede al paziente di leggere. Yehouda esegue senza la minima difficoltà. L'oculista, allora, allontana a poco a poco il libro, ma il cliente riesce a decifrare il tutto con sufficiente prontezza e precisione.

«Scusatemi – dice il medico, stupito – perché mi avete detto che ci vedete poco da lontano?»

«Dovete credermi: non ci vedo affatto bene da lontano. Ma voi mi avete chiesto di leggere nel libro di preghiere, e io lo conosco tutto a memoria!»

* * *

All'ospedale psichiatrico. Un ricoverato dice ad Ezechiele: «Guarda un po' fuori che tempo fa».

Quello si affaccia alla finestra e annuncia: «Non vedo niente. Il cielo è tutto pieno di nuvole!»

Così giovane e già ebreo[10]

Il giorno di *Shabbat*, Moishele sorprende Yankele mentre sta fumando voluttuosamente una sigaretta.

«Yankele! Cosa stai facendo? Sei diventato matto? Ti sei forse dimenticato che non si può fumare nel giorno di *Shabbat*?»

«No».

«Yankele, ti prego, spegnila subito quella maledetta sigaretta! Allora ti sei dimenticato che è Sabato?»

«No, Moishele – si giustifica il trasgressore –. Non mi sono dimenticato che è Sabato... Mi sono dimenticato che sono ebreo...»

* * *

[10] È il titolo di un libro di Moni Ovadia (Piemme, Casale Monferrato 1998), da cui sono tratte le seguenti storielle.

Rabbi Birnstein e Rabbi Steinsalz sono molto amici e condividono, tra l'altro, una piccola debolezza: un'accesa passione per il calcio. Un giorno siglano un patto: il primo che lascerà questa Terra dovrà apparire in sogno all'altro e rivelargli se nell'al di là si gioca o no al calcio.

Qualche tempo dopo, Rabbi Birnstein muore e, memore della promessa che si sono scambiati, appare in sogno all'amico.

«Ho due notizie per te da questo mondo, una buona e una cattiva: la buona è che anche qui si può giocare al calcio, la cattiva è che... tu giochi la prossima settimana».

* * *

Un poveraccio, disperato, va dal suo rabbino per un consiglio: «Rabbi, che disgrazia! Ho speso fino all'ultimo centesimo per comprare cento tacchini e stamattina vado in cortile e scopro che cinquanta sono morti. Sono nei guai! Cosa devo fare?»

«Mmm... Lasciami pensare un momento – dice il rabbino allisciandosi la lunga barba candida –. Che cosa gli hai dato da mangiare?»

«Il mangime migliore, ma loro non hanno toccato cibo: né il granoturco, né l'acqua che gli avevo preparato».

«Mmmm... Comincio a capire... È stato il volere dell'Altissimo! Il mio consiglio, quindi, è di pregare, pregare Dio. Poi raddoppierai il prezzo dei tacchini rimasti, così quando li venderai non ci rimetterai niente».

Il giorno dopo, l'uomo, trafelato, si precipita dal rabbino:

«Rabbi! Che uomo sfortunato che sono! Aiutami, ti prego... Stanotte sono morti altri trenta tacchini...»

«Ah! Davvero? Mmmm... Fammi riflettere un po'... Ecco, torna a casa e costruisci per i tuoi tacchini una capanna di legno e paglia e fagli passare la notte al riparo lì dentro, intanto prega l'Eterno che protegga i tuoi tacchini. Và, e abbi fiducia...»

Il giorno dopo, il povero disgraziato torna dal rabbino, tutto mogio e sconsolato:

«Rabbino, ho fatto come mi hai detto, ma altri quindici tacchini sono morti, adesso non me ne sono rimasti che cinque...»

«Coraggio, quelli sono sicuramente i cinque tacchini più forti e robusti di tutti. Vai subito a casa e preparagli dei comodi giacigli affinché i tuoi tacchini possano covare le uova. Poi prega Dio che la covata ti dia tanti bei pulcini in modo da risarcirti delle perdite subite».

L'indomani, l'uomo torna dal rabbbino, con l'aria affranta:

«Rabbi, ho fatto tutto quello che mi hai detto di fare, ma anche gli ultimi cinque tacchini sono morti...»

«Peccato! – esclama il rabbino –. Avevo ancora tanti bei consigli da darti!»

* * *

Siamo in Unione Sovietica. Un impiegato all'Ufficio Immigrazione interroga un ebreo che ha chiesto di andare in Israele:

«Spiegami perché vuoi andartene dal nostro Paese. Il salario non ti basta?»

«Non posso lamentarmi».

«Il lavoro che fai non ti soddisfa?»

«Non posso lamentarmi».

«E la tua casa? Troppo piccola, insufficiente per le tue esigenze? Troppo scomoda?»

«Non posso lamentarmi».

«La scuola dei bambini, allora? O l'assistenza sanitaria che lascia a desiderare?»

«Non posso lamentarmi».

«E allora, dimmi... Perché, diavolo, vuoi emigrare in Israele?»

«Perché là, almeno, posso lamentarmi!»

* * *

Aforisma per invitare gli ebrei a guidare con prudenza: «È meglio essere in ritardo in questo mondo che in anticipo nell'altro».

* * *

«Pronto, mamma, come stai?»

«Bene, grazie, non posso proprio lamentarmi».

«Scusi, signora... devo aver sbagliato numero».

* * *

«Ragazzo mio, ti racconterò una storia che dovrai ricordare per tutto il resto della vita. Dunque... In un freddo giorno d'inverno, un uccellino cadde dal nido. Pigolava disperatamente quando un bambino, che aveva sentito i suoi lamenti, si avvicinò, lo raccolse delicatamente da terra e lo portò vicino a un mucchietto di letame ancora caldo. L'uccellino era così felice che, dopo essersi riscaldato, cominciò a cinguettare le lodi del bambino compassionevole, facendo un tale baccano che una volpe, sentitolo, lo raggiunse di corsa e lo inghiottì in un boccone.

Morale della favola:

1. Chi ti getta nella m… non ti arreca necessariamente del male.
2. Chi ti ci leva, non ti arreca necessariamente del bene.
3. Quando sei nella m… perché metterti a cantare?»

* * *

Un vecchio ebreo viene ricoverato in un ospedale cattolico per un'operazione. La suora, all'accettazione, si informa sul come intenda regolare il conto.

Lui spiega: «Sono vecchio e solo. L'unica parente che mi è rimasta è un sorella, una povera zitella che si è convertita e si è fatta monaca…»

La suora si sente in dovere di puntualizzare: «Caro signore, mi scusi, ma è bene che lei sappia che noi non siamo delle povere zitelle… Siamo le spose di Nostro Signore Gesù!»

«Bene! – commenta l'uomo con sollievo – In questo caso, può mandare il conto a mio cognato…»

L'ebreo corrosivo[11]

Due ebrei russi si incontrano, e uno comunica all'altro:

«Sapete, signor Rabinovich, ho sentito dire che ci sarà un pogrom[12]».

L'altro non si scompone:

«Ah, sì? Io mi sento tranquillo. Io ce l'ho il passaporto russo…»

[11] È il titolo di un volumetto di Moni Ovadia (Bompiani, Milano 2000), da cui ho ricavato le seguenti storielle.

[12] Sommossa popolare antisemita, con violenze, distruzioni e massacri.

«Disgraziatamente, però, signor Rabinovich, quelli non pestano i passaporti, pestano le facce».

* * *

Il solito *shnorrer* va da un uomo a chiedere l'elemosina. Quello lo copre di insulti: «Vattene, pezzente. Levati dai piedi! Non ti do un centesimo!»

Il mendicante risponde: «Va bene, riferirò quello che mi hai detto a quella che mi ha mandato».

L'altro, incuriosito, indaga: «Perché tu, non solo ci vieni con i tuoi stracci, le tue cose... ma sei pure mandato da qualcuno. E chi sarebbe questo qualcuno, se è dato sapere?»

«La fame, signore, la fame...»

* * *

Ancora uno *shnorrer* che si presenta alla porta del ricco a reclamare il suo obolo. Il signore gli dice: «Moishele, amico mio, fratello mio. Spiacente, ma questo mese non posso darti nulla. Ho avuto delle spese tremende!»

Il mendicante: «Capisco... Capisco...», ma non si muove.

«Sai, mia moglie ha dovuto subire un'operazione delicata».

«Capisco... Per la moglie non si bada a spese...»

«Vedo che sei comprensivo e ti ringrazio, fratello». Ma quello rimane sempre piantato sulla porta.

«Devi renderti conto. La poverina doveva fare la convalescenza. Tu, dove avresti mandato tua moglie?»

«Io – fa lo *shnorrer* pensieroso – l'avrei mandata nel posto migliore».

«Ed è proprio quello che ho fatto io. L'ho mandata a Baden Baden. Lì ci sono acque prodigiose per riacquistare la salute».

«D'accordo. Per una moglie si fa questo ed altro».

«Sai, fa molto freddo a Baden Baden in questa stagione. Lo sapevi?»

«No, ma lo posso immaginare...»

«E così ho dovuto comprare alla mia cara moglie un paio di pellicce costosissime».

A questo punto il mendicante sbotta infuriato: «Cooosa? Pellicce?! Con i miei soldi!?»

* * *

Su un tram di San Francisco un viaggiatore di colore sta leggendo un giornale *yiddish.* Un ebreo si avvicina, gli batte una mano sulla spalla e gli sussurra dolcemente: «Essere soltanto nero non le basta?»

* * *

Ci sono due signori, dei quali uno è gobbo, che camminano insieme. Sono due amici: chiacchierano del più e del meno. Svoltando in una via, si trovano di colpo davanti a una sinagoga. Uno dei due, il "normale", sospira profondamente, e dice al gobbo: «Sai, una volta ero ebreo...» Anche il gobbo sospira, e poi fa: «Sì, sì, anch'io una volta ero gobbo».

La conclusione la trae lo stesso Moni Ovadia: «Possiamo dire che quello della condizione ebraica è un segno che non ti levi di dosso».

L'umorismo cinematografico

Un'espressione tipica di umorismo ebraico si trova in diversi spezzoni dei film di Woody Allen[13]. Ecco alcuni esempi.

In *Prendi i soldi e scappa,* si intreccia questo dialogo.

Louise comunica, entusiasta: «Presto avremo un bambino. Sarà il mio regalo per Natale».

Virgil: «Ma a me bastava una cravatta...»

* * *

Colte queste battute ne *Il dormiglione:*

Luna: «Qualcuno lassù ci osserva dall'alto».

Miles: «Sì, purtroppo è il governo».

Luna: «Credi in Dio?»

Miles: «Sono un ateo teologico esistenziale: io credo in un'intelligenza dell'universo con l'eccezione di qualche cantone svizzero».

* * *

[13] Uno studio attento in questo senso è stato condotto da Fabio Ballabio, *Woody l'eletto. Ebrei e cristiani nei film di Woody Allen*, Effatà, Cantalupa (To) 2003. Le citazioni sono tratte da questo volume.

Questo dialogo, invece, si svolge in *Amore e guerra.*

Boris: «E se Dio non esistesse?»

Sonja: «Boris Dimitrovic, stai scherzando?»

Boris: «E se fossimo solo un branco di gente assurda che corre intorno senza nesso?»

Sonja: «Ma se Dio non esistesse la vita non avrebbe alcun significato. Perché dovremmo viverla? Perché allora non suicidarsi?»

Boris: «Beh, non facciamo gli isterici. Potrei sbagliare. Io oggi mi uccido e domani Lui concede un'intervista».

* * *

La scena si svolge in *Io & Annie*. Dallo psichiatra:

«Dottore, mio fratello è pazzo. Crede di essere una gallina».

«Rinchiudetelo».

«Già. Ma io ho bisogno dell'uovo».

Commento: «Così la penso io sui rapporti umani. Sono assurdi, irrazionali, ma li sopportiamo perché abbiamo bisogno dell'uovo».

* * *

Sempre in *Io & Annie.*

Un'anziana signora in vacanza dice: «Come si mangia male qui!»

L'amica concorda: «Vero... e le porzioni sono così piccole...»

Commento: «Questo io provo riguardo alla vita: solitudine, guai, dolori... e dura anche poco».

L'UMORISMO IN VATICANO

Santa Brigida di Svezia, un giorno, nel 1369, presentò a papa Urbano V i suoi due figli, assai diversi uno dall'altro. Birger indossava una veste talare stretta in una modesta cintura. Karl invece, tipo scapestrato e mondano, era inguainato in un'armatura cavalleresca, con cintura d'argento ornata di campanelli, una grossa catena che gli attraversava il busto e la collana secondo la moda. Teneva sulle spalle una cappa di ermellino, con tanti animaletti imbalsamati, in modo che quando si muoveva o passeggiava, sembrava che le bestiole fossero vive e corressero su e giù. Ogni animale aveva al collo un campanello dorato e un anello d'oro in bocca (i metallari d'oggi, a questo paragone, si dimostrano in ritardo di alcuni secoli...).

Il papa francese non si meravigliò più di tanto: ad Avignone aveva visto costumi altrettanto stravaganti. Allorché Brigida fece le presentazioni, il papa la prevenne: «Tu sei figlio di tua madre» disse amichevolmente rivolgendosi a Birger. «E tu – rivolto al dandy – tu sei un figlio del mondo».

Tutti e tre si inginocchiarono davanti al papa. «Assolvi i miei figli dai loro peccati» supplicava Brigida. Con un lieve sorriso, Urbano, accennando alla pesante cintura d'argento di Karl ornata di campanelli, si giustificò: «Dev'essere una vera penitenza portarsi dietro quella roba, non c'è bisogno che io gliene dia un'altra»[1].

* * *

[1] Riferito da G. Joergensen, *Santa Brigida di Svezia*, Morcelliana, Brescia 1991, pag. 470.

Commentando l'operato di un giudice particolarmente severo e forcaiolo, il cardinal Mazzarino spiegò: «È furibondo perché non può condannare tutti e due i contendenti».

* * *

Durante il Conclave da cui sarebbe uscito Clemente XIV, quattro cardinali abbordarono il futuro papa nella sua cella e gli fecero presente che era necessario, per il bene della Chiesa, che lui fosse l'eletto. L'interessato li guardò ironicamente e, scuotendo il capo, li freddò così: «Se siete venuti qui per prendervi gioco di me, siete in troppi. Ma se siete animati da serie intenzioni, siete troppo pochi».

* * *

In uno dei suoi momenti di furore e di delirio di onnipotenza, Napoleone minacciò la distruzione del papato e della Chiesa intera. Il cardinal Consalvi, senza lasciarsi impressionare, osservò: «Non ci riuscirete, Maestà. A distruggere la Chiesa non siamo riusciti noi, preti, con i nostri errori e le nostre debolezze, in diciotto secoli, e pretendereste di riuscirci voi, da solo, in pochi anni?»

* * *

Papa Benedetto XIV (Prospero Lambertini) viene definito da Francesco Fuschini come «il papa più caro ai bolognesi e allo Spirito Santo per l'ilarità che fracassava le osservanze pretesche». Un giorno un confessore di monache, imbarazzatissimo e sconcertato, gli confidò: «Vi stupirete, Santità, ma nel convento di Santa Apollonia una monaca sta per diventare madre... Volgarmente: è incinta».

Il papa, imperturbabile: «Stupirei di più se si trattasse di un monaco»[2].

* * *

[2] La maggior parte delle citazioni qui di seguito, riferite ai papi, sono ricavate da Adolfo l'Arco, *Così ridono i saggi*, Gribaudi, Torino 1972 e *Anche in Vaticano...* di Anonymus, Ancora, Milano 1999. Da segnalare pure José-Apeles Santolaria, *Papi... in libertà. Manie, stranezze & curiosità*, Piemme, Casale Monferrato 2004.

Un prelato un giorno si azzardò a porre, confidenzialmente allo stesso Benedetto XIV una questione che lui riteneva delicata oltre che imbarazzante: «Come si spiega che tengo la barba bianca mentre i capelli sono rimasti neri?»

Spiegazione del Pontefice: «La cosa è semplice: hai lavorato più con le mascelle che col cervello».

* * *

In uno sfarzoso salone del Vaticano, dove si pavoneggia un cardinale, che aveva più familiarità con l'alterigia che con la modestia, arriva monsignor Mathieu, arcivescoso di Tolosa, di tutt'altra pasta. Il porporato, guardando con degnazione il buon vescovo, ripeteva il suo nome quasi per farsi venire in mente qualcuno e qualcosa: «Mathieu! Mathieu! Io devo aver conosciuto qualcuno della vostra famiglia. Ah, ecco, devo aver avuto un portacoda (in linguaggio ecclesiale: "caudatario") che si chiamava come voi».

Il vescovo si limitò a confermare, in tono sommesso: «Effettivamente, Eminenza, hanno sempre tirato il diavolo per la coda...»

* * *

Durante il Concilio di Trento, un padre, per puntellare le proprie tesi, non esitava a citare passi biblici staccati dal contesto e accozzati insieme piuttosto maldestramente.

Il Presidente di turno, infastidito per lo scempio che veniva fatto della Sacra Scrittura, a un certo punto intervenne con tagliente sarcasmo: «Padre reverendissimo, prenda Matteo 25,5 e legga: "*Giuda si allontanò e andò ad impiccarsi*". Prenda poi Luca 10,37 e legga: "*Va' e anche tu fa lo stesso*"».

* * *

Un cardinale, gravemente malato, mandò a chiedere a papa Pio IX una benedizione speciale che lo facesse guarire. Il Pontefice lo accontentò, ma non mancò di precisare: «Gli mando di tutto cuore la mia benedizione, ma, per sicurezza, gli ricordo di prendere anche il chinino».

* * *

Durante il suo pontificato, ad una ballerina tedesca che mandava in visibilio il pubblico romano, vennero tributati gli onori del Campidoglio e le si cinse la testa con una corona d'oro.

Pio IX, informato della cosa, non la mandò giù e commentò sarcasticamente: «Tutt'al più le si dovevano regalare le scarpe d'oro. La testa non c'entra proprio in questo caso...»

La frase pungente venne riferita alla ballerina, che invece di cervello ne aveva parecchio. Essa scrisse subito un biglietto al Pontefice, scusandosi più o meno così: «Santità, sono estremamente mortificata per averle causato un dispiacere. Per suo conforto, La informo che io sono cattolica praticante. L'arte mi attira irresistibilmente, ma grazie a Dio, i miei costumi sono irreprensibili, sia detto senza falsa modestia. Le faccio pervenire la corona d'oro che mi è stata assegnata: se mi crede ancora degna dell'appartenenza alla Chiesa cattolica, disponga che essa venga deposta su una statua della Madonna. Se, invece, mi crede indegna, abbia la bontà di farla vendere e donare ai poveri il ricavato».

Pio IX, che ha avuto il buon gusto di riconoscere l'abbaglio preso, rispose: «Figlia mia, ti sei inserita tra i cattolici a me più cari. Brava! C'è più cervello nei tuoi piedi che nella testa dei tuoi ammiratori!»

* * *

Per consolare, con un pizzico di ironia, un visitatore che si lagnava di avere una pessima memoria, Pio IX gli disse: «Il guaio più grosso verrà dopo la sua morte, quando nessuno potrà dire a suo riguardo "di felice memoria..."»

* * *

Un prelato si complimenta con papa Leone XIII, piuttosto anziano: «Santità, vi auguro di arrivare fino a cento anni!»

Replica perentoria:

«Cent'anni? Via, non mettiamo limiti alla Divina Provvidenza...»

* * *

Nel 1902, durante una visita *ad limina*, un vescovo americano, calcolando che quella visita si faceva ogni cinque anni e il papa aveva superato la novantina[3], nel congedarsi disse pateticamente: «Dato che non vi vedremo più su questa terra, addio, Santità, addio...» Al che il papa, in tono allarmato, si informò: «Eccellenza, ha forse un brutto male?»

* * *

Allorché il cardinal Giuseppe Sarto era in procinto di recarsi a Roma per partecipare al conclave da cui sarebbe stato eletto pontefice, una devota signora, che era venuta a salutarlo insieme ad altri veneziani, tutta infervorata gli disse: «Sior Patriarca, mi prego tuto il dì lo Spirito Santo perché gli Eminentissimi la eleggan Papa, che se lo merita».

Al che il futuro Pio X replicò: «Ghavé una gran bruta opinion dello Spirito Santo, mia cara signora».

* * *

A chi gli domandava: «Come sta Vostra Santità?», Pio X rispondeva: «Da Papa!»

* * *

A un nobile, che si congratulava con lui perché "portava bene gli anni", Pio X replicò: «Li porto bene anche troppo! Non c'è infatti pericolo che me ne cada via uno!»

* * *

Benedetto XV aveva stabilito, da lunga data, un rapporto privilegiato con le suore della Carità di san Vincenzo de' Paoli (le cosiddette "cappellone"), le quali, tra l'altro, gestivano l'ospizio di Santa Marta nei pressi di San Pietro.

Una volta che il papa si recò da loro, in forma solenne, dovette anticipare la celebrazione perché quell'anno la loro festa coincideva con la prima Domenica di Avvento. Si giustificò così: «Abbiamo anticipato di un giorno, ma mi sono fatto autorizzare dalla Madre Superiora».

* * *

[3] Sarebbe morto l'anno successivo.

Pio XI aveva le idee molto chiare a proposito dei propri collaboratori. Osservava: «Se hai bisogno di un lavoro sollecito e ben fatto, dallo a chi di lavoro ne ha già tanto. Chi è abituato a lavorare trova tempo per tutto. Invece lo sfaticato non sa mai da dove cominciare».

* * *

Sempre papa Achille Ratti era allergico alle adulazioni. Quando si accorgeva che qualcuno esagerava nell'uso del turibolo, lo bloccava inesorabilmente con ruvidezza: «Via, via, non facciamo commedie».

* * *

Monsignor Mella di Sant'Elia confessava a Pio XI: «Per l'amministrazione affidatami, Padre santo, spesso mi trovo dinanzi a delle difficoltà, a risolvere le quali non so proprio come fare...»

Il Papa, con la massima serietà: «Non sa come fare? Si fa come si deve!» Poi riprese in tono bonario: «Sì, devo ammettere, qualche volta troverà difficile fare come si deve. Allora... faccia come può». E concluse le sue raccomandazioni con un largo sorriso: «Può capitare che qualche volta si trovi in imbarazzo anche a fare come può: in tal caso, faccia come vuole...»

* * *

Un certo monsignor Gatti, che aveva conosciuto Achille Ratti ai tempi in cui questi stava sulla cattedra di sant'Ambrogio, bruciava dal desiderio di baciare la sacra pantofola del papa. Si fece intermediario della richiesta un "cameriere". Pio XI accondiscese, ma non poté risparmiarsi una battuta in dialetto milanese: «*Ch'el faga pur, anca parché saria la prima volta che un gatt el basa i piee a un ratt*». Evidentemente giocava sui due cognomi, Gatti e Ratti.

* * *

Un ambasciatore tedesco, con una punta di sarcasmo, domandò al nunzio Pacelli come mai gli italiani si comportano in chiesa come fossero a teatro. Il futuro Pio XII rispose: «È lo stesso motivo per cui i tedeschi si comportano a teatro come se fossero in chiesa».

* * *

La sera del 2 marzo 1939, che tra l'altro era il giorno del suo 63° compleanno, il cardinal Pacelli aveva raggiunto il *quorum* già al terzo scrutinio, dopo un Conclave quasi fulmineo. Lui, emozionatissimo e preoccupato, giunto in fondo alla cappella Sistina, non si avvide di un gradino, vi inciampò e ruzzolò a terra. Un cardinale, osservando la scena, commentò: «Oh! il Vicario di Cristo, in terra...!»

* * *

L'ambasciatrice americana Clare Boothe Luce non aveva tra le sue doti quella della discrezione. Si comportava spesso come una maestra incaricata di impartire lezioni a scolari ritardati o discoli. Una volta, durante un'udienza concessale da Pio XII, si accalorò oltre misura a spiegare al papa i pericoli del comunismo ateo e a suggerire metodi drastici per contrastarlo. Papa Pacelli si vide costretto ad interrompere la sua requisitoria dicendole: «Tenga presente, signora, che sono cattolico anch'io!»

* * *

Sempre a proposito di Pio XII, suor Pascalina Lehnert, delle Suore di Santa Croce di Menzingen, grosso personaggio, la cui immagine è stata spesso deformata dai media, e che ha avuto un ruolo importante nella vita di questo papa, racconta: «Quanta fatica ci voleva per convincere il Santo Padre a provarsi una talare nuova! Già da un pezzo portava quella vecchia. "Santità, lei ha promesso a Monsignor Tardini una talare e deve, perciò, farsene una nuova". "Ma sì, per amor di Dio! Gli dia pure quella nuova e mi lasci quella vecchia!" "Non è possibile, Santo Padre: Monsignor Tardini vuole una talare già usata". Così finì per indossare la talare nuova, ma la indossò soltanto per talune volte e poi la regalò.

«E le scarpe! Se ne occorreva un paio da regalare, il Santo Padre le calzava qualche volta e poi le lasciava dar via. Portava per anni le scarpe vecchie, finché veramente non erano più papali. "Ma Santità, scarpe del genere non le porta più neanche un povero, ma solo un vagabondo" dissi un giorno e tolsi di mezzo le scarpe vecchie. Ma quando il Santo Padre tornò dall'udienza, chiese: "Per favore, dove sono le mie scarpe da vagabondo?"»[4]

* * *

[4] *Pio XII. Il privilegio di servirlo*, Rusconi, Milano 1984, pagg. 213-214.

Ancora suor Pascalina racconta: «Pochi giorni prima del 2 marzo 1956[5], Monsignor Tardini uscì molto tardi dall'udienza. Io dissi, tanto per dire qualche cosa: "Si è fatto tardi, oggi". Allora Monsignore, deponendo la sua cartella, mi rispose: "Ho visto ancora una volta il Santo Padre ridere veramente di cuore. Che cosa c'è di più bello del riso del Santo Padre? Il volto gli si rischiara completamente e gli occhi pieni di vita irradiano la sua santità. Tutti mi ripetono che custodiscono nella loro memoria il suo sorriso e che non lo possono dimenticare. Lo stesso può dirsi della sua preghiera. Per quanto gravi siano le preoccupazioni e le pene che gli sono state confidate, quando egli si alza e, levando le braccia e il volto al cielo, impartisce la benedizione, sembra che il cielo si apra sopra questa figura benedicente che, per alcuni istanti, dà l'impressione di non appartenere più alla terra"»[6].

* * *

Durante il pontificato di papa Pacelli, alla Segreteria di Stato stavano due sostituti: mons. Montini quale Segretario per gli Affari Ordinari, e mons. Tardini come Segretario per gli Affari Straordinari.

Un giorno un religioso francese chiese udienza a Tardini per riferirgli che un cardinale aveva detto in pubblico una grossa sciocchezza. Monsignor Tardini non si scompose più di tanto: «Che un cardinale dica una fesseria è una cosa ordinaria. Quindi si rivolga a Montini, dal momento che io tratto solo le cose straordinarie».

* * *

Ancora mons. Tardini. Un ambasciatore, con una certa enfasi, gli disse, una volta, che la diplomazia vaticana, a suo modo di vedere, era la prima nel mondo. «Figuriamoci la seconda!...» commentò Tardini.

* * *

[5] 80° compleanno di Pio XII, che morirà nel 1958.
[6] *Op. cit.* pag. 210.

Sempre mons. Domenico Tardini. Per troncare la filastrocca di un visitatore che esaltava oltre ogni misura un certo personaggio storico, precisò: «Ai grandi uomini, preferisco gli uomini».

* * *

Papa Giovanni XXIII confidava: «La vita è come un banchetto. Io sono arrivato al formaggio, e vi assicuro che anch'esso è eccellente».

* * *

Quand'era nunzio in Francia, Giuseppe Roncalli, durante un incontro col presidente del consiglio E. Herriot, accennando alla pancia importante di cui ambedue erano portatori, disse: «Eh! Siamo del medesimo "arrondissement" (circondario)».

* * *

Al Presidente della Repubblica V. Auriol, il futuro papa Giovanni diede in regalo una copia del *Don Camillo* di Giovannino Guareschi accompagnandola con queste parole: «Ne legga qualche pagina, come faccio io tutte le sere, prima di andare a letto. Si addormenterà con un sorriso».

* * *

Angelo Giuseppe Roncalli non era certo tipo da complicarsi la vita con delle sciocchezze; sapeva prendere le cose per il verso giusto, e difficilmente il sorriso abbandonava le sue labbra sottili. Anche nelle situazioni più imbarazzanti se la cavava con la massima disinvoltura. Durante un solenne ricevimento, tutti mostravano una certa curiosità di verificare come il Nunzio se la sarebbe cavata di fronte alla presenza di alcune signore disinibite che ostentavano vestiti non propriamente castigati. Quelle, per colmo di malizioso pudore, avevano maldestramente coperto le scollature più vistose con dei minuscoli fazzoletti olandesi, i quali, più che nascondere, facevano da vetrina.

Lui, come niente fosse, continuava ad assaggiare tartine e a conversare allegramente. Quando però si accorse che i presenti, ostentatamente, lo fissavano per cogliere un segno di disagio, reagì a modo suo: «Non so che cosa ci sia di così interessante in me, e mi sorprendo molto che, invece di soffermarvi sulla bellezza di tutte queste eleganti signore, tratteniate lo sguardo sul Nunzio di Sua Santità».

* * *

Diverso, invece, l'atteggiamento che ebbe in un'altra occasione. Una svampita signorina, che gli stava accanto a tavola, esibiva una vertiginosa scollatura. Qui, il Nunzio volle togliersi una bella soddisfazione. Chiamò il cameriere, si fece consegnare una mela, quindi la porse alla sua tentatrice accompagnando il gesto con queste parole: «Vediamo di rimediare alla situazione, *mademoiselle*... Non esiti a mangiare questo frutto: infatti, solo quando Eva mangiò la mela si accorse della propria nudità».

* * *

Non se la faceva molto con le lingue. Col francese, in particolare, pareva avesse un fatto personale. Quand'era già papa, nel corso di un'udienza, venne avvicinato dalla figlia dell'ambasciatore francese presso la Santa Sede, la quale gli confidò le proprie apprensioni per la sua gravidanza difficile. Lui, per rassicurarla, non trovò di meglio che ricordare la propria madre, la quale aveva scoperto un segreto per avere un parto felice. E qui incorse in una gaffe clamorosa, che lasciò di stucco la signora. Confidò infatti: «*Ne vous inquietez pas, madame... Ma mère fit un veau et me voilà!*» Intendeva dire che sua mamma aveva fatto un *voeu* (un voto), e invece, ahimé, è venuto fuori un malaugurato *veau* (vitello).

* * *

Altrettanto clamoroso fu l'infortunio in cui incorse durante l'udienza concessa a delle ragazze di un'associazione cattolica francese. In quell'occasione disse: «*J'ai un derrière divisé en deux*», che letteralmente vuol dire «ho un di dietro diviso in due». Aveva equivocato tra *arrière* (passato) e *derrière* che sta a indicare il fondo schiena. Intendeva dire che aveva un passato diviso in due parti distinte...

* * *

Gli infortuni linguistici di papa Giovanni XXIII fanno venire in mente la frase adulatoria che un segretario rivolse al proprio cardinale: «*Eminence, votre femme est connue partout*». Intendeva dire che la sua "fama" era nota da per tutto, e invece è venuta fuori... la moglie ("*cherchez la femme!*", è il caso di dire).

* * *

Nei primi giorni del suo pontificato, papa Giovanni XXIII era tormentato da parecchi dubbi, specialmente quando si trovava tra le mani certi dossier inquietanti. Poi, però, secondo una sua confidenza, è uscito in una frase stupefacente: «Mi sono detto: "Stai tranquillo... Sei *soltanto* il Papa!" E, la notte, mi addormentavo sereno».

Ecco rivelato il segreto dell'umorismo: possedere una scala di valori che ci fa capire come, quale che sia il gradino su cui siamo sistemati, c'è pur sempre un gradino superiore. Il che costituisce il più efficace esorcismo contro l'ansia, l'antidoto più sicuro contro la tentazione del protagonismo, e il mezzo privilegiato per vivere nella serenità.

* * *

Viene attribuita a Giovanni XXIII anche questa risposta a un ospite che gli poneva la domanda: «Quante persone lavorano in Vaticano?» Risposta maliziosa: «Oh! non più della metà...»

La battuta, anche se sussistono dubbi sulla sua autenticità, gli assomiglia parecchio.

* * *

Un sacerdote tanto pio, conversando con papa Giovanni, gli esprimeva tutta la sua desolazione per il fatto che le vocazioni sacerdotali scarseggiassero. Il papa lo confortò così: «Si faccia coraggio, la situazione non è poi così drammatica: è vero che ci sono poche vocazioni al sacerdozio, in compenso abbondano le vocazioni episcopali!»

* * *

Il cardinal Tardini non condivideva molte idee e iniziative di papa Giovanni, che riteneva eccessivamente "progressiste" e pericolose. A chi andava da lui per lamentarsi di certe "novità", Tardini allargava le braccia e sospirava: «Non posso farci niente. Così vuole quello che sta lassù...» Giovanni XXIII, informato di quel modo di esprimersi, quando se l'ebbe davanti, una volta, entrò sull'argomento: «Eminenza, mettiamo le cose in chiaro. Quello di lassù è il Padreterno. Quando parla di me dica invece: "Quello del quarto piano..."»

* * *

Vittorio Gorresio, uomo di non eccessive simpatie clericali, sulle pagine di un quotidiano torinese, aveva provocatoriamente sfidato ad alzare la mano chiunque avesse visto Paolo VI sorridere.

Mi sento legittimato ad alzare tutte e due le mani, e presentare una documentazione inequivocabile, legata a una esperienza personale. Si tratta di una fotografia. Sono anche in grado di chiarire le circostanze. Una frase scherzosa del segretario mons. Pasquale Macchi aveva provocato una sonora risata da parte mia. Si potrà discutere se il volto del papa, in quella circostanza, sia atteggiato al riso o semplicemente al sorriso, appenna abbozzato, e me lo sono chiesto anch'io più volte, stropicciando quella foto. Resta comunque il fatto che – riso o sorriso, a scelta – quel volto non esprime certo una "maschera di sofferenza" (come usava dire).

* * *

Il cardinale francese Eugenio Tisserant era un tipo abbastanza disinvolto, non immune da una certa vanità, e che si trovava perfettamente a proprio agio anche negli ambienti mondani. Una volta partecipò a un ricevimento dove pure i cardinali si concedevano buoni sigari e generosi bicchierini di liquore. Qualcuno volle tendergli un tranello e convinse una disinvolta baronessa, decisamente attraente, a fare un profondo e prolungato inchino dinanzi a Sua Eminenza, in modo che il porporato avesse modo di ammirare la sua generosa scollatura. Quella non si fece pregare e prolungò l'atto di omaggio oltre ogni limite. Il cardinal Tisserant, con la massima naturalezza, la rimise in posizione verticale con queste parole: «*Madame*, quando vuole può alzarsi, perché ho già visto tutto quello che c'era da vedere...»

* * *

Il cardinale Carlo Confalonieri, decano del Sacro Collegio fino alla morte (1986), percorse una lunga carriera in Vaticano. Un giorno qualcuno volle carpirgli il segreto di quella insolita permanenza nelle poltrone più prestigiose, naturalmente a servizio della Santa Sede. Risposta sconcertante: «Nessun segreto: non fare mai niente. Tutto qui!»

* * *

Negli ambienti vaticani circolano battute piuttosto graffianti. Ad esempio, si sostiene che, per fare carriera in Curia, occorre essere assai ferrati nel trattato "*De Barcamenando*". C'è, invece, chi sostiene che occorre essere sportivi capaci di destreggiarsi negli *slalom*. Qualcuno, addirittura, cita un detto popolare: «Chi striscia non inciampa».

* * *

Recentemente, un prelato, in un salone solenne e ovattato del Vaticano, mi confidava con un sorriso complice: «In questi ultimi tempi ho studiato gli atteggiamenti e le dichiarazioni di Vescovi appena eletti e ho notato che anche quelli che hanno brigato almeno un po' per raggiungere quella carica e sprizzano soddisfazione da tutti i pori dichiarano con compunzione: "Penso alla gioia di mia madre" (che magari è già defunta e ha più motivi per essere preoccupata di quanti ne abbia per rallegrarsi). Il meno che si possa dire è che questi successori degli apostoli, se non alla poltrona, dimostrano di essere assai attaccati... alla mamma. E la povera madre, dal cielo, da questo momento sarà assai impegnata per evitare che il figlio commetta troppe sciocchezze...»

* * *

Lo stesso prelato mi ha sbalordito con una rivelazione sensazionale: «Il sacerdozio, per ora, è rigorosamente negato alle donne. Tuttavia, anche se pochi se ne sono resi conto, l'episcopato viene concesso ad esse... Infatti, dal mio punto privilegiato di osservazione, constato che alcune recenti nomine di Vescovi riguardano "primedonne"!» Pensandoci bene, anch'io ne conosco alcune...

* * *

Ancora il mio monsignore che parla a ruota libera: «Qui, dal mio privilegiato osservatorio, posso verificare, a proposito di certe nomine, l'esattezza del famoso "principio di Peter"[7]: "In una gerarchia ogni impiegato tende a salire sino al proprio livello di incompetenza". Gradino dopo gradino, si arriva a una posizione elevata dove si combinano guai inenarrabili. Conseguenza pratica: "Col tempo ogni posto tende a essere occupato da un impiegato incompetente a svolgere le proprie funzioni... e così il lavoro viene svolto dagli impiegati che non hanno ancora raggiunto il loro livello di incompetenza"».

* * *

Il mio confidente, a dispetto della spregiudicatezza, è un uomo molto dotto. Mi cita le profezie contenute nell'opera monumentale del monaco benedettino Arnaldo di Wion *Lignum vitae* (1595). A proposito dell'elezione di Innocenzo X si legge questo motto: "*Iucunditas crucis*" (l'allegria della croce). Commento graffiante: «Questo si applica a molti eletti, a tutti i livelli. La croce è pesante, come sono soliti dire. Ma loro – basta osservarli – la portano con molta allegria e piacere».

"*Rastrum in porta*" (il mercatino sulla porta), applicato a Innocenzo X, napoletano della famiglia Pignatelli di Rastello, allogata alle porte di Napoli, provoca questa precisazione: «È il diminutivo che non quadra in parecchi casi...»

Quanto a "*Flores circumdati*" (circondati da fiori), di Clemente XI, la sentenza faceta è la seguente: «Sono fiori che, per crescere, hanno bisogno di essere innaffiati abbondantemente con il fumo dell'incenso...»

Per Pio VIII, che si occupava esclusivamente delle cose religiose, lasciando che alle faccende politiche si occupassero i suoi collaboratori, c'è "*Vir religiosus*" (Uomo religioso). Il mio monsignore scuote la testa, desolato: «Beh, questa più che una profezia, è un sogno...»

* * *

[7] Laurence J. Peter e Raymond Hill, *Il principio di Peter*, Bompiani, Milano 1970, pagg. 23 e ss.

Infine, la mia talpa in Vaticano mi confida di concordare con una battuta che lui attribuisce a Leo Longanesi: «I titoli non basta rifiutarli. Bisogna non meritarli». Gli faccio notare che lui è monsignore... Sorridendo conferma: «In effetti, questo titolo, purtroppo, l'ho proprio meritato».

* * *

Il mio indimenticabile amico don Franco Molinari, grande studioso di storia della Chiesa, materia che insegnava all'Università Cattolica, e tipo scanzonato, una volta, con la massima serietà, fece al cardinal Michele Pellegrino, arcivescovo di Torino, in mia presenza, questa confidenza: «Sa, Eminenza, che cosa ho scoperto dopo prolungate indagini compiute in Vaticano?... Pensi che ho trovato dei cardinali che addirittura credono in Dio...» «Cose da non credere...» commentò sullo stesso tono il cardinal Pellegrino.

* * *

Mons. Luigi Bettazzi è un Vescovo che possiede sicuramente il senso dell'umorismo, e accoppia felicemente la fede con lo spirito. Pare che una volta sia stato invitato a pranzo in Vaticano dal papa, che desiderava ascoltare le sue barzellette clericali e perfino... papali (un po' meno apprezzate delle altre, quanto è dato sapere, ma forse è solo una malignità).

In un colloquio con un giornalista, l'ex vescovo di Ivrea concorda che occorre anche una buona dose di umorismo per vivere criticamente nelle istituzioni. E spiega: «...perché le istituzioni non sono mai perfette. Quante volte ci si trova confrontati a delle scelte dinanzi alle quali ci sentiamo inadeguati. L'umorismo, in questi casi, diventa una forza di realismo, per dire: "Beh, ridiamoci sopra!"»

Poi aggiunge un ricordo autobiografico particolarmente illuminante alla valutazione che si dà dell'umorismo in certi ambienti: «Una volta, in un viaggio al sud insieme ad altri vescovi, uno di questi disse: "Il cardinal Ballestrero ha dato da poco le dimissioni da Torino, e il vescovo Bettazzi, che da tanto tempo è in Piemonte, potrebbe diventare lui arcivescovo di Torino". Un arcivescovo intervenne facendo osservare gravemente: "Eh no, il vescovo di Torino viene fatto cardinale e dev'essere un vescovo serio..."»[8]

* * *

Questa la racconta[9] don Luigi Ciotti, fondatore del Gruppo Abele. Un giorno i singoli componenti la Santissima Trinità decidono di concedersi una vacanza sulla terra, ogni Persona in un posto diverso, a seconda dei propri indici di gradimento.

Il Padre comunica: «Io vado nel Corno d'Africa, per ritrovarvi il giardino di Eden delle origini».

Il Figlio sceglie la Galilea: «Là ho trascorso la mia giovinezza felice, e voglio ritrovare l'emozione di quell'ambiente stupendo dove avevo tanti amici».

Lo Spirito Santo, invece, vuole soddisfare finalmente una curiosità: «Ho deciso di recarmi in Vaticano, perché non ci sono mai stato...»

[8] Da un'intervista concessa a «Il segno», Milano, 17 luglio 1999.
[9] È stata inserita anche, in un suo spettacolo, dal comico Paolo Rossi.

I DIFFICILI RAPPORTI TRA TEOLOGI E UMORISMO

Si ride in Paradiso?

Martin Lutero, una volta, ha dichiarato solennemente di non avere alcuna intenzione di andare in un Paradiso «dove non si ride». Io mi associo, e ritengo parecchi altri.

Un padre della Chiesa del calibro di Tertulliano, a mio modo di vedere, ha detto una grossa sciocchezza (succede anche ai pensatori di grosso calibro) quando ha rivelato – non si sa in base a quale informazione riservata ricevuta – che nel Regno dei cieli il divertimento spassoso sarà assicurato dalla visione di molti re potenti precipitati ad arrostire nel cratere dell'inferno.

Personalmente, non ho eccessiva simpatia per i potenti e i prepotenti di tutte le risme, ma mi rifiuterei decisamente di partecipare a quelle supposte risa celesti descritte da Tertulliano quale sollazzo riservato ai beati. Mi divertirei di più a vedere i re e tutti i potenti affetti da manie di grandezza e delirio di onnipotenza sbalzati quaggiù dai loro troni. Quei ruzzoloni, sì, mi scatenerebbero il riso.

Don Orione era tutto meno che teologo. Comunque, scrivendo a un frate, confidava: «Caro padre, oggi ho una gran voglia di ballare: ci sarà il ballo in Paradiso? Se ci sono suoni, ci sarà anche il ballo: io voglio cantare sempre e ballare sempre. Caso mai, il Signore mi darà un reparto speciale per non disturbare troppo i contemplativi»[1].

Per tornare all'affermazione di Lutero, Gesù assicura: "*Beati voi che ora piangete, perché riderete*" (Lc 6,21). Quella sarà la liberazione totale, soltanto abbozzata in maniera parziale dal riso che esplode nel Salmo 126.

[1] Cfr. Alessandro Pronzato, *Don Orione il folle di Dio,* Gribaudi Editore, Torino 1980, pag. 333; nuova edizione Paoline, Milano 2004.

D'altra parte, il Regno dei cieli viene descritto, sia da Isaia sia dall'Apocalisse come un grandioso banchetto rallegrato da "*grasse vivande*" (evidentemente senza più rischi per il colesterolo) e "*vini eccellenti*" (25,6). Ed è improbabile che a quella mensa partecipino titolari di musi lunghi allergici alle risate.

Certo, il riso escatologico che esploderà in cielo sarà di natura e qualità diverse da quello terreno, ma non per questo meno reale. D'altra parte, anche il corpo celeste sarà diverso da quello terrestre (1 Cor 15,42).

Dante ne parla in due canti diversi del *Paradiso*:

«Ciò ch'io vedeva mi sembiava un riso
de l'universo; per che mïa ebbrezza
intrava per l'udire e per lo viso.
Oh gioia! Oh ineffabile allegrezza!...» (canto XXVII, 3-6)

E ancora:

«...Vid'io più di mille angeli festanti,
ciascuno distinto di fulgore e d'arte.
Vidi a loro giochi quivi e a lor canti
ridere una bellezza, che letizia
era ne li occhi a tutti li altri santi» (canto XXXI, 131-135).

Quello sarà il riso di tutti i "liberati".

Sì e no

A percorrere la storia della teologia e della spiritualità, si scopre che il riso riscontra, quasi in ugual misura, la condanna e l'approvazione. Ma ho l'impressione che, se si volesse mettere insieme una serie completa di testi, la bilancia penderebbe purtroppo dalla parte della deplorazione. In particolare la scuola pietista, con la sua cupa rigidità, si è rivelata contraria ad ogni forma di riso. In sostanza: il cristiano non deve ridere. I giansenisti non sono da meno. E così pure la tradizione dei monaci trappisti, specie in Francia, segue la medesima linea negativa.

Il quacchero R. Barclay stabiliva che «la risata, lo sport e la caccia non sono attività cristiane».

Per questi maestri la conversione significa rinuncia al ridere, come cosa disdicevole. Le ragioni addotte per questo atteggiamento sovente appaiono talmente ridicole che uno studioso ha potuto osservare: «Se uno storico dovesse prendersi la briga di presentare la lotta priva di umorismo della Chiesa contro le cose indifferenti ne potrebbe nascere un *bestseller* di letteratura amena».

Per fortuna c'è anche chi la pensa diversamente. Ad esempio, il dotto sacerdote Robert Burton (morto nel 1640) consigliava precisamente l'ilarità come antidoto contro la malinconia.

Bisogna comunque arrivare ai tempi moderni per trovare convinte difese, da parte di teologi, del riso e dell'umorismo. D.F. Schleiermacher (morto nel 1834) viene considerato uno dei teologi più spiritosi che sia mai esistito[2].

Qualcuno è riuscito perfino a dimostrare che proprio una concezione cristiana del mondo porta alla scoperta del vero umorismo.

Il grande teologo protestante Karl Barth (1886-1968), tre settimane prima di morire, faceva questa stupefacente affermazione: «Un cristiano fa della buona teologia quando, in fondo, è sempre lieto, sì, quando si accosta alle cose con umorismo.

«Bisogna guardarsi dai teologi di cattivo umore! Guai ai teologi noiosi! Naturalmente lo so: siamo... circondati da ogni parte da tanta, tanta tristezza; e noi stessi siamo spesso compagni poco piacevoli. Ma dato che un buon teologo... non serve se stesso, bensì lui, il Padre di Gesù Cristo, egli può guardare al suo prossimo, che, in ogni caso, è amato da Dio, e persino a se stesso, con gioia e con speranza; egli può (quanto più prende seriamente il proprio compito) ridere nonostante tutto di cuore e può persino ridere di sé»[3]. Verrebbe da commentare: meditate, teologi...

Per parecchi teologi, purtroppo, resta valida l'amara osservazione di un loro collega, M. J. Metzger (morto nel 1944): «Anche sorridere compiaciuti è una grazia, della quale purtroppo i teologi non parlano».

Pure nell'opera del teologo-martire D. Bonhoeffer (1906-1945), si può rintracciare una valutazione positiva dell'umorismo nel contesto dell'esperienza di vita cristiana. In una lettera dalla prigione (verrà impiccato a Flossenbürg perché implicato nella

[2] L'affermazione è di von Campenhausen, riferito da W. Thiede, *op. cit.* pag. 176.

[3] *Offene Briefe 1945-1968*, Zürich 1984, pagg. 553 e ss.; riferito da W. Thiede, *op. cit.* pag. 177.

congiura contro Hitler di Canaris), scrive: «Il prigioniero è incline a sostituire la mancanza di calore e di sentimento che egli avverte intorno a sé con un aumento eccessivo della sensibilità... è bene allora richiamare se stessi ripetutamente all'ordine... con sobrietà e umorismo, altrimenti si perde il proprio equilibrio. Io penso che questo servizio venga reso in modo particolarmente efficace dal cristianesimo correttamente inteso»[4].

Alfred Delp (morto nel 1945), il cui motto era «Mai essere tristi!», mentre si avviava al patibolo si informò presso il cappellano del carcere se avesse notizie dal fronte bellico. Il prete non seppe o non volle dargliene alcuna. E lui, imperturbabile, con un sorriso malizioso sulle labbra: «Tra mezz'ora ne saprò più io di lei!» Avrebbe potuto aggiungere: «Fra mezz'ora ne saprò sul conto di Dio più di tutti i teologi messi insieme».

La gioia di vivere in un mondo imperfetto

Una pagina di Ladislaus Boros: «L'intimo nucleo dell'umorismo cristiano risiede nella forza della religiosità. L'umorismo vede il terreno e l'umano nella loro inadeguatezza dinanzi a Dio. Ma li vede nello specchio dell'amore di Dio, senza però per questo parlare di Dio.

«L'umorismo parla partendo dalla rassegnazione della conoscenza e vede come tutto ciò che è terreno è imperfetto. Tuttavia, questa stessa rassegnazione, a sua volta, è colta come qualcosa di umano ed è elevata nella certezza che tutto quello che è finito è circondato dalla grazia di Dio.

«Così l'umorismo è pietà e amore per il mondo proprio là dove si dimostrano la sua insufficienza e la sua stoltezza. L'uomo che ha umorismo ama il mondo, malgrado la sua imperfezione, lo ama anzi proprio in essa. L'amore è sempre un "sì" a ciò che è, una gioia genuina per ciò che è. In tal modo, l'amore del mondo proprio dell'umorismo è contemporaneamente anche la gioia del mondo, esprime la gratitudine a Dio di poter vivere in questo mondo imperfetto»[5].

[4] *Resistenza e resa,* Paoline, Cinisello Balsamo 1988, pag. 88. La prima traduzione di quest'opera di Bonhoeffer è apparsa da Bompiani, Milano.

[5] *Sperimentare Dio nella vita,* Queriniana, Brescia 1978, pag. 34.

Uno spiraglio nell'al di là

Ed ecco una citazione di mons. Fulton J. Sheen. Il celebre predicatore della televisione americana degli anni cinquanta – quindi, un pioniere – fa notare come «il divino senso dell'umorismo» rappresenti una specie di spiraglio nell'al di là, e dunque svolga una funzione escatologica, perché consente al credente di scorgere, attraverso questo mondo, il mondo migliore che lo aspetta. «L'ateo, l'agnostico, lo scettico, il materialista, sono costretti a prendersi sul serio, privi come sono di una vetta spirituale, dall'alto della quale vedersi nel loro ridicolo».

In questo senso, l'umorismo costituisce una verifica, oltre che della nostra fede, anche della nostra speranza.

Ma ecco la conclusione: «Può ben darsi che nel Giorno del Giudizio Universale il Signore conceda una grazia speciale a quanti, invece di prendere il mondo troppo sul serio, hanno fatto di ogni umana cosa un gradino per salire al Cielo. A coloro che non hanno sopravvalutato se stessi né il mondo – a coloro insomma che hanno il Divino Senso dell'*humour* – Egli offrirà il suo Sorriso».

Un teologo protestante costretto ad ammettere l'infallibilità del papa

A proposito di Karl Barth. Un giorno Giovanni XXIII ebbe nei suoi confronti espressioni estremamente lusinghiere, e lo definì «Il più grande teologo del nostro tempo». Quando Barth venne informato del giudizio del pontefice romano, si mostrò più allarmato che contento. E spiegò: «Misericordia, mi trovo nei guai! Adesso va a finire che sono costretto ad ammettere che il papa è davvero infallibile!»

In Paradiso, forse, ci sono anche dei teologi

Una benevola canzonatura dei teologi è senza dubbio quella fatta, con rara finezza, da Gilbert Le Mouël ne *Le capanne del paradiso. Intervista a Dio*[6]. L'intervistatore pone la fatidica domanda al Signore:

[6] Gribaudi, Torino 1974.

«E il Paradiso, com'è?»

«Mi piace molto. Io mi ci trovo bene».

«Ma poi? Saremo stipati tutti insieme come sul tram nelle ore di punta? Oppure ci saranno quelle capanne che Le piacciono tanto, perché ci si possa ritrovare fra amici, con la propria famiglia, i propri compagni?»

«Ci sono molte dimore, nel mio Paradiso, ne ha sentito parlare, vero?»

«Mi fa piacere sentirlo dire da Lei, perché la promiscuità mi fa orrore e preferisco scegliere le persone che frequento. Ma immagina, Lei, tutta un'eternità con Kant o Hegel? O con un teologo, che mi parlerebbe senza sosta di Lei per convincermi che Lei esiste, che Lei è un essere meraviglioso, degno di essere conosciuto, mentre Lei sarebbe là, in mezzo a noi?»

«Ebbene, sì – disse –, ci saranno le capanne. Ma forse anche dei teologi. Bisogna pure che, infine, dia loro l'occasione di verificare di persona fino a che punto si sono sbagliati. Se no, sarebbe ingiusto. Ognuno deve avere la sua possibilità, i teologi come gli altri. E a questi sarà molto perdonato perché si saranno molto sbagliati»[7].

Dio ostaggio dei teologi

Franco Ferrucci ha scritto una specie di bizzarra autobiografia di Dio. E gli mette in bocca questa confessione: «...Ero pieno d'entusiasmo e pronto a farmi riconoscere. Bruciavo di volontà di fare. Ma incontravo sguardi ostili e indifferenti; ero chiuso in un ambiente che si trincerava nelle proprie convinzioni come in una fortezza. Giravo intorno a questa fortezza, sgusciando all'interno, penetrando dove mi riusciva; lasciavo tracce, segnali, messaggi. Sembravo l'agente segreto di Dio invece che Dio in persona.

«Mi sentivo trascurato. Non è che non si parlasse di me, ma è come se si riferissero costantemente a un'altra persona. Ero caduto nelle mani dei teologi; i miei negatori erano diventati i miei avvocati e spadroneggiavano nel mio territorio. Se qualcuno mi

[7] *Op. cit.* pagg. 38-39.

definiva in modo appena diverso veniva imprigionato, scomunicato, arso vivo; e invano ripetevo che chi si comporta in tal modo denuncia la propria debolezza. L'autorità dei teologi era resa formidabile dal fatto che i fedeli la desideravano, poiché ogni autorità è voluta da coloro che la subiscono.

«L'umanità era rimasta giovane e immatura; aveva bisogno di un padre bonario e collerico e infantile. Non sapevano che farsene di un Dio fratello e amico»[8].

Tommaso dà delle spiegazioni a Dio

Lo stesso C. Ferrucci non esita a mettere a fuoco, dal punto di vista di Dio, la figura di Tommaso d'Aquino. Il Signore gli si presenta fingendosi un arabo ammiratore di Aristotele, che gli porta dei testi tradotti e commentati da Averroè:

«...Il grande monaco stava terminando la sua opera maggiore; era ormai vecchio e pronto a dissolversi nella matrice comune. Tranquillo e corpulento com'era passava la giornata inchiodato allo scrittoio dov'erano i libri da consultare e le carte su cui scrivere, così che nessun movimento di troppo distraesse il corpo e la mente dall'immane lavoro che aveva assorbito la sua vita. L'opera, quasi compiuta, stava di fronte a noi simile a un castello fornito di torri, di fossati, di ponti levatoi, di camminatoi, di segrete, di saloni di ricevimento; e l'architetto navigava verso il termine della vita come un viaggiatore sicuro di essere in orario; e già pensava all'arrivo nel mondo dove nulla si sarebbe mosso, il regno immutabile dell'eternità. Così mi vedeva Tommaso: *omnino impassibilis ac immutabilis*, impassibile e immutabile – e così mi descrivevano i teologi che riuscivano a conquistare una cattedra di filosofia o la direzione di un convento.

«Tommaso sillabava il latino con l'erre moscia che rendeva curiosa la pronuncia del concetto di atto puro, che poi sarei stato io in persona, fisso e immobile a contemplare il mondo che non si arresta un attimo. Come faccio a prevedere le cose? gli chiesi una volta che ero inciampato all'ingresso del suo studio e venni consolato dal suo sorriso calmo e devoto, come ho fatto

[8] *Il mondo creato*, Mondadori, Milano 1986, pag. 252.

a non indovinare che sarei cascato per terra mentre entravo qui dentro?

«Allora mi spiegò il mistero della prescienza divina, muovendo una volta il suo corpaccione fino alla finestrella della stanza che si apriva sulla dolce campagna; e mi mostrò un somarello che si inerpicava sul dosso di un colle sotto le bastonate del suo padrone. Ecco, io potevo prevedere che l'asinello sarebbe giunto in cima alla collina e al tempo stesso l'animale che si arrampicava e l'uomo che lo bastonava si agitavano indipendentemente dalla mia volontà e dal mio sapere, e così il libero arbitrio naturale e umano si sposa alla provvidenza di Dio.

«Mentre mi recitava questa teoria, il suo viso paffuto si era soffuso di armonioso compiacimento; il buon filosofo pareva talmente contento della propria spiegazione che non osai chiedergli come mai io avessi inciampato vistosamente poco prima, senza aver affatto previsto l'evento; tanto più che, dopo un sospiro soddisfatto, si era rimesso a scrivere e io gli balenavo davanti».

Dio blocca la penna di Tommaso

«Finché un mattino, mentre diceva la messa in una chiesetta di Napoli, la cerimonia mi venne a noia ed ebbi uno sbuffo di impazienza. Rivedo il suo sguardo annichilito, e il viso sconvolto di Reginaldo, il suo amico del cuore. Un silenzio di crisi seguì a quella messa sfortunata; Tommaso smise di scrivere e trascorse le giornate nell'accidia più malinconica.

«La costernazione invase i monaci... che da sempre guardavano a lui come a una montagna nel cielo o a una quercia sulla montagna. Alla fine Reginaldo riuscì a strappargli qualche parola di bocca. Perché non scrivi? seguitava a ripetergli, paziente come una moglie o come uno scudiero; e un giorno Tommaso rispose di lasciarlo in pace, ché tutto ciò che aveva scritto non valeva nulla. Reginaldo si ritrasse sgomento, convinto che la pazzia lo avesse invaso.

«Allora Tommaso gli rivolse uno sguardo fraterno e aggiunse: "È vero. Tutto ciò che ho scritto mi appare senza valore se lo paragono alle cose che mi sono state rivelate". Poi si rinchiuse di nuovo nel silenzio e invano l'amico tentò di fargli continuare il discorso. Gli eventi precipitarono: mentre tornavano verso il convento a dorso di mulo, Tommaso batté la testa contro il ramo di un albero e cadde a terra privo di sensi. Fu l'inizio della malattia che in breve lo condusse alla tomba. Il sant'uomo morì raccomandando l'anima alla Chiesa e consegnando gli scritti all'autorità dei teologi; e non si seppe mai che cosa lo avesse condotto in tale stato di angoscia e di sfiducia.

«Io però sapevo che cosa aveva visto Tommaso alzando le braccia verso l'altare nel mezzo dell'Elevazione. Mi aveva visto com'ero, sbuffante... e aveva compreso in un attimo che io non ero il motore immobile della vita ma ero il movimento che spingeva la vita in avanti; e che il suo desiderio di vedermi immobile era soltanto una volontà di riposo che si crea dentro la vita stessa, come una bolla d'aria dentro l'acqua di un fiume. Il suo castello filosofico parve crollare; Tommaso passò gli ultimi tempi a guardarmi galoppare, mentre gli raccontavo che cosa avevo fatto, come si fa nelle stazioni di sosta durante un viaggio»[9].

Journet: un teologo severo capace di sorridere

Un teologo che possedeva sicuramente il senso dell'umorismo è stato Charles Journet (1891-1975). Docente presso il Seminario di Friburgo, in Svizzera, era esponente di spicco di una teologia piuttosto tradizionalista, ma non certo ottusa, né tantomeno reazionaria.

Severo, rigorosissimo, piuttosto esigente. Gli studenti erano consapevoli che con lui gli esami erano una cosa piuttosto seria e vivevano vigilie agitate quando dovevano affrontarli (e affrontarlo!).

Un anno, dopo aver svolto, con la solita profondità, il trattato "De Trinitate", librandosi ad altezze metafisiche vertiginose, tra lo sgomento dei discepoli, nella lezione conclusiva chiese provocatoriamente:

«Avete capito?» («Avez-vous compris?»)

Un allievo si lasciò andare ad una risposta un po' azzardata:

«Sì, professore!» («Oui, monsieur le professeur!»)

[9] *Op. cit.* pagg. 262-264.

Lui lo guardò con malcelata commiserazione, e scuotendo il capo commentò:

«Stupidello! Queste cose non si capiscono: si credono!» («On ne comprend pas ça: on croit!»)

Journet: un cardinale che va a nascondersi per la vergogna

Quando gli diedero, in tarda età, la porpora, grazie al suo prestigio di studioso, non si può dire che ne fosse orgoglioso, né che la esibisse. Al contrario, nei primi tempi, non appena si diffuse la notizia, scomparve dalla circolazione. Si vergognava ad uscire.

Andava a celebrare la Messa, il mattino prestissimo, in un convento di clausura. Con la complicità delle tenebre, non c'era pericolo che lo riconoscessero.

È risaputo, tuttavia, che nei monasteri le notizie arrivano, per canali misteriosi, con largo anticipo. Così, quel primo mattino, la suora portinaia, abbondantemente ottantenne, non appena lo vide varcare la soglia del monastero, per quanto glielo consentissero l'artrite e i reumatismi, si piegò in un profondo inchino sottolineato dalle parole:

«Buon giorno, Eminenza!»

Lui la fulminò con un'occhiataccia accompagnata da una frase sferzante:

«Se Lei mi chiamerà ancora Eminenza, io la chiamerò signorina...»

Journet: l'anello nel cassetto

Gente tanto perbene e formalista andava a rendere omaggio al nuovo cardinale. Per lui quel rituale costituiva una vera tortura, e cercava maldestramente di dissimularla con la cortesia.

Riceveva gli ospiti nel suo studio foderato di libri solenni. Alla fine, quando prendevano congedo, quelle pie persone si meravigliavano che non portasse l'anello prezioso al dito e glielo facevano rilevare.

Lui, per rimediare all'imbarazzo dei devoti, imperturbabile, apriva un cassetto della scrivania, ne cavava fuori il fatidico anello e lo porgeva, tenendolo come un oggetto che scotta tra il pollice e l'indice della mano destra. Dopo il bacio, lo riponeva in fretta nel cassetto che chiudeva accuratamente.

Più serio di così...

* * *

F. W. Thiede, concludendo la sua opera sul rapporto tra l'umorismo e la teologia, aggiunge: «Ridete! Perché questa risata è una dichiarazione che siete uomini redenti!»

APOLOGIA DEL RISO FATTA DA UN TEOLOGO SERIO

Karl Rahner assicura che il riso glorifica Dio

Karl Rhaner, gesuita, uno dei più prestigiosi e ponderosi teologi del nostro tempo (1904-1984), si è preoccupato di togliere ogni pregiudiziale di tipo religioso dalla pratica della risata, stabilendo il suo rapporto essenziale con la condizione umana. K. Rahner ha scritto sorprendentemente alcune pagine fondamentali sul riso, prendendo lo spunto dal Carnevale. Vale la pena citarle:

«Non ci riferiamo alla gioia *sublime,* celestiale, che è il frutto dello Spirito Santo, e neppure alla gioia della quale gli "uomini spirituali" sono soliti parlare con leggerezza e delicatezza e che spesso risulta un po' noiosa e acida, come l'euforia di un uomo ingenuo ed equilibrato, ma anche vitalmente povero.

No, ci riferiamo al riso, alla vera risata che risuona, nella quale ci si piega e in certe circostanze arriva fino a far battere i fianchi, nella quale si ride fino alle lacrime, il riso che accompagna barzellette salaci o insulse e nel quale l'uomo certamente è un po' infantile.

Ci riferiamo al riso che non è troppo profondo, e per il quale la gente seria e sensibile alla propria dignità si offende indignata quando lo vede rivolto a sé o agli altri. A tale riso ci riferiamo.

È possibile svolgere una riflessione anche su di esso? Oh sì, e perfino in misura rilevante. Anche le cose ridicole sono molto serie. Ma la loro serietà deriva dal fatto che le si lascia essere quello che sono, e cioè ridicole, capaci di suscitare il riso.

Si addice un tale riso, quale noi lo intendiamo, anche ad un uomo spirituale? Certo, se non c'è, non ci si deve per questo torturare. Tale riso deve scaturire dal cuore, perfino da quel cuore che neppure lo stesso santo riesce totalmente a padroneggiare. Per essere uomo spirituale non occorre infatti imporsi tale riso, se non viene da sé. Chi non lo sente, non viene da noi messo in dubbio nel suo valore spirituale. Assolutamente no.

Ci si deve solo chiedere se in genere l'uomo spirituale possa *rettamente* mettere in dubbio tale riso, se debba combatterlo come inconciliabile con la dignità di una persona spirituale».

Il riso ci dice delle cose molto serie

«No! Lasciateci delineare un'apologia di tale riso! Se facciamo ciò, immediatamente il riso ci dirà, sorridendo, delle cose molto serie. Nel libro più pessimista della Bibbia leggiamo: "*C'è un tempo per piangere e un tempo per ridere, un tempo per gemere e un tempo per ballare*" (Qo 3,4). Ogni cosa ha il suo tempo e l'uomo non ha alcuna dimora permanente su questa terra, neppure nella vita intima del suo cuore e del suo spirito.

La vita è un continuo trasformarsi e si rinnegherebbe, nel suo più profondo, la realtà creata, se si volesse, in quanto uomo di questa terra, essere sempre nel medesimo stato d'animo e se di tutte le virtù e di tutti gli stati d'animo si volesse creare una miscela uniforme, e sempre precisa. Sarebbe infine disumano, stoico, ma non certo cristiano, il cercare, nelle vicissitudini dell'anima, che a volte esaltano e a volte gettano in profonda afflizione, di proteggersi sotto il cielo sempre eguale di una imperturbabilità e insensibilità: ecco ciò che anzitutto il riso ci dice.

Tu sei un uomo, dice il riso, tu ti trasformi, tu ti sei trasformato, senza che te lo si chieda, e trasformato in modo sorprendente. La tua dimora è l'inarrestabilità del cambiamento. A voi non è concesso di risposare in alcuna dimora. Voi siete il molteplice, l'incalcolabile, che non rientra in nessun calcolo, che non può essere ridotto a nessun denominatore comune; come Colui che è Dio e che voi non potrete giammai raggiungere.

Guai a voi, dice il riso, se avete voluto essere una realtà permanente, l'eterno adesso in questo tempo; non sareste altro che realtà morta e avvizzita. Sorridi di me, dice il riso. Non sempre! Io non voglio essere sempre e dappertutto, come non lo vogliono le più grandi e più nobili creature di Dio. In questo mondo solo il riso del dubbio infernale sarebbe eterno. Pertanto solo i demoni dovrebbero ridere così, non voi. Tuttavia ridete talvolta, ridete liberamente.

Non temete di ridere in modo un po' sciocco e superficiale. Al momento opportuno tale superficialità è più profonda della vostra travagliata profondità di pensiero, che sarebbe ispirata soltanto da una specie di orgoglio spirituale, dall'orgoglio di non voler sopportare di essere semplicemente un uomo».

"Io, il riso, sono stato creato da Dio"

Prosegue Karl Rahner: «C'è realmente un tempo per ridere; ci deve essere, dato che tale tempo è creato da Dio. Io, il riso, questa piccola, puerile stupidaggine, che fa fare le capriole e fa ridere fino alle lacrime, sono stato creato da Dio.

Voi non potete catturarmi, non potete inserirmi fino all'ultimo spicciolo nei calcoli che voi fate in modo rigoroso nelle vostre economie spirituali: si può difficilmente dimostrare che, secondo la volontà di Dio e secondo i princìpi dell'ascesi e della morale, io debba presentarmi proprio là dove mi piace, per fare le mie capriole. E tuttavia, sono una creatura di Dio, accettatemi nella vostra vita, non succede nulla. Infatti si è provveduto abbastanza affinché piangiate e siate afflitti. Ridete.

Tale riso è la confessione che siete uomini. Una confessione che è essa stessa l'inizio della confessione di Dio. Come infatti l'uomo può confessare Dio se non confessa, nella sua vita e attraverso di essa, di non essere Dio, ma una creatura, che ha i suoi tempi, gli uni diversi dagli altri? Il riso glorifica Dio, dato che fa sì che l'uomo... sia uomo.

Ma è qualcosa di più, questo innocente riso. C'è infatti un riso degli stolti e dei peccatori, come ci insegna il saggio Ben Sira (1,20; 27,13), un riso sul quale il Signore pronuncia un "*guai*". È chiaro che non ci riferiamo a tale riso: il riso cattivo, scontento, in realtà disperato, che cerca di risolvere la incomprensibilità della storia per il fatto che tende a interpretare tale gioco della storia come una disumana stramberia, invece di venerarlo, con umiltà e fiducia, come una divina commedia, il cui senso un giorno ci sarà manifestato.

Ci riferiamo qui al riso che dà un senso di liberazione e che scaturisce da un cuore di fanciullo, sereno. Esso non può trovarsi in chi è "pagano", ma solo in chi è tra coloro che, come Cristo (Eb 4,15; cfr. 1 Pt 3,8), con l'amore hanno una "simpatia" schietta e spontanea, che riesce a prendere e vedere tutto come è: il grande, grande; il piccolo, piccolo; il serio, con serietà; il ridicolo, ridendo.

Poiché c'è tutto questo, poiché c'è il grande e il piccolo, l'alto e il basso, il sublime e il ridicolo, il serio e il comico, e tutto ciò è voluto da Dio, allora lo si deve accettare, non si deve porre tutto sullo stesso piano e non si deve deridere il comico e il ridicolo. Ma può far ciò solo chi non misura tutto su se stesso, chi è libero da sé, colui che, come Cristo, può "*aver compassione*" di tutto; colui che possiede quella segreta simpatia con tutto e con ognuno, nella quale e di fronte alla quale ogni cosa riesce ad esprimere se stessa».

Il riso, segno d'amore

«Può far ciò solo chi ama. E così il riso è un segno dell'amore. Le persone non simpatiche (cioè coloro che non riescono attivamente a "simpatizzare" e pertanto anche passivamente diventano antipatiche) non possono realmente ridere, non possono accettare che non tutto sia importante e significativo. Costoro vorrebbero sempre essere importanti e occuparsi solo di ciò che conta, sono in ansia per la loro dignità, si preoccupano di sé, non amano e quindi neppure ridono.

Noi invece vogliamo ridere, non ci vergogniamo di ridere. Il riso è infatti una rivelazione, o almeno una propedeutica, dell'amore verso tutte le cose, in Dio. Il riso è una glorificazione di Dio, che è l'amore, dato che accetta che l'uomo sia capace di amare (...)».

Il nostro Dio ride

«Se ne ride chi abita nei cieli, si dice nel salmo 2 (v. 4); l'Onnipotente ride dell'empio, perché vede arrivare il suo giorno, dice il salmo 37 (v. 13): ma anche di voi riderà il Signore, si dice dei malvagi nel libro della Sapienza (4,18). Dio ride, ride il riso dello spensierato, di colui che è sicuro, non minacciato, il riso della superiorità divina su tutta la disumana confusione di una storia del mondo piena di tormenti e pazzescamente banale.

Dio ride. Il *nostro* Dio ride. Lasciatelo ridere, quasi si avrebbe voglia di dire: ride in modo beffardo e distaccato, ride con compassione e consapevolezza, quasi divertito per lo spettacolo colmo di lacrime di questa terra. (Può far ciò avendo egli stesso pianto con gli uomini, si è rattristato fino alla morte, sconcertato per essere quasi abbandonato da Dio).

Egli ride, dice la Scrittura. E così essa attesta che nel riso finale, che da un cuore buono s'innalza puro e argentino su una certa stupidità di questo mondo, brilla ancora un segno e un riflesso di Dio, un'immagine del Dio che governa in modo sovrano la storia e l'eternità. Il riso glorifica Dio, essendo una sommessa eco del suo riso, del riso che esprime il giudizio sulla storia».

Il riso dei tempi ultimi

«Ma è ancora di più, questo innocuo riso del cuore che ama. Nel discorso delle beatitudini secondo Luca (6,21) c'è pure scritto: beati voi, che ora piangete, perché riderete! Certo: questo riso è promesso a coloro che piangono, a coloro che portano la croce, a coloro che sono odiati e perseguitati a motivo del Figlio dell'uomo. Tuttavia il *riso* è promesso loro come beata ricompensa e su ciò dobbiamo adesso rivolgere la nostra attenzione. Un riso, non semplicemente una dolce beatitudine, un giubilo o una gioia, che spreme dal cuore le lacrime di una felicità che lascia stupiti. Pure ciò.

Ma anche il riso. Non solo verranno asciugate le lacrime e una grande gioia inonderà fino all'ebbrezza il nostro povero cuore, che a stento riesce a credere nella gioia eterna; no, noi rideremo. Rideremo quasi come colui che siede sul trono, rideremo come già nel salmo 52 (v. 8) si predice dei giusti.

È un terribile mistero tale riso dei tempi ultimi; tale riso col quale coloro che hanno trovato misericordia e sono stati salvati, lasceranno il dramma della storia del mondo, tale riso che lassù sarà l'ultimo (come negli abissi il piangere senza sosta), quando il palcoscenico e la platea della storia del mondo saranno vuoti per sempre. Eppure voi riderete. Così è scritto.

E poiché la Parola di Dio si serve di tale parola umana per dire ciò che un giorno accadrà, quando tutto sarà compiuto, allora anche in tale riso, in quello del nostro innocente e sereno mondo quotidiano, risiede un mistero di eternità, profondamente nascosto, ma reale.

Pertanto anche il riso di tutti i giorni mostra che l'uomo è in sintonia con la realtà, quella sintonia onnipotente ed eterna, nella quale i salvati un giorno diranno a Dio il loro *amen* per tutto ciò che Lui ha operato e ha fatto sì che avvenisse. Il riso è un glorificare Dio, poiché anticipa l'eterna sua gloria alla fine dei tempi, quando rideranno coloro che quaggiù piangono».

"Un riso Dio mi ha preparato"

Conclude Karl Rahner la sua stupenda e profonda apologia del riso (una specie di anatomia): «Nei capitoli 17, 18 e 21 della Genesi viene raccontato un episodio singolare. Si parla di Abramo e di sua moglie, di come egli diventi padre di tutti i credenti accogliendo il figlio della promessa, dato che, sperando contro ogni speranza, ha creduto a Dio che fa vivere i morti e chiama all'esistenza ciò che non è (cfr. Rm 4). In occasione di tale promessa e del suo compimento si dice che il padre di tutti i credenti e sua moglie – che nella sua età ormai senza speranza, gli partorì un figlio, dal quale discenderà il Cristo secondo la carne – risero (Gen 17,17; 18,12,15; 21,6). Allora Abramo si volse con la faccia e rise, si dice. Anche Sara rise dentro di sé, si aggiunge. "*Un riso mi ha preparato Dio*", dice la donna, dopo aver partorito il figlio della promessa.

Il riso della mancanza di fede, della disperazione, dello scherno e il riso della beatitudine legata alla fede, sono qui pericolosamente vicini, cosicché prima del compimento della promessa quasi non si sa se a ridere sia la fede o la sua assenza.

La realtà è sempre questa. Ridono gli stolti e i saggi, gli increduli disperati e i credenti. Tuttavia in questi giorni vogliamo ridere. E il *nostro* riso deve glorificare Dio.

Deve glorificarlo, dato che esso riconosce che noi siamo uomini; deve glorificarlo, dato che riconosce che noi siamo creature che amano; deve glorificarLo, dato che esso è un riflesso e una immagine del riso stesso di Dio; deve glorificarlo, dato che è una promessa del riso che attendiamo come trionfo nel giudizio. Un riso Dio mi ha preparato, vogliamo dire e – ridere»[1].

* * *

Si potrebbe dedurre da questo testo, ponderoso e stupefacente, una semplice conclusione: il cristiano che non sa ridere dimostra di essere... un po' meno uomo. Con nessun vantaggio – anzi! – per il cristiano.

[1] *Piccolo Anno Liturgico,* "Martedì grasso", Piemme, Casale Monferrato 1995, pagg. 44-51.

MONACHESIMO E UMORISMO

Possibile solo indovinare

Non sono molte le testimonianze sull'umorismo degli antichi eremiti. I testi raccolti in una simpatica antologia dal titolo accattivante *Arguzie e facezie dei padri del deserto*[1] purtroppo sono evidentemente apocrifi. Del tutto attendibile, invece, il volumetto messo insieme da Henri J.M. Nouwen e apparso col titolo *Aforismi dei padri del deserto*[2]. Comunque, il riso lo si può facilmente indovinare. Quelli erano uomini che sapevano prendere le misure delle cose. Proprio la distanza che mettevano tra se stessi e il mondo (compreso quello ecclesiastico) permetteva loro di relativizzare tutto. Proprio perché prendevano terribilmente sul serio l'assoluto di Dio, avevano la possibilità di scherzare su tutto il resto.

Io sono anche convinto che la lotta contro il demonio e tentazioni assortite avvenisse anche a colpi di... risate. Sì, non possiamo certo escludere i rovi spinosi in cui si buttavano nudi per vincere la lussuria, e nemmeno i digiuni e le terribili penitenze, ma non possiamo nemmeno escludere che Satana venisse messo in rotta anche con l'arma che lui teme di più: l'allegria.

Senza dubbio il silenzio della Tebaide, di Sceti, di Nitria e dei vari deserti egiziani e della Siria era rotto, a tratti, da squassanti risate.

Ecco, ad ogni modo, alcuni scampoli del clima esistente in quelle sconfinate solitudini.

* * *

[1] Gribaudi, Torino 1986⁶.
[2] Gribaudi, Milano 2003.

Disse Abba Giovanni il Nano: «Abbiamo abbandonato un fardello leggero, vale a dire l'autocritica, per prenderne uno più pesante, ossia l'autogiustificazione».

* * *

Disse Abba Antonio, nostro Patriarca: «Verrà il tempo in cui la gente diventerà folle, e quando vedranno qualcuno che non lo è, lo insulteranno dicendo: "Tu sei pazzo, perché non sei come noi"».

* * *

Un monaco messaliano[3] andò a trovare Abba Silvano al Monte Sinai. Allorché vide che alcuni fratelli lavoravano duramente, ammonì il vecchio saggio: «Non lavorare per il cibo che perisce, poiché, secondo il Vangelo, è Maria che ha scelto la parte migliore».

Allora il vecchio saggio chiamò un suo discepolo e gli disse: «Zaccaria, dai un libro a questo fratello e accompagnalo in una cella vuota».

Verso le tre del pomeriggio, il monaco allergico al lavoro guardò fuori dalla porta per vedere se qualcuno sarebbe venuto a chiamarlo per il pranzo. Visto che non arrivava nessuno, uscì e andò a chiedere ad Abba Silvano: «Abba, i tuoi fratelli oggi non hanno mangiato?» Ebbe questa risposta: «Certo». «Perché non mi avete chiamato?» si meravigliò l'ospite. «Tu sei una persona spirituale e non hai bisogno di questo cibo che perisce, ma visto che noi siamo materiali, mangiamo, e perciò dobbiamo guadagnarci il pane lavorando. Tu, invece, hai scelto la parte migliore, leggendo tutto il giorno e non toccando cibo».

[3] Il nome, derivante dal greco, vuol dire, letteralmente, "coloro che pregano". Erano anche chiamati euchiti, o "entusiasti" (nel senso di posseduti da uno spirito cattivo), oppure "coreuti" (a motivo dei salti che facevano). Ritenevano che ogni uomo, in seguito al peccato di Adamo, fosse sotto il potere del Maligno, e che il Demonio – che possiede fisicamente l'uomo – potesse essere cacciato solo con la preghiera continua. Erano "spirituali", "puri", e rifiutavano ogni contaminazione mondana. Consideravano il lavoro come un'attività vergognosa, e praticavano la mendicità. Non tolleravano che le elemosine andassero ai poveri, perché dovevano essere riservate loro. In pratica, si staccavano dalla comunità ecclesiale e dai sacramenti, privilegiando la preghiera personale.

Quello capì la lezione e disse: «Perdonami, Abba».

* * *

Un giorno Teofilo, vescovo di Alessandria, andò a Sceti. I monaci gli fecero festa e tutti avevano qualcosa da dire. Soltanto Abba Pambone se ne stava in silenzio. Allora gli altri eremiti gli dissero: «Su, di' una parola al Pastore, affinché la sua anima ne abbia giovamento». Quello si giustificò così: «Se il mio silenzio non gli dice niente, neppure le parole potrebbero giovargli».

* * *

Disse Abba Or: «Fuggi dalla gente, ridi del mondo e degli uomini, e beffati di te in molte cose».

* * *

Un viandante si sperse nello squallido deserto di Sceti. Fortuna volle che incontrasse un eremita immerso nella contemplazione. Nonostante cercasse di segnalare la propria presenza, quello non se ne dava per inteso e continuava a pregare. Alla fine, il poveraccio gli batté sulla spalla:

«Scusami, sai...»

«Perché mi interrompi nel mio colloquio con Dio?»

«Ho bisogno di te: mi sai indicare la strada per arrivare ad Alessandria?»

Il monaco bofonchiò: «Non conosco la strada per Alessandria, ma se vuoi ti posso indicare la strada per andare in Paradiso».

Si ebbe questa risposta: «E come posso fidarmi per andare in Paradiso di uno che non conosce nemmeno la strada per arrivare ad Alessandria?!»

* * *

Arsenio difendeva ferocemente la propria solitudine, ma c'erano sempre persone che si mettevano sulle sue tracce determinate a vederlo. Una volta venne raggiunto dal vescovo Teofilo e da un principe che gli chiedevano insistentemente una parola di vita[4].

[4] Questo episodio e altri che seguono sono tratti dal bellissimo volume di Louis Leloir, *Deserto e comunione. I Padri del deserto e il loro messaggio oggi*, Gribaudi, Torino 1982.

Arsenio, dopo essere rimasto in silenzio per alcuni minuti, si informò: «Se vi dico qualcosa, l'osserverete?» «Certo Abba...» promisero incautamente i due. Allora il monaco, con un pizzico di malizia, disse: «Là dove sentirete che si trova Arsenio, girate alla larga...» Una battuta piuttosto graffiante.

* * *

Giovanni Cassiano (360-435), nelle sue *Istituzioni cenobitiche,* non esita ad affermare: «...Tale è il giudizio dei Padri, ancora in vigore oggi, che non posso riferire senza un certo imbarazzo, io che non ho potuto evitare né mia sorella, né fuggire dalle mani del vescovo: il monaco deve assolutamente fuggire le donne e i vescovi (*"omnimodo monachum fugere debere mulieres et episcopos"*)...»

Commenta L. Leloir: «...Ci sono due modi di valutare il confronto stabilito da Cassiano, quanto alla pericolosità, tra le donne e i vescovi. Se si è pessimisti, e completamente privi di umorismo, si dirà che i vescovi sono pericolosi tanto quanto le donne e che bisogna dunque evitarli il più possibile. Se siamo ottimisti e dotati di un briciolo di umorismo, penseremo che le donne non sono più temibili dei vescovi e che la loro compagnia, quindi, a condizione di essere sobri e disciplinati, è del tutto sopportabile, anche per i monaci.

«Tutto sommato, nel paragone di Cassiano, sono i vescovi che salvano le donne, tanto che esse devono loro molta riconoscenza...»[5]

* * *

Quale che sia l'interpretazione che si può dare alle parole di Cassiano, la maggior parte dei monaci, per stare sul sicuro, stava alla larga dalle donne. E nel loro atteggiamento di rifiuto, erano ben ricambiati dalle monache.

Daniele di Sceti si presentò, sul far della sera, alle porte di un monastero femminile chiedendo ospitalità per sé e il discepolo che lo scortava. Fece presente che, nel caso non fossero stati accolti, avrebbero rischiato di venir divorati, nella notte, dalle bestie feroci.

[5] *Op. cit.* pagg. 92-93.

La superiora del monastero, per nulla impressionata da quell'eventualità, gli fece rispondere: «È meglio che siate preda delle bestie esterne al monastero piuttosto che di quelle che stanno all'interno...»

Come si vede, un raffinato scambio di cortesie...

* * *

Un giovane monaco si vantava di fronte a un anziano di essere riuscito a rimanere a lungo senza toccare la carne e bere il vino. Si ebbe questa osservazione pungente: «È molto meglio mangiare carne e bere vino piuttosto che mangiare, con la calunnia e la mormorazione, la carne del fratello».

Nel Medioevo

Un grande studioso, Jacques Le Goff, nel suo volume *I riti, il tempo e il riso*[6], all'inizio del saggio dedicato al tema del "Ridere nel Medioevo", fa alcune precisazioni assai illuminanti:

«Nel momento di iniziare a parlare di una ricerca sul riso nel Medioevo mi assale un timore. In effetti, Voltaire ha scritto: "Gli uomini che ricercano cause metafisiche del riso non sono gioiosi". Ma io non cerco cause metafisiche del riso. Mi sforzo invece di cercare, in particolare nel Medioevo, quali sono state le attitudini della società, le prese di posizioni teoriche nei confronti del riso e come il riso, sotto differenti forme, ha funzionato nella società medioevale.

«Vorrei convincere il lettore che il riso è veramente un tema di riflessione e, in particolare, che riguarda uno studio storico. Spero di giustificare una prima osservazione, molto generale ma che non bisogna passare sotto silenzio con il pretesto della sua banalità: il riso è un fenomeno culturale.

«A seconda di società ed epoche, le attitudini nei confronti del riso, le pratiche del riso, gli oggetti e le forme del riso non sono le stesse, cambiano. Il riso è un fenomeno sociale. Richiede come minimo due o tre personaggi reali o supposti: colui che fa ridere, colui che ride, colui di cui si ride, molto spesso colui o coloro con

[6] Laterza, Bari 2001.

i quali si ride; si tratta di un comportamento sociale che presuppone codici, riti, attori e un teatro.

«Oserei dire che si tratta del solo punto che mi interessa nello studio, per altri versi molto deludente, di Bergson sul riso[7]: egli ha insistito, talvolta con formule felici, sull'aspetto sociale del riso, e Freud su questo punto ha segnalato la convergenza delle sue teorie con quelle di Bergson.

«In quanto fenomeno culturale e sociale, il riso deve avere una sua storia. Mi vedo dunque costretto a condurre il lettore sugli aspetti seri del riso. Nel 1983, l'americano Morreal ha pubblicato un libro stimolante che ha intitolato: *Prendendo il riso sul serio*[8]. E, di recente, l'italiano Ceccarelli ha pubblicato *Sorriso e riso*[9], opera in cui, dopo aver ricordato che qualsiasi spiegazione del risibile ucciderebbe il riso e che la morte del riso è preoccupante perché il riso è fonte di piacere, compie una lunga ricerca al termine della quale afferma che da qualsiasi punto di vista li si consideri, è difficile avere dubbi sull'importanza del sorriso e del riso. Aggiunge, in modo molto perspicace, che le ragioni per cui molte persone trovano futile uno studio del riso e del sorriso sono parte integrante del problema della natura del riso e del sorriso...»

Il riso monastico

Nella sua puntigliosa ricostruzione storica, J. Le Goff mette in evidenza come, a cominciare dall'Alto Medioevo, si scontrano, negli ambienti monastici, due correnti: una favorevole al riso, sia pure con parecchie riserve, e l'altra di netto rifiuto.

La condanna, seguita da punizioni severe per i trasgressori[10], si fonda su tre motivazioni principali. Prima di tutto il riso viene

[7] Cfr. *Il riso. Saggio sul significato del comico,* Laterza, Bari 1982.

[8] J. Morreall, *Taking Laughter Seriously*, Albany 1983.

[9] F. Cecarelli, *Sorriso e riso. Saggio di antropologia bisociale*, Torino 1988.

[10] La *Regola dei quattro Padri,* compilata probabilmente a Lérins verso il 400-410, stabilisce: «Se qualcuno viene sorpreso a ridere o a proferire scherzi – così come l'Apostolo dice "cosa che non conviene al sottomesso" (Efesini 5,4) –, ordiniamo che, per due settimane, tale uomo sia represso in ogni modo con la frusta dell'umiltà». La Regola orientale elaborata nel monastero del Jura di Condate, probabilmente tra il 480 e il 510, essendo abate sant'Oyend, prescrive: «Se uno dei frati viene sorpreso a ridere e a giocare volentieri con dei bambini... verrà avvisato tre volte; se non cessa, verrà corretto con la punizio-

visto in rapporto al suo legame pericoloso col corpo, verso il quale si ha la massima diffidenza, se non spesso disprezzo.

In secondo luogo, il riso, insieme al suo grande alleato, l'ozio, sarebbe il grande nemico della *taciturnitas*, ossia del silenzio. «Il riso è il modo più orribile, più osceno di rompere il silenzio; rispetto al silenzio monastico, che è una virtù essenziale, fondamentale, il riso è una rottura di straordinaria violenza» (Le Goff[11]).

Inoltre se ne temono le pericolose distorsioni, le quasi inevitabili derive. Infatti il riso può sfociare nell'erotismo, nello scatologico, nell'oscenità.

Ecco allora che un testo fondamentale come la *Regola del Maestro*[12] impone di mettere un "lucchetto alla bocca", in modo che il riso vada a infrangersi contro la "barriera dei denti". Insomma, nella migliore delle ipotesi, il riso deve essere represso, soffocato, trattenuto dentro, perché considerato come una inaccettabile lordura della bocca, anzi la peggiore.

Tuttavia, sempre J. Le Goff mette in evidenza come, anche nei periodi in cui sembra prevalere la linea di ostilità nei confronti del riso, continui a sussistere una pratica del riso sganciata da tutte le remore e le limitazioni. Ne sono un tipico esempio le raccolte dei *Ioca monachorum.* Proprio questi scritti documentano come, a partire dal secolo VIII, insieme agli scherzi da preti, ci fossero anche gli scherzi da monaci.

Una ventata favorevole si avvertirà con il francescanesimo. Tipico l'esempio segnalato da Tommaso di Eccleston nel suo *De adventu fratrum minorum in Angliam*, riferito all'insediamento dei francescani in Inghilterra negli anni 1220-1223. Tale testo racconta come i giovani frati del convento di Oxford avessero preso talmento sul serio le raccomandazioni di Francesco[13], che «si la-

ne più severa». La Regola di san Colombano (morto nel 615) non disdegna il rigore delle punizioni corporali: «Colui che avrà riso di nascosto durante l'assemblea, cioè durante l'uffizio, sarà punito con sei colpi. Se scoppia a ridere, digiunerà, a meno che non l'abbia fatto in modo perdonabile». Riferito da J. Le Goff, *op. cit.* pag. 166.

[11] *Op. cit.* pag. 148.

[12] Questo testo risale al VI secolo, e quindi è anteriore alla Regola famosa di san Benedetto e le è servita, almeno in parte, da modello.

[13] Il santo delle stimmate aveva raccomandato ai suoi fratelli: «Siate sempre, nelle tribolazioni, di fronte a coloro che vi tormentano, *hilari vultu*». Da notare che quasi sempre nei testi antichi l'aggettivo *hilaris* si applichi al viso.

sciavano andare a grandi crisi di pazze risate, finendo col preoccupare la gerarchia francescana. Così che il ministro fece sapere a questi giovani che non bisognava esagerare, che san Francesco non aveva passato la sua vita in pazze risate...»[14]

Accanto all'homo lugens appare l'homo risibilis

J. Le Goff conclude il suo saggio soffermandosi sugli scherzi da monaci: «Un'immagine più vicina alla realtà ci è offerta... da un'immagine dei monaci dell'alto Medioevo diversa da quella di uomini imperturbabilmente seri, se non di eterni piangenti. La troviamo in numerosi manoscritti che ci sono pervenuti sotto il nome di *ioca monachorum*.

«Questi "giochi di monaci", queste "belle storie" sono liste di indovinelli, domanda e risposta, che si ponevano al di fuori delle ore di silenzio obbligatorio per i nostri monaci, che il rigore delle regole non aveva privato di ogni divertimento. Questi indovinelli hanno soprattutto un fine didattico, sono una specie di catechismo gradevole, un esercizio di memorizzazione con il gioco che riguarda soprattutto la Bibbia, catalogo di fatti incredibili e meravigliosi, tuttavia non sono soltanto testimonianza di tecniche intellettuali tradizionali – il vecchio gioco dell'enigma, meno pericoloso che ai tempi della Sfinge o di Sansone (Giudici 14).

«Infatti attestano che anche questi atleti di Dio non erano completamente sfuggiti a un'altra concezione del ridere che il cristianesimo aveva ereditato da Aristotele, cioè che il ridere è proprio dell'uomo. Il monaco, *homo lugens*, uomo di pianti, lasciava a volte apparire il suo volto ilare di *homo risibilis*, uomo capace, a differenza degli animali, di ridere»[15].

Oggi la porta del monastero appare socchiusa

La mentalità, nel monachesimo contemporaneo, è decisamente mutata rispetto ai tempi antichi. Il riso trova, se non il portone spalancato, almeno socchiuso in tanti monasteri. A tutto van-

[14] J. Le Goff, *op. cit.* pagg. 156-157.
[15] *Op. cit.* pag. 174.

taggio della serietà di quel genere di vita. Basteranno due esempi significativi per illustrare il nuovo clima.

Osserva acutamente L. Leloir: «Il mondo d'oggi ha molto più bisogno di testimoni che di predicatori, di persone che sappiano tacere e adorare che di racconti di esperienze spirituali. Nessuno può fare tutto quaggiù; chi vuol essere contemporaneamente contemplativo e attivo rischia di fare mediocremente l'una e l'altra cosa; la sua dispersione lo impoverirà e lo logorerà.

«Il servizio conventuale resta d'altra parte di primaria importanza; è spesso più austero, più monotono, anche più oscuro, ma è la via più sicura per la nostra santificazione. Mi piace molto quel proverbio armeno: "La nostra gallina mangia da noi e depone le uova dal vicino". Questo può essere il caso di monaci così presi dai bisogni esterni che il servizio della comunità, che li fa vivere, per loro non esiste praticamente più»[16].

* * *

Qualche tempo fa, una signora belga che festeggiava i 102 anni è stata interrogata da un monaco su un soggetto piuttosto delicato: «*Madame*, considerata la sua età, posso certamente porle una domanda che, con persone meno anziane, apparirebbe indiscreta. Vuole dirmi a quale età, secondo lei, il cuore di una donna cessa di battere per un uomo?»

Con la sua sorridente saggezza di centenaria diede questa risposta stupefacente: «Una domanda del genere andrebbe posta a una più anziana di me!»

I Padri del deserto, c'è da giurare, non avrebbero risposto diversamente...

[16] *Op. cit.* pag. 69.

ORIENTE E UMORISMO

Nella lotta contro gli idoli

Un'osservazione preliminare di Enzo Bianchi: «L'umorismo, lungi dall'essere banalizzazione della dimensione religiosa, è parte integrante della strenua lotta anti-idolatrica che buddismo e giudeo-cristianesimo non cessano di combattere da millenni; e anche in ambito più "laico", non è forse il "buffone", un professionista dell'umorismo, colui che smaschera l'ipocrisia dell'idolo al potere gridando "il re è nudo"?

«Umorismo come "arma non violenta" per l'unica, seria lotta che l'uomo non cessa mai di combattere, quella contro gli idoli dentro e fuori di sé: lotta che non a caso accomuna in profondità maestri zen e padri del deserto»[1].

I due monaci e la ragazza

Una storia zen: «Una volta Tanzan ed Ekido camminavano insieme per una strada fangosa. Pioveva ancora a dirotto.

Dopo una curva, incontrarono una bella ragazza, in chimono e sciarpa di seta, che non poteva attraversare la strada.

"Vieni, ragazza" disse subito Tanzan. Poi la prese in braccio e la portò oltre le pozzanghere.

Ekido non disse nulla finché quella sera non ebbero raggiunto un tempio dove passare la notte. Allora non poté più trattenersi. "Noi monaci non avviciniamo le donne" disse a Tanzan "e meno che meno quelle giovani e carine. È pericoloso. Perché l'hai fatto?"

[1] Prefazione al volume di Mauricio Y. Marassi, *Intelligenza volse a settentrione, Umorismo e meditazioni buddiste,* Marietti, Genova 2002.

"Io quella ragazza l'ho lasciata laggiù" disse Tanzan. "Tu la stai ancora portando con te?"»[2]

Il dialogo degli equivoci

«Qualunque monaco girovago può fermarsi in un tempio Zen, a patto che sostenga coi preti del posto una discussione sul Buddhismo e ne esca vittorioso. Se invece perde, deve andarsene via.

In un tempio delle regioni settentrionali del Giappone vivevano due confratelli monaci. Il più anziano era istruito, ma il più giovane era sciocco e aveva un occhio solo.

Arrivò un monaco girovago e chiese alloggio, invitandoli secondo la norma a un dibattito sulla sublime dottrina. Il fratello più anziano, che quel giorno era affaticato dal molto studio, disse al più giovane di sostituirlo. "Vai tu e chiedigli il dialogo muto" lo ammonì.

Così il monaco giovane e il forestiero andarono a sedersi nel tempio.

Poco dopo il viaggiatore venne a cercare il fratello più anziano e gli disse: "Il tuo giovane fratello è un tipo straordinario. Mi ha battuto".

"Riferiscimi il vostro dialogo" disse il più anziano.

"Be'," spiegò il viaggiatore "per prima cosa io ho alzato un dito, che rappresentava Buddha, l'Illuminato. E lui ha alzato due dita, per dire Buddha e il suo insegnamento. Io ho alzato tre dita per rappresentare Buddha, il suo insegnamento e i suoi seguaci, che vivono la vita armoniosa. Allora lui mi ha scosso il pugno chiuso davanti alla faccia, per mostrarmi che tutti e tre derivano da una sola realizzazione. Sicché ha vinto e io non ho nessun diritto di fermarmi". E detto questo, il girovago se ne andò.

"Dov'è quel tale?" domandò il più giovane, correndo dal fratello più anziano.

"Ho saputo che hai vinto il dibattito".

"Io non ho vinto un bel niente. Voglio picchiare quell'individuo".

"Raccontami la vostra discussione" lo pregò il più anziano.

[2] *101 Storie Zen*, a cura di Nyogen Senzaki e Paul Reps, Adelphi, Milano 1973, pag. 29.

"Accidenti, non appena mi ha visto lui ha alzato un dito, insultandomi con l'allusione che ho un occhio solo. Dal momento che era un forestiero, ho pensato che dovevo essere cortese con lui e ho alzato due dita, congratulandomi che avesse due occhi. Poi quel miserabile villano ha alzato tre dita per dire che tra tutti e due avevano soltanto tre occhi. Allora ho perso la tramontana e sono balzato in piedi per dargli un pugno, ma lui è scappato via e così è finita"»[3].

[3] *Ibidem* pagg. 44-45.

L'UMORISMO DEI VECCHI

L'età giusta per prendere la misura delle cose

Il campo sarebbe sterminato. Mi limito ad alcuni aneddoti colti dal mio osservatorio privilegiato: una Casa di Riposo per anziani[1].

Devo precisare che l'umorismo dei vecchi viaggia in parallelo con la loro saggezza, di cui è un'espressione caratteristica. Intendo quella saggezza che non s'improvvisa, ma viene accumulata, granello dopo granello, attraverso l'esperienza di una vita. Cinque componenti: il tempo, la sofferenza, la riflessione, la semplicità e la pazienza. Proprio gli ingredienti che mancano a una pseudo-sapienza, oggi in voga, effervescente ma senza consistenza reale, ingollata, dispensata in pillole sintetiche, ossia formulette, slogan, parole sberluccicanti, che poggiano sul voto.

Proprio da quella sapienza consolidata nasce l'umorismo dei vecchi.

Concertino

Accanto ad Eugenia, che ha superato il traguardo dei cento anni, c'è, immancabilmente, l'inseparabile Carolina. Le incontro nel grande salone, circondate da tante persone, venute da fuori, che chiacchierano a ruota libera, raccontano, forniscono notizie.

Eugenia, dalla corporatura imponente, sta a sentire, assorta, gli occhi socchiusi, e distilla le parole col contagocce. Carolina non riesce più a parlare, a motivo di un'operazione alla gola cui ha dovuto sottoporsi. In compenso, parlano i suoi occhi, furbissimi, ammiccanti. Quando sente il bisogno di confessarsi, si ser-

[1] Per una documentazione più completa, cfr. Alessandro Pronzato, *La vecchiaia età della speranza*, Gribaudi, Milano 2003.

ve di una lavagnetta. Lei scrive, io cancello, lei sorride compiaciuta.

Eugenia è l'immagine della ponderatezza. Non parla mai a vanvera. Le sue frasi, concise, spesso taglienti (ironia e, qualche volta, sarcasmo), sembrano sentenze, e vanno sempre a segno. Carolina è l'immagine della vivacità, dell'intuizione. I suoi occhi sono attraversati da lampi di birichineria.

Una coppia formidabile che sembra agire in perfetta sintonia. Loro due captano tutto. Eugenia sottopone a vaglio critico ogni cosa e poi – se è il caso – commenta con non più di cinque parole. Carolina la osserva di sottecchi e sorride compiaciuta, che è il modo di dare la propria approvazione.

Anche questa è saggezza e sottile umorismo. Cogliere l'essenziale. Estraniarsi da ciò che è vuoto, "esercitazione palabratica" (direbbe Gioann Brera). Misurare le parole. Sorridere benevolmente di tante sciocchezze. Sdrammatizzare. Non lasciarsi invischiare nella ragnatela appiccicosa delle chiacchiere inconcludenti. Relativizzare. Lasciar capire che la vita è... altro.

Un impareggiabile, e indimenticabile per me, duetto, a base di parole gravi, pesanti, pesate, e sorrisi leggermente scanzonati. Cenni del capo e brillio degli occhi. E, soprattutto, testa alta, nonostante i colpi bassi della vita.

Duetto che esclude l'improvvisazione. Ci vuole un'esistenza intera, fatta spesso di disarmonie, strappi laceranti, stridori, per azzeccare la nota giusta. E anche quella allegra.

* * *

Uno dei "miei" vecchi, nel corso di una discussione, si è lasciato sfuggire fuori dai denti (o, meglio, dalla dentiera) una confidenza: «Non è che la vecchiaia sia brutta. Il fatto è che dura poco!...»

* * *

Ho assistito personalmente al dialogo di una donna, che aveva abbondantemente superato la soglia della novantina, e la suora che la assisteva. La religiosa, riferendosi alle numerose malattie e menomazioni che affliggevano la poveretta (inclusi dieci interventi chirurgici, tra cui l'amputazione di una gamba), le domanda:

«Hai voglia di andare in Paradiso? Lassù, sai, si sta tanto bene...»

Risposta perentoria, anche se un po' imbarazzata:

«Però... non è che quaggiù si stia tanto male...»

* * *

«Oggi la vedo particolarmente allegra, signora Anita...»

«Se piango è peggio...»

* * *

Uno dei miei amici, uomo di una certa cultura, mi cita spesso una battuta che ha letto chissà dove: «Sino ad oggi, fra tutte le scoperte, la vecchiaia è l'unico mezzo che abbiamo a nostra disposizione per vivere a lungo».

* * *

Mi confidava una donna, rinchiusa in un ricovero per anziani decisamente cupo (purtroppo ne esistono ancora di questi luoghi squallidi che bastano a squalificare una società): «La vita mi ha sempre presentato dei conti salati da pagare. Mi ha costretta ad inghiottire tanti bocconi amari. Ho versato fiumi di lacrime in segreto, e altrettante ne ho trattenute. Anche qui sto vivendo l'esperienza dolorosa della cruda ingratitudine dei figli. Per loro sono già scesa nella bara della dimenticanza.

«Ma, nonostante tutto questo, io ho sempre amato la vita e continuo ad amarla. E ogni giorno ringrazio il Signore per questo regalo in cui non mancano le spine. Mi sono punta tante volte le dita, sa?... e anche il cuore, fino a gridare.

«Ancor oggi mi pungo. Eppure cerco sempre di sorridere alla vita... Sì, le faccio un sorriso di riconoscenza... Si dice comunemente che la vita sorride ai giovani. Ebbene, io che sono vecchia, sorrido alla vita, anche se lei qualche volta si è dimenticata e continua a dimenticarsi di sorridermi...»

* * *

Rosina, novantasei anni, da un po' di tempo invoca la mamma (un fenomeno abbastanza frequente a quell'età). Dice che non la trova più, chissà dov'è andata, eppure era qui appena adesso, lei ne è sicurissima, ma è sempre stata così, mai ferma... La suora cerca di tranquillizzarla facendole intendere che la mamma è morta da parecchio tempo e, per conferire ancora più forza di conforto alle sue parole, aggiunge un'informazione che dovrebbe avere un sicuro effetto anestetizzante:

«Mettiti tranquilla: tua madre è in cielo. Dovresti essere contenta, perché dal Paradiso guarda giù...»

Ma Rosina scuote la testa, poco convinta, anzi finisce per irritarsi. E se la prende con me, che non c'entro per nulla:

«Guardi se son cose da dire. La suora mi ha raccontato che mia mamma è andata lassù e guarda giù... Ma che storia è questa? Cosa sta a guardare giù? Piuttosto venga giù, che è meglio...»

* * *

Pauline ha raggiunto, in splendida forma, quota cento. Lucidissima, parla volentieri, ha sempre la battuta pronta, non disdegna neppure l'ironia.

Pauline ci tiene alla cura della propria persona. Ha un bellissimo volto piuttosto fotogenico, con degli occhi assai vivi, percorsi da lampi di furbizia. Ci tiene a vestire con eleganza. Una domenica, prima della Messa, le dico: «Che bella camicetta hai indossato! Sei splendida...» E lei, puntandomi addosso gli occhi birichini: «Me lo dice per farmi un complimento o è veramente convinto? E poi lei è prete, e mica esperto di abbigliamento delle donne...»

* * *

Tutte le sere passo dalla signora Elisa, novantasettenne, che esige la solita benedizione del prete. E tutte le sere il dialogo si svolge più o meno così:

«Come va?»

«Niente di nuovo, reverendo. Sono qui ad aspettare la morte... Ormai...»

«Eh, magari tra vent'anni...»

«Dice?!»

La signora Elisa, 97 anni, sta aspettando di morire. È preparata, munita delle regolari benedizioni del prete. Ma la prospettiva di dover attendere ancora vent'anni non le dispiace affatto.

* * *

L'ultima chicca l'ho avuta da Clara, che si lamenta per tanti malanni assortiti. Ripete ossessivamente, come una litania: «Il guaio è che nessuno mi capisce...» Le faccio delicatamente osservare che c'è certamente Uno in grado di comprendere la sua situazione.

«E chi sarebbe?», si informa mostrando un certo interesse.

«Il Signore, naturalmente», rispondo con sicurezza.

E lei, scuotendo la testa, delusa: «Eh no. Gesù Cristo non può capire le miserie di una povera vecchia malandata come me. Non ha provato, lui. È morto troppo giovane...»

Diario scanzonato da una Casa di Riposo

Qualche tempo fa Bruno Gambarotta ha pubblicato, su "La Stampa" di Torino[2], alcuni stralci di lettere che la nonna di un suo amico indirizzava regolarmente al nipote, per ragguagliarlo sulla vita che conduceva in una Casa di Riposo (da lei chiamata ironicamente "collegio"). L'anziana signora aveva nome Margherita, ma tutti la chiamavano familiarmente Ghitin, e aveva frequentato soltanto le elementari. Comunque, un personaggio.

Si tratta di un documento di estremo interesse, anche per la vivacità del racconto, che testimonia della stupefacente schiettezza che caratterizza il linguaggio (oltre che la libertà... di pensiero...) dei vecchi. Qui poi ci sono delle osservazioni in chiave ironica che danno a queste righe una coloritura piacevolissima.

Pubblico il testo con le sue sgrammaticature, gli anacoluti, le disinvolture... sintattiche, gli errori ortografici, perché stanno a testimoniarne l'autenticità. Mi limito soltanto, quando è il caso, a mettere tra parentesi la traduzione di certi termini dialettali piemontesi, impervi a molti lettori.

L'ordine prima di tutto

«Questo posto non mi sembra poi tanto male. Certo casa nostra è un'altra cosa ma quando si ha la mia età è meglio ritirarsi, così si è sempre compagnati e si danno meno sagrini (fastidi,

[2] Malauguratamente ho perso l'indicazione precisa della data, e me ne scuso con gli interessati.

preoccupazioni, dispiaceri) ai nostri cari che ne hanno già che basta.

«La suora ha detto che i comodini devono essere sempre ordinati e allora ho subito stermato (nascosto) le fotografie del povero nonno e di tuo padre quando era un giovinotto. Le tengo nel tiretto perché ho l'usanza di guardarle quando dico le mie orazioni prima di dormire.

«Dobbiamo mettere un ritratto di Nostro Signore così abbiamo tutte le foto dello stesso defunto che fa proprio bello ordinato.

«L'infermiera che parla solo italiano mi ha detto suona il campanello quando hai bisogno ma non fare correre per niente. Che discorsi, non suono mica per fare della musica ma se ho davvero bisogno. Ho provato per vedere se funzionava. È arrivata dopo tre ore che hai tempo di morire.

«Le infermiere hanno la mania della pulizia che sta sempre bene ma loro esagerano. Io sono contenta di stare nel pulito ma se venissero a sedersi vicino e parlare mi piacerebbe di più.

«Le suore e le infermiere ti domandano come va Margherita (che sarei io). Tu tacchi (cominci) a parlare e loro non ti ascoltano neanche».

Pillole e preti

Prosegue la Ghitin: «La suora mi ha detto che se continuo a non dormire mi da la pastilia. Ma io se non dormo non ce lo dico più perché quelle pastiglie lì fanno intontire. Le prendeva sempre Luciana della cascina grande che se le parlavi la mattina rispondeva con la bocca impastata. Quando si è malati bisogna prendere le medicine ma non dormire non è una malattia. Hai poi tanto tempo di là per dormire».

Non manca, naturalmente, la visita del prete, che viene descritta con i seguenti tratti "irriverenti": «Questa mattina è venuto il prete a benedire. Poi è passato da tutte a dare un santino e chiedere l'offerta per i suoi poveri. Speriamo che non ci sia la bitudine di venire a benedire tutte le settimane. Posso mica fare la figura di non prendere l'immagine ma poi non so più dove metterle con tutta questa mania dell'ordine e se li do a te di sicuro li campi via (li butti).

«Io poi non ci tengo di venire benedetta tutti i momenti ma la suora dice che dobbiamo fare la cominione e essere sempre pronte a comparire davanti a Nostro Signore. È una mena grama e poi ce la faccia lei la cominione tutti i giorni visto che ha scelto quel mestiere lì.

«Con il nonno busticavamo (litigavamo) sempre per via della Chiesa. Certo a lui la Chiesa non ci cadeva in testa. Non andava mai ai funerali neanche dei suoi amici. Diceva tanto lui al mio non viene e così non ci facciamo nessun torto».

C'è anche chi ruba

A una ricoverata rubano i pochi soldi che teneva in un cassetto del comodino vicino al letto. Commenta la Ghitin: «La suora ha detto diciamo una preghiera così il Signore aiuta questa povera peccatrice. Lei la giustata (l'ha messa) così, tanto i soldi non erano i suoi. Era meglio che facesse dire una preghiera perché il Signore facesse cascare tutte e due le mani a quella peccatrice. Rubare è la cosa più brutta che si possa fare soprattutto se rubi ai poveri che ancora se rubi ai ricchi fai sempre peccato ma almeno quelli non patiscono».

Ah! la memoria...

Il problema della memoria esiste, non si può negarlo. Ma lo si può anche affrontare senza farne drammi, come in questo dialogo tra due sposi... datati:

«Ieri sera in TV ho visto un film, sai, con quell'attore, aiutami a dire...»

«Quale?»

«Ma quello che piace tanto anche a te...»

«Me ne piacciono tanti...»

«Quello che faceva la parte del bandito in...»

«In?»

«In quel film che aveva un titolo strano...»

«Strano come?»

«Come hanno i film d'oggi: che so, X-Feel, Kosmos, Patti-Yz...»

«Patrix? Lì sì che c'era un attore che mi piaceva un mondo!...»

«Forse Clark Gable, nonna?»
«Non prendermi in giro, nonno...»
«Scusami. A proposito, chissà se Clark Gable è morto...»
«Figurati se è morto! Ha solo qualche anno più di te...»
«Io penso che sia morto... L'ho letto in quella rivista... aiutami a dire...»
«Ne leggi talmente tante... e poi le dimentichi dappertutto; oggi ho trovato una "Settimana Enigmistica" sotto il divano...»
«Ah, ecco dov'era andata a finire! L'ho cercata per mari e monti... Dov'è?»
«Devo averla messa..., sì l'ho messa... sai che non mi ricordo più?»
«Ma è una catastrofe... Non ricordiamo più niente!»
«Io le mie cose le ricordo benissimo, sei tu che hai sempre la testa in aria!»
«Io la testa in aria? Ma se tu sono quattro giorni che cerchi il tuo... il tuo... quel coso che ti serve a fare quella cosa... accipicchia, ce l'ho sulla punta della lingua...»
«Cosa sto cercando, un coso?!... Io non sto cercando un bel niente... Ho tutto sotto controllo, io...»
«E figurarsi! Oh, suonano alla porta! Chi sarà quel dannato seccatore? Tu aspetti qualcuno?»
«Certo! Clark Gable!»
«Io invece la Cucinotta!»
«Non scherziamo. Vai ad aprire, per favore»
«Catastrofe! Sono i nostri figli!»
«Come, i nostri figli?! All'ora di pranzo?!»
«Dicono che li avevamo invitati...»
«Tragedia greca! Me n'ero completamente dimenticata! E ora che si fa?...»
«Si va al ristorante, nonna... Aspetta che mi prendo la carta di credito...»
«Attento che non sia la carta telefonica, come l'ultima volta!»
«Quale ultima volta?»[3]

[3] Ilario Senile (pseudonimo di Piero Gribaudi), *Il vecchietto dove lo metto?*, Gribaudi, Milano 2001.

"IN PRINCIPIO" DIO SCHERZAVA

Dio creò l'uomo. Quindi lo esaminò per bene, facendo qualche passo indietro. Alla fine concluse: «Posso fare di meglio».
E creò la donna.

* * *

La prima notte, dopo la cacciata dal Paradiso terrestre, Adamo incoraggia Eva: «Su, sfogliati...»

* * *

Un prete, al catechismo, cerca di convincere i bambini che Dio non è soltanto onnisciente, ma anche onni-preveggente: «Pensate, milioni di anni fa, nessuno di noi portava gli occhiali, che non erano ancora stati inventati. Eppure Dio ci aveva già fatti con due orecchie...»

* * *

Un legittimo sfogo del Creatore: «A fare voi uomini è stata una cosa semplicissima, nessun problema particolare. Difficile è contentarvi!»

* * *

Adamo: «Come va?»
Eva, sospirando: «Come vuoi che vada? Mica mele...»

* * *

Nel corso di un'accanita discussione con un cliente che indossa il saio, il medico, notoriamente ateo, espone i suoi dubbi in tono beffardo:

«Ma a chi volete darla a intendere voi preti? Come si fa a credere che tutta quella gente, come afferma la Bibbia, vivesse centinaia di anni?...»

«Lei non tiene conto del fatto che a quei tempi non c'erano i medici!»

* * *

Il sesto giorno Dio, che era di buonumore, creò la Svizzera con le sue montagne, i suoi laghi, e le sue vacche. Naturalmente ci mise dentro anche gli svizzeri, che quando si tratta di soldi non hanno mai la puzza sotto il naso.

Quindi Dio disse allo svizzero: «Che cosa posso fare ancora per te?»

Quello rispose: «Che le mie vacche diano molto latte».

«Accordato» disse Dio.

Dopo qualche tempo, il Creatore passò a informarsi se lo svizzero era contento.

Risposta: «Non posso lamentarmi, il latte è di ottima qualità e anche abbondante! Potete provare Voi stesso...»

Dio accostò le labbra al bicchiere di latte che lo svizzero gli aveva porto premurosamente e commentò: «Davvero eccellente! E adesso, vuoi qualche altra cosa?»

«Sì, tre franchi e venti centesimi per il bicchiere di latte. Prezzo di favore...»

* * *

Il buon Dio, dopo aver creato il secondo negro, col solito metodo dell'argilla impastata e messa a cuocere nel forno, esclama: «Santo cielo! S'è bruciato anche questo!»

* * *

Osserva lo scrittore Giuseppe Pontiggia: «Gli uomini, per superare il mistero del mondo, sono ricorsi al mistero di Dio. E gli scienziati, per superare il mistero di Dio, sono ricorsi al mistero del Caso. Che è il più misterioso di tutti»[1].

[1] "Sole 24 Ore", 5 settembre 1999.

Un pittore ha da ridire sull'opera della Creazione

Stupefacente questa pagina, tutta percorsa da amara ironia, di Vincent Van Gogh: «Se si ama l'artista, non si trova nulla da eccepire a riguardo dei suoi studi: si tace. Ma si ha il diritto di pretendere il meglio. Dovremmo appunto vedere altre opere della stessa mano.

«Il nostro mondo è stato buttato giù in fretta, in uno di quei brutti momenti nei quali l'autore non sapeva più quel che faceva, oppure aveva perso la testa. In ogni caso, la leggenda ci racconta come il buon Dio si sia applicato di buona lena a questo studio del mondo. Io sono portato a credere che la leggenda abbia ragione, ma allora lo studio è fallito sotto diversi aspetti. Solo i maestri possono sbagliare a questo modo, questa forse è la miglior consolazione, in quanto si può davvero sperare di poter vedere come egli saprà rimediare all'errore con la stessa mano creativa.

«E così possiamo prendere questa vita, rispetto alla quale abbiamo buone, anzi ottime ragioni di critica, per quello che è, e ci rimane la speranza di vedere qualcosa di meglio in un'altra vita»[2].

"Speriamo che tenga!"

L'umorismo ebraico non esita a spaziare, irriverente, nel campo sterminato della creazione. Ecco un esempio significativo, illustrato dalla penna di Moni Ovadia: «I nostri maestri si domandavano: "Cosa faceva il Padrone dell'Universo prima di creare il nostro mondo?" "Creava mondi e li distruggeva", si rispondono, cercandone uno che fosse consono al suo progetto. Non era facile, c'era il rischio di troppa morbidezza o troppa rigidità o troppa incertezza.

«Sembra che il nostro mondo sia, secondo calcoli cabbalistici, il risultato del ventottesimo tentativo e che, contemplandolo, l'Eterno, sia benedetto il suo Nome, abbia sospirato e pronunciato le seguenti parole ebraiche: "*Halevaii she yaamod*" (Speriamo che tenga!)»[3].

[2] In *Lettres a Théo*, Gallimard, Paris 1988.

[3] *Speriamo che tenga, Viaggio di un saltimbanco sospeso tra cielo e terra*, Mondadori, Milano1998, risvolto di copertina.

Dio ha creato il riso e il pianto insieme

Franco Ferrucci, ne *Il mondo creato,* che vorrebbe essere una specie di autobiografia di Dio, il quale si interroga sul destino della sua creazione, ha alcune pagine singolari su alcuni difetti dell'opera uscita dalle mani dell'Onnipotente e specialmente sul rapporto tra riso e pianto.

«...Un insetto è propriamente infame nel suo concepimento. Ci sono animali irredimibili; fra questi gli abitanti delle crepe, degli interstizi, dei canali filamentosi, del buio sottoscala: si approfittarono della mia malinconia. Ognuno di essi nacque da un mio malumore, e sono loro a ricordarmelo»[4].

* * *

«Il pianto e il riso erano parte della vita. L'uno e l'altro venivano suscitati da accadimenti minimi; l'uomo si faceva male e piangeva, qualcun altro scivolava per terra e lui rideva. Ma io sapevo che piangeva della propria fragilità e della propria morte e rideva per la sorpresa di essere in vita. Non riuscivo ad insegnargli a non temere la morte senza smettere di amare la vita; l'una cosa sembrava escludere l'altra»[5].

Ancora: «Ogni ritorno alla vita in me è preceduto da una digestione del dolore. Esso è pur sempre presente, ovunque io volga lo sguardo; ma il desiderio di riscossa tende a ignorarlo o a far sì che sembri parte di uno sforzo verso qualcosa di positivo, quasi una serie fatale di cadute prima di un trionfo misterioso che mi attende.

«La gioia si avvale di un sopruso al dolore, il quale viene isolato e reso impotente a dominare gli eventi. La primavera è fatta possibile dall'inverno che si acquatta altrove e attende di rientrare; in un angolo della memoria lo vedo rivolversi lentamente, e affretto la gioia nel presente. Anche il passato è composto di stagioni nel cui ricordo il dolore si eclissa»[6].

* * *

[4] *Op. cit.* pag. 21.
[5] *Op. cit.* pag. 117.
[6] *Op. cit.* pag. 261.

Dio decide, a un certo punto, di creare l'amore che consiste nel rendere la persona amata «familiare e divina al tempo stesso». Si tratta di stabilire una lista delle regole, e delle cose necessarie per questo gioco stupendo: «Una regola assoluta è l'allegria, senza la quale non si può né cominciare il gioco né proseguirlo.

«Ridere insieme vuol dire amarsi, e l'allegria è la forma più alta della vita, come sanno coloro a cui questo capita. Alla sua mancanza si tenta di rimediare con l'allegria presa a prestito – il riso cui gli altri ci inducono con i gesti e le parole – così che lo stanco organismo ritrova qualche energia di speranza; ma l'amore è dare all'altro la propria allegria, e in realtà solo chi è già felice può veramente amare e vincere al gioco».

Le regole venivano scritte sulla sabbia «e non importa che il vento le cancellasse: erano regole imperiture»[7].

* * *

Nel libro di Ferrucci si assiste pure a un bizzarro dialogo tra Dio Padre e Cristo a proposito dell'elezione degli apostoli.

Cristo comunica: «...Parlo anche ad altri miei discepoli: Giovanni, Maria Maddalena, Matteo. Ma non saranno loro a contare. Saranno i duri, i muratori, i conoscitori degli uomini: Pietro...»

«Pietro ti ha già tradito» gli fa osservare con una certa apprensione il Padre.

«Lo so. E ogni colpa sarà data a Giuda. Ma ho bisogno di Pietro: su quella pietra sarà costruita la mia fama. Senza Pietro non rimarrebbe nulla di me e bisognerebbe ogni volta ricominciare tutto da capo. Ho bisogno di un esercito di Pietri nel tempio dei secoli perché ogni tanto possa uscirne un Giovanni o una Maddalena che tengano viva la luce...»[8]

* * *

Fulminante anche l'osservazione di Dio che avvicina un mistico, tutto preso nei suoi soliloqui, e cerca inutilmente di farsi intendere: «...Certo era immerso in un colloquio con il suo Dio e quindi non c'era modo di farsi ascoltare»[9].

[7] *Op. cit.* pag. 122.
[8] *Op. cit.* pagg. 181-182.
[9] *Op. cit.* pag. 251.

Qualcosa del genere Dio in persona dice a sant'Agostino, tutto infervorato nelle proprie elucubrazioni filosofiche: «Fermati Agostino – balbettava –, fermati, che non riesco a parlarti»[10].

Quando Dio decide di creare il suo giullare personale

Assai originale anche, nel romanzo di Ferrucci, la pagina in cui Dio fa di Francesco il proprio giullare privato. È Lui stesso che riferisce l'incontro, inserito nel suo girovagare in incognito sulla terra, tra mille travestimenti: «Francesco di Bernardone mi vide mentre vagavo per la campagna umbra; e scoppiò a ridere, come se l'immenso e dedalico tessuto della vita si fosse chiarito in un attimo.

«...Gettò i calzari per corrermi dietro, capriolando come un buffone dietro al suo re. Avevo esperienze per averli incontrati nei castelli dove avevo cercato rifugio da pezzente, e dove mi avevano accolto da folle. Li avevo guardati recitare e contorcersi davanti ai signori dopo le cene e le libagioni; avevo mangiato con loro in cucina, vicino al fuoco, tra il via vai dei servi e dei cucinieri; avevo osservato il loro viso decrepito di immemoriale vecchiezza... Erano tristi i buffoni, come chiunque debba far ridere, come i cuochi che non hanno mai fame.

«Ma Francesco aveva riso di gioia e non aveva più smesso di seguirmi; così che anch'io avevo il mio giullare, come i signori che mi ospitavano; e a lungo mi consolò nella sua dolce allegria. Molte volte mi incappucciai da frate per poter giocare con loro, scalzo sull'erba...

«...Mi affezionai a Francesco, anche perché vedevo in lui avverarsi il mio destino di esiliato nel mondo che per propria ricchezza ha soltanto l'amore e l'allegria.

«Quando seppi che stava morendo andai a trovarlo su un monte... dove si era ritirato; e prima di morire ci parlammo, ed egli mi ringraziò di tutto, del sole, del fuoco robusto e bello, delle piante, degli animali, dell'acqua limpida e casta.

«Gli ricordai di quando mi ero mascherato da lupo per poterlo incontrare e di come egli mi avesse riconosciuto subito, e

[10] *Op. cit.* pag. 221.

di come egli fosse giunto vicino al mio progetto di redimere il male.

«Mi ringraziò perfino per la morte; e prima di adagiarsi in essa ci abbracciammo e io gli baciai il palmo delle mani la cui pelle era ormai così fragile che si spaccò sotto la pressione delle mie labbra e ne uscì un po' di sangue al quale si mescolarono le mie lacrime.

«Nessuno dei compagni di Francesco sapeva che assistevo alla sua morte, e non lo indovinò neppure Giotto, anni dopo, che ritrasse quel momento, con i compagni che lo attorniavano senza di me...»[11]

Dio partecipa al Carnevale

Nelle varie peripezie affrontate da Dio, Ferrucci inserisce anche questa, che permette al Creatore di spiegarsi su un punto importante: «In un carnevale a Venezia sorpresi in tutti il riaffiorare della nostalgia di un tempo in cui ognuno era conglomerato agli altri, fino a minacciare la mia speranza che l'uomo potesse riformare il mondo. Avevo creato l'individuo per rimediare alla forza dei tanti; e lo incalzavo per convincerlo ad essere uno e vasto, solitario e altruista, umile e superbo, insomma un dio – ed egli recalcitrava all'idea.

«Le maschere di quel carnevale mi ricordarono che il mestiere dell'attore è quello che meglio corrisponde alla natura umana. L'uomo è felice se indossa una maschera e tiene il viso nascosto. Nel passato avevo creduto che, così facendo, l'umanità volesse celare una fisionomia complessa e una rete di fitti pensieri, e invece si vergognava di non avere scopo nel mondo e mascherava il vuoto come poteva. La mediocrità non sarebbe tale se non aspirasse alla grandezza»[12].

Dio ne ha fatto di tutti i colori

Alcune osservazioni della poetessa Marie Noël: «Come sono contenta che Dio non sia un santo!

[11] *Op. cit.* pagg. 256-257.
[12] *Op. cit.* pagg. 315-316.

«Se un santo avesse creato il mondo, avrebbe creato la colomba, non avrebbe creato il serpente. Avrebbe creato la colomba?... Non l'avrebbe creata "maschio e femmina", non avrebbe osato creare la primavera che turba ogni carne del mondo.

E tutti i fiori sarebbero bianchi.

Dio sia lodato! Dio ne ha fatto di tutti i colori!»

COSE DELL'ALTRO MONDO

Il Padreterno chiama Pietro a rapporto:

«Perché hai punito quell'angelo?»

«Perché l'ho sorpreso a spiare gli uomini attraverso il buco nell'ozono».

* * *

Quell'avaro è così pignolo e diffidente che, quando dovrà rendere l'anima a Dio, pretenderà la ricevuta...

* * *

Un prete, sudando freddo, riesce a "estorcere", in extremis, la confessione a un vecchio piuttosto allergico alla chiesa. Alla fine, gli dice: «Pensa che fortuna: stasera sarai a cena con Nostro Signore!»

«Viene anche Lei, reverendo?» domanda maliziosamente il morituro.

«Mi spiace, ma non posso. Alla sera non mangio mai».

* * *

Questa è di Achille Campanile:

«Come va?»

«Beh, si moricchia...»

* * *

Cose che avvengono in Romagna. Olindo Guerrini riferisce di una seduta spiritica. Una vedova, con la mediazione di un professore e di San Pulinera, riesce a mettersi in contatto col defunto marito, che aveva tormentato per tutta la vita. Si intreccia questo dialogo:

«Vui, dove siete?»

«Sono iquà in eteran» (sono qui in eterno).

«Stai bene?»
«Checc mi di; mei che con te» (ma certo! Meglio che con te).
«T'si, donc, in Paradis?»
«No. A so a l'inferan!» (No! Sono all'inferno).

* * *

Un tizio si accoda a un corteo funebre. Dopo qualche istante, non può trattenersi di interpellare una signora:
«Scusi, io passavo di qui per caso... Mi sa dire chi è il morto?»
«Potrei sbagliare, ma credo proprio sia quello che sta nella bara».

* * *

Dopo un funerale, un parente del morto passa in sacrestia a sistemare i conti col parroco. Questi, dopo aver precisato che da tempo sono state abolite le tariffe, e che quindi la sua prestazione è gratis, presenta una lista delle spese per l'organo, le campane, la luce elettrica, le candele, ed altro ancora. Il totale è decisamente salato. Il familiare del caro estinto non può trattenersi dal commentare: «Neh, meno male, reverendo, che il morto ce l'abbiamo messo noi...»

* * *

Un tizio, meridionale, compila puntigliosamente un testamento olografo, con l'aiuto di un avvocato faccendone. Di suo pugno aggiunge una noticina per gli eredi della sua magra fortuna: «In fundis. Mi arracomando le esequie. Non facciamo le solite figure di pezzente»[1].

* * *

Tre motivi di stupore per chi approda in Paradiso:
Primo: dove sono tutte quelle persone che credevamo sante e si davano arie da sante?
Secondo: accidenti, come hanno fatto ad entrare qui tante facce sospette?
Terzo: chi l'avrebbe mai detto? Sono qui anch'io!

[1] Riferito da Salvatore De Matteis, *Essendo capace di intendere e di volere,* Sellerio, Palermo1992, pag. 27.

A SCUOLA DI CATECHISMO

Bambini eretici?

M. Antonietta Albanese ha svolto per oltre vent'anni il ruolo di direttrice didattica a Spoleto nel III Circolo. Ha raccolto in un libro le voci dei bambini, tra i cinque e i dieci anni, a riguardo degli argomenti religiosi[1]. I numerosi testi citati, quasi tutti estratti da temi dei ragazzi, hanno il timbro dell'originalità e soprattutto dell'autenticità.

Precisa l'autrice in una nota: «Certamente i monsignori della Cei non sospettano nemmeno che l'immaginario infantile elabori a volte teologie di grande originalità. Non ci sono nel pantheon dei bambini divinità onnipotenti, onnipresenti, onniscienti. Tutti possono sbagliare, anche Dio, tant'è vero che ha creato anche i virus e i batteri e ha lasciato dei vuoti sotto le montagne, per colpa dei quali si verificano i terremoti.

«In compenso Dio è buono e gentile, dà buoni consigli e vorrebbe perfino fare la pace col diavolo che, del resto "un po' buono" deve essere rimasto e non è detto che debba rimanere sempre all'inferno. A questo, poi, non c'è molto da crederci: Dio è comprensivo, perciò l'inferno è solo un deterrente per i delinquenti. I buoni, appena muoiono, entrano in paradiso, con l'aureola. Ma anche i cattivi, dopo un po', si pentono, gli spunta l'aureola e accedono al regno dei cieli. Anche gli animali hanno l'anima: che paradiso potrebbe esserci senza animali?

«Sono "conformi" alla dottrina della Chiesa queste opinioni? Sicuramente no e c'è da temere che, col passare degli anni, questi bambini si arrendano alla sottile invadenza dei catechisti, chierici e laici, abbandonando le loro tenere eresie per adeguarsi al con-

[1] *Gesù di cognome si chiamava Dio,* Laterza, Bari 1992.

formismo e all'indifferenza dei grandi. Qualche segnale in proposito già si coglie in certe considerazioni dei ragazzini più grandi. Tuttavia mi ostino a sperare che non tutti si lascino influenzare e continuino coraggiosamente a dubitare, discutere, a chiedere... Chissà che da queste fresche radici non possano svilupparsi adulti migliori di noi, laici o credenti, che importa?»

Eresie o meno (ma io ritengo che questi componimenti si accostino alle leggende e alle favole, che sovente sfiorano la verità più di tante affermazioni assolute), resta il fatto che certe espressioni, oltre a regalarci un sorriso, ci stimolino a pensare e ripensare. Ecco, comunque, alcuni scampoli significativi.

* * *

«Io credo in Dio, e anche molto seriamente, però non mi so spiegare se è nato o no» (Anni nove, 1991).

* * *

«Il Vangelo secondo Matteo significa che Matteo scriveva le cose come gli pareva a lui» (Anni nove, 1991).

* * *

«Dio ci mise sei giorni per fare la terra, il cielo, gli animali e le piante. Lui non sapeva contare i giorni, però si era stancato e il settimo giorno che era domenica si riposò e si mise a pregare» (Anni otto, 1991).

* * *

«Forse diceva: "Questo mondo mi è venuto bene, speriamo non me lo guastino con le guerre". Pregava per la pace» (Anni nove, 1991).

* * *

«Dio ha una magia: ha creato il fango, l'erba, gli animali. Gli uomini hanno inventato i vasi, le finestre, le scarpe, le altalene, le case. Dio non ha fatto anche le case e i vasi, perché ha detto: "Io gli faccio il cervello. Ho fatto anche troppo"» (Anni otto, 1990).

* * *

«Se Dio sapeva già che Adamo ed Eva disubbidivano, perché ci ha voluto provare?» (Anni otto, 1990).

* * *

«Dio non può sapere tutte le cose. Ma io come faccio a sapere che cosa lui non sa?» (Anni sette, 1991).

* * *

Gesù è venuto sulla terra «perché vuole che gli uomini conoscano suo padre, meglio di quanto ne avevano sentito parlare» (Anni otto, 1991).

* * *

«C'era una donna che aveva perduta una monetina e girò per tutta la casa per ritrovarla. Alla fine, la ritrovò sotto un mobile. Io, per una monetina sola, tanta fatica non la facevo» (Anni nove, 1991).

* * *

Alla domanda «chi è il prossimo?» un bambino ha risposto così: «Il dottore della legge ha visto che c'era Gesù e gli altri ad aspettare per la visita e ha detto: "Chi è il prossimo?"» (Anni otto, 1991).

* * *

"*È più facile che un cammello...*" Commento: «I ricchi sono cattivi e sbruffoni. È meglio che ci vanno i cammelli in paradiso» (Anni otto, 1991).

* * *

Il miracolo della moltiplicazione dei pani e dei pesci. Spiegazione: «Quello che avanzò, Gesù lo mise in un cesto. Per conservarlo, poteva fare un altro miracolo e far uscire un frigorifero, ma a quei tempi non c'era la corrente» (Anni cinque, 1988).

* * *

«Gesù è risuscitato perché voleva mangiare l'uovo di Pasqua» (Anni nove, 1990).

* * *

«Satana è cattivo. È un traditore. Prima era abbastanza buono, poi ha tradito Dio. Ma forse un po' buono è rimasto» (Anni dieci, 1991).

* * *

«Amen è una parola sacra, significa ciao, grazie, è finita» (Anni nove, 1991).

* * *

«Il Papa fa tutta questa carriera:
I° Frate
II° Suora (solo le donne)
III° Chierichetto
IV° Sacerdote
V° Vescovo
VI° Arcivescovo
VII° Cardinale
VIII° Papa.
Le donne si fermano a suore» (Anni nove, 1991).

* * *

«Le donne diventano suore. Una donna non può diventare prete perché una donna vestita da prete è ridicola» (Anni dieci, 1989).

* * *

Il terribile rompicapo della Trinità. «Non è come noi che sappiamo fare una cosa sola, lui sa fare tutto. Da uomo, fa le cose da uomo, fa anche i miracoli, però non svolazza. Da Spirito, svolazza, appare alle persone buone, guarda a quello che facciamo noi. Dà dei doni, i doni dello Spirito Santo. Non sono come i regali di Babbo Natale, per esempio le ferite alle mani lui le dà ai santi. I santi sono contenti, perché credono. Se uno non crede, dice: "Ma che dono è questo?"» (Anni otto, 1991).

* * *

«Maria si chiama Assunta perché il Signore ha visto che era buona e l'ha fatta assumere in cielo» (Anni otto, 1991).

* * *

"Getta il tuo pane sulle acque, perché col tempo lo ritroverai" (Qo 2,1-2). Commento: «Se un pezzettino di pane va nell'acqua, dopo lo ritrovi doppio, perché i pesci vengono per mangiarselo, tu allora pigli i pesci e te li mangi» (Anni dieci, 1991).

* * *

«Gli animali e gli uomini stanno insieme, se no che paradiso è?» (Anni otto, 1991).

"Dio ci ha creato gratis"

Anche l'ex maestro Marcello D'Orta ha messo insieme alcuni componimenti di bambini napoletani (di Arzano, per essere precisi) alle prese con la religione[2]. Ecco alcuni pensieri.

La Creazione. «È accertato che fu Dio a crearci».

«Dio ci ha creati per spedirci con calma in Paradiso».

«Dio o un altro, qualcuno ci doveva creare...»

«Dio ci ha creato gratis».

«Dio ha creato pure i negri, solo che loro non lo sanno».

«Dio ha fatto bene a crearci, solo che ha esagerato un po'».

«Dio ci creò antichissimi».

«Dio ci ha creati con molta cautela».

«Dio ci ha creati per farci circolare».

«Quando voi avete spiegato perché Dio ci ha creati, io ero assente».

* * *

«...Abele era un ragazzo molto socievole, molto odierno; Caino, no, era un ciuccio e un fetente... Un giorno Caino prese un bastone e lo picchiò esageratamente sulla testa di Abele, e Abele morì. Questo è il primo omicidio del Terzo mondo, in seguito ne vennero moltissimi altri».

* * *

[2] *Dio ci ha creato gratis*, Mondadori, Milano 1992. A differenza del volume di M.A. Albanese, questo non reca alcun riferimento preciso circa la paternità dei temi. Si avverte, comunque, la mano, sia pure leggera, o almeno i suggerimenti, dell'autore e di altri colleghi.

«Il faraone d'Egitto era un gran fetente e ha fatto bene Mosè a distribuirgli tutte quelle piaghe. Se oggi c'era un altro Mosè in giro, gli dava le piaghe d'Egitto pure a Saddamussen e lui la finiva di fare sempre la guerra nel petrolio».

* * *

«All'inizio i dodici apostoli non erano proprio nessuno. Chi li conosceva? Erano per la maggior parte pescatori e fruttivendoli. Un giorno Gesù, vedendo san Pietro nervoso perché non aveva preso neanche un'alice, gli disse: "Ritorna in mare e ti abbufferò di pesci, basta che ti fai apostolo". San Pietro così fece, ritornò con due o tre quintali di pesce e da quel momento seguì a Gesù. Proprio adesso che poteva fare affari d'oro si mise a seguire Gesù e per questo fu nominato santo.

«I dodici apostoli all'inizio nessuno sapeva parlare bene, facevano tutti gli errori di ottografia. Quando accompagnavano Gesù a fare qualche miracolo gli facevano fare sempre brutte figure di prestigio.

«Loro non avevano colpa di questo perché a quel tempo le scuole erano riservate ai nobili e ai romani. Allora ci pensò lo Spirito Santo ad aiutarli.

«E scese. Scendeva lento lento, come nella moviola e si metteva nella testa dei dodici apostoli, anzi undici, perché nel frattempo Giuda si era impiccato. E improvvisamente loro incominciarono a parlare tutte le lingue del mondo, francese, spagnolo, polacco, americano. Per esempio "arrivederci" si dice "Orevuar" in francese, "Auffidelsen" in tedesco, "Gudbai" in americano. Ed erano molto contenti. Eccetto a san Pietro che dopo che ebbe tradito a Gesù finì con la testa sotto terra e i piedi in cielo».

* * *

Commenta la frase di Gesù: "*Chi non sarà come i bambini non entrerà nel Regno dei cieli*". Svolgimento:

«Io penso che quando Gesù ha detto questa frase non parlava dei bambini di otto-nove anni, ma di quelli piccoli piccoli. Infatti a quel tempo i bambini sono buoni ma proprio buoni mentre noi siamo più sfaccimmi[3].

[3] "Dritti".

«Io credo che è per colpa della scuola. Scusate se lo dico, ma per me è proprio così. Per esempio, a casa mia non litico mai con Giuseppe ma come vengo a scuola siamo come cani e gatti. E allora?

«I bambini piccoli non rubano, non dicono le parolacce e le bestemmie, non uccidono e non fanno venire le guerre. Se il mondo sarebbe tutto di bambini piccoli sarebbe un mondo bellissimo, come quando c'era Adamo ed Eva prima della mela.

«I grandi invece sono il vero malanno di questo pianeta, a cominciare dai quindici anni. Essi fanno tutti i disastri che possono: uccidono, inquinano, imbrogliano, in Medio Oriente alle sei del mattino cominciano ad ammazzarsi.

«Io non vorrei diventare grande, ma ho paura che dovrò».

* * *

«San Gennaro nacque a Napoli, nei pressi di Benevento. San Gennaro fin da giovane fu così educato coi genitori e tanto buono che alla fine lo nominarono santo.

«Egli portava in testa un cappello. San Gennaro non andava d'accordo con Nerone e Nerone quando incendiò Roma diede la colpa ai cristiani. Il giorno dopo tagliarono la testa a San Gennaro e la posarono da una parte, il sangue lo gocciolarono in una ambollina per farlo baciare.

«Il giorno di San Gennaro è a Napoli. Io ci vado con tutta la famiglia per vedere la festa e baciare il sangue del tesoro di San Gennaro.

«Una volta però a mia madre le scipparono la borsa, o dentro la chiesa o fuori. E mio padre disse in...: "San Gennà, questo è il ringraziamento che ti siamo venuti a trovare?"».

* * *

A proposito del sacramento della confessione: «Le donne hanno sicuramente più peccati degli uomini, se no perché si vanno a confessarsi dietro ai buchi? È per non farsi riconoscere i peccati...

«...Io certe volte non dico tutti i peccati a don Cirino, però in compenso vado tutti i giorni a scuola anche se piove».

* * *

"Tutti un giorno dovremo lasciare questa terra". Svolgimento: «Mio nonno è morto seduto in mezzo al letto; aveva il pigiama e settantacinque anni, quando è morto.

«Non so se andrà in Paradiso o all'Inferno, io credo in Paradiso, perché ha già fatto la guerra, già è nato a Napoli e già lavorava con mio zio.

«L'unico peccato di mio nonno è che sputava sempre per terra e non poteva tanto alleggerire[4] gli africani.

«Mia zia, che è una chiagnazzara[5], dice che la morte è la ricompensa di una vita piena di dolori, ma noi che siamo tutti un po' cacasotto ci fa paura lo stesso.

«Si può morire di subbito oppure un poco alla volta, io speriamo un poco alla volta, così mi abituo».

Pellegrinaggio a Monte Berico

Mi piace anche citare il racconto fatto da un ragazzino veneto a proposito di un pellegrinaggio speciale, per gravi motivi familiari, al celebre santuario vicentino di Monte Berico. L'ho letto non ricordo più dove, e quindi non sono in grado di citare la fonte:

«Mia mamma ci ha fatti andare tutti a pregare la Madonna per la mia sorella più grande che è sposata da dodici anni e non può avere "putèi" (bambini). Siamo partiti, siamo arrivati, siamo pregati in chiesa, poi dopo mangiato siamo tornati a casa.

«Conclusione: o non ci siamo spiegati bene, o la Madonna non ha capito un'acca, fatto sta che è rimasta incinta l'altra mia sorella che non è nemmeno sposata...»

Il grido di Gesù

Di questo tema posso garantire io la veridicità, perché l'ho potuto leggere coi miei occhi e sono esploso in una risata irrefrenabile. Dunque. Nell'imminenza della Pasqua, avevo assegnato agli scolari di una quinta elementare un componimento particolare. Avevo letto e commentato il racconto della Passione secondo i

[4] Sopportare.

[5] Da "chiagnere", piangere: una che piange e si lamenta sempre.

vari Vangeli, e avevo lasciato liberi i ragazzi di scegliere il personaggio che più li aveva colpiti.

L'ultimo arrivato, un bambino calabrese, si è cimentato con Gesù in persona. Ed ecco l'epilogo della vicenda: «Prima di morire, Gesù ha arrovesciato gli occhi in alto e ha detto: "Dio mio, Dio mio, sono rovinato!..."[6]»

Colte qua e là

Il prete domanda alla bambina più sveglia:

«Mi sai dire dove vanno a finire le ragazzine che non sono buone?»

«Sì, reverendo: dappertutto».

* * *

La suora, dopo la lezione, porta i bambini a pregare in chiesa davanti alla statua della Madonna, che tiene le mani giunte ed è un po' curvata in avanti. Un ragazzo chiede:

«Sta per tuffarsi?»

* * *

Domanda: «In quale occasione Gesù ha istituito il sacramento del matrimonio?»

Risposta: «Quando, sulla croce, disse: "Padre, perdona loro perché non sanno quello che fanno"».

Gli scolari dell'arciprete

L'arciprete di Revigliasco Torinese aveva conservato in archivio e ha ceduto poi in visione a un suo parrocchiano che trafficava con la carta stampata i temi di religione degli alunni delle scuole elementari. Ecco alcune perle[7].

[6] Evidentemente aveva intepretato a modo suo la frase del Vangelo "*Dio mio, Dio mio, perché mi hai abbandonato?*" (Mt 27,46).

[7] I testi autentici sono contenuti nel volume *Il Bilione* di G. Pierbari (pseudonimo di Piero Gribaudi), Gribaudi Editore 1974.

Da un tema sul paralitico guarito: «C'era un paralitico col tettuccio che non poteva vedere Gesù. Allora degli uomini lo legarono e lo tirarono su. Gesù disse uomo di poca fede, rimetti i tuoi peccati. Borboravano dentro: chi bestemmia Gesù? Ma Gesù che con l'orecchio vedeva dentro, vede l'Amalizia. Uomini di fede, è più facile prendere il tettuccio che guarire i malati?

«E preso il tettuccio tornò a casa sua glorificando Dio».

* * *

Da un tema su Adamo ed Eva: «Adamo e Eva sono esistiti veramente perché se no noi non ci saremo. Dio prese del fango e impagliò un fantoccio simile a lui. Poi disse: "Perché lasciare solo l'uomo?" Allora prese Damo e gli diede un colpo di sonno. Gli prese la costoletta e impagliò la donna, e disse a Damo: "Prendi la tua compaga". E Damo gridò: "O osso del mio osso!"»

«Il primo uomo fu Adamo e la seconda donna fu Eva. E così il mondo andò avanti...»

* * *

Ancora sulla creazione: «Dio creò l'uomo con anima e con corpo, poi gli soffiò in faccia l'argilla...»

«Fatto l'uomo, Dio era molto stanco e così non ci pensò più e chiuse la creazione di domenica».

* * *

Da un tema sull'inferno: «L'inferno è per Dio un brutto godimento...

«Allora dirà alle capre: "Andate, maledette, nell'orto eterno, dove le piante stridono i denti". E esse diranno: "Ma quando ti abbiamo fatto questo che non ti abbiamo visto?" E Gesù risponderà: "O sì. Lo avete fatto ai carcerieri, ai pellegrini e ai malati"...

«Dio ci ha creati per soffrire in questa vita ma per divertirci da matti nell'altra».

* * *

Da un tema sulla parabola dei talenti: «Gesù racconta nelle parabole che un padrone se n'era andato dando ai servi 3 talenti 2 talenti 1 talento; i due fecero fruttare i talenti ma l'altro no. Allora il padrone lo mandò dentro una buca e lo sotterrò».

* * *

Da un tema sulla risurrezione del figlio della vedova di Naim: «Gesù faceva i miracoli perché la gente era dura d'orecchio. Ora ne racconto uno. C'era un ragazzo al funerale. La mamma piangeva e tutti suonavano i pifferi. Allora chiamarono Gesù che molto calmo disse: "Alzati Lazzarone!", e il ragazzo si levò, bianco che pareva morto».

* * *

Da un tema sul primato di Pietro: «Ora racconto il principato di Pietro, che prima era Scimione. Gesù sull'ago gli disse: "Scimione, se mi vuoi bene pascia le mie pecorelle". Lui disse: "Ti voglio bene". "Pascia le mie pecorelle". "Scimione, mi vuoi bene?" "Sì, pascio le pecorelle". Gesù ripeteva le pecorelle perché San Pietro lo aveva tradito col gallo».

* * *

Da un tema sulla trasfigurazione: «Gesù salì sul monte e fece una trasfusione. A Gesù gli venne la testa come il sole e i vestiti come biancaneve».

* * *

Da un tema su Mosè: «Allora Maria prese il figlio Gesù e lo portò nel Nilo a farsi benedire.

«Allora lo mise in un cestino e lo fece galleggiare sino all'altra parte della vasca dove c'era la Faraona.

«L'Affaraona faceva il bagno nel fiume di bitume e non poteva lattare il bambino. Allora ciamò una schiava e le disse: "Va' a lattare tu il bambino dietro le canne. Io non posso lattarlo perché sono troppo in piena". E quel bambino era Mosè che fece i dieci comandamenti».

* * *

Dal tema "Il battesimo di Gesù": «Allora Gesù venne da Galilea Giordano, che era come un fiume, e disse a Giovanbattista: "Battezzami", e Giovanbattista disse: "Sei tu che devi battezzare me e tu vieni da me?" Gesù rispose: "Incomincia a battezzarmi, poi vedremo". Giovanbattista disse lascia stare, e lo buttò nel fiume. E quando uscì dal fiume cadde dal cielo una colomba che disse: "Questo è il mio figlio di letto e mi è piaciuto"».

* * *

Dal tema "La notte santa": «...Allora bussarono i parenti, ma i parenti erano pieni, andarono nel bar, ma il bar era pieno zoppo».

* * *

Da un tema sulle tentazioni di Gesù nel deserto: «La prima volta il demonio disse a Gesù: "Se tu hai fame fai diventare il sasso-pane". Ma disse Gesù: "Ma non diamo retta al Diavolo". La seconda volta gli disse: "Saliamo in cima alla tomba". E Gesù disse: "Hai scritto: Non tentare il Signore Dio nostro". E la terza volta: "Se ti butti giù dal cielo gli angeli ti raccoglieranno". Ma gli rispose Gesù: "Ti darò tutto questo, ma non buttarmi giù". Così Gesù fu dentato dal Demonio, ma vinse quella partita per 3 a 0».

* * *

Da un tema sul Paradiso Terrestre: «Allora Dio disse: "Io vi caccio via perché siete stati disubbidienti e d'ora in poi suderete molto", e Adamo ed Eva si guardarono e dissero: "Siamo nudi e crudi", allora Adamo si nascose nel cespuglio e anche Eva ma prima andò a specchiarsi nel lago e disse: "Mica male"».

* * *

Da un tema sul servo del centurione: «Il centurione disse a Gesù ho il cervo malato, ma non son degno di venire sotto il tuo tetto. Vedete? disse Gesù: se io dico al soldato va' lui viene, e se gli dico vieni lui va. E se fai una cosa lui la fa. Chi ha mai visto la fede di Israele? E il centurione disse siamo ormai lontani da casa; ormai il cervo è morto. No, disse Gesù, la tua fede è salva. Allora tornò il soldato, quello che era andato e disse: il cervo è guarito. E la gente diceva: lo ha salvato alla messa il non son degno».

* * *

Da un tema sulla buona azione quotidiana: «Io sono un bambino buono, ma non sempre. Però ogni giorno faccio una buona azione. Oggi, tornando da scuola, ho fatto la buona azione quotidiana: ho aiutato ad attraversare la strada una vecchina curva sotto il peso dei suoi quarant'anni».

* * *

Da un tema sulle Crociate: «Allora, il Papa fece le incrociate; gli incrociati partirono tutti allegri lasciando le loro mogli a casa e tornarono col sepolcro di Cristo».

PADRE PIO BUFFONE DI DIO

Confessione personale

Una confidenza strettamente personale: devo ammettere che sono stato convertito non tanto *da* padre Pio ma *a* padre Pio. Non mi sono mai arrischiato a salire a san Giovanni Rotondo quando lui era ancora in vita. Mi mancava il coraggio di affrontare quella specie di "giudizio di Dio" anticipato. Avessi anche tentato, ho motivo di credere che mi sarei fermato prudentemente a Foggia, come ha fatto più volte Walter Chiari.

Convertito tardivamente nel senso che sono riuscito a liberarmi dai giudizi sprezzanti, dai luoghi comuni, dalle sciocche prevenzioni superciliose, dalla diffidenza, dallo scetticismo, e soprattutto da un certo atteggiamento becero fatto di supponenza e altezzosità. Fino a qualche tempo fa, per me padre Pio era un frate "sospetto", sbucato da qualche punto oscuro del Medioevo, e nemmeno troppo simpatico con quel suo moralismo forsennato (così, almeno, spropositavo).

Ho scoperto, invece, successivamente, un padre Pio che, pur proiettato ad altezze mistiche da capogiro, conservava una sorprendente e commovente umanità, era capace di ridere e di far ridere, gli piaceva stuzzicare personaggi illustri e confratelli, si divertiva a raccontare barzellette e dire facezie, amava gli scherzi, non si prendeva assolutamente sul serio, possedeva e dispensava una sapienza condita di bonarietà e illuminata dal lampo di un sorriso malizioso.

Un padre Pio che non parlava quasi mai in latino, ma si esprimeva in un dialetto beneventano incantevole per freschezza e incisività, con l'accompagnamento di una mimica inimitabile.

Un padre Pio che seduce e lascia storditi con le sue battute fulminanti, le risposte imprevedibili, le frasi taglienti, i giudizi al fosforo.

Un padre Pio sorridente, perfino fanciullesco nella sua spontaneità scanzonata, ma non per questo meno inquietante[1].

Attore comico mancato

Due testimonianze. La prima è di Carlo Campanini, uno che di comicità s'intendeva: «Se fosse stato attore, padre Pio sarebbe riuscito nell'arte meglio di me: racconta così bene le barzellette che t'incanta con la sua semplicità e schiettezza. Possiede una intelligenza acuta e arguta. Ha il senso dell'equilibrio e della spontaneità allo stato puro, non artefatto come nel mio caso».

Un suo frequentatore assiduo, poi, assicura: «Devo dire che tutti i miei ricordi di padre Pio sono permeati di umorismo più che di qualunque altra cosa». Come a dire che ricordava soprattutto la lezione del suo sorriso e della sua arguzia.

Alla scuola di Francesco d'Assisi

Un uomo crocifisso, martoriato dentro e fuori più di chiunque altro, che reca nella propria carne i segni sanguinanti dei chiodi, naviga abitualmente in un mare burrascoso – e fangoso – di prove inenarrabili, porta sulle proprie spalle un peso schiacciante, ha il cuore abitato e straziato da migliaia e migliaia di drammi e tragedie di un'umanità piagata e dolente, sta a contatto quotidiano con un'infinità di miserie di ogni genere e quasi ne è soffocato, travolto: ebbene, quest'uomo è un frate gioioso, che possiede la fonte segreta e inesauribile di un'allegria scoppiettante. Ecco uno dei tanti paradossi che punteggiano la vita di padre Pio.

Perfetto interprete della "vera e perfetta letizia francescana", aveva preso sul serio la lezione del proprio "padre": «Si guardino i frati di non mostrarsi tristi di fuori e rannuvolati come gli ipocriti, ma si mostrino lieti nel Signore, ilari e convenientemente graziosi»[2].

[1] A questo tema ho dedicato un intero volume, *Padre Pio mistero gaudioso*, Gribaudi Editore, Milano 1998, più volte ristampato.

[2] Tommaso da Celano, *Vita seconda*, FF. 712.

Il burlone che non ti aspetti

Padre Pio è un conversatore formidabile, un narratore di straordinaria verve, un umorista irresistibile. Sfodera, al momento giusto, la battuta folgorante, il commento imprevedibile, l'osservazione scherzosa. Sa raccontare storielle e barzellette (mai sguaiate, comunque, come avviene troppo spesso anche in ambienti clericali, frateschi e suoreschi...), dosando gli effetti, con un'abilità da attore consumato. Il dialetto fa il resto.

I confratelli – compresi quelli che nei suoi confronti avevano atteggiamenti e lingua pesanti – erano i primi beneficiari dell'umorismo di padre Pio. Quando c'era lui, nelle ricreazioni del convento di San Giovanni Rotondo, la noia stava alla larga.

Un fuoco di fila di spiritosaggini, note pungenti, aneddoti spassosi, racconti mantenuti sul filo di una comicità irresistibile, scene esilaranti riprodotte con una mimica ineguagliabile, ricordi all'insegna dell'ilarità. Difficile sottrarsi a quel contagio benefico. Il riso era d'obbligo, e non certo forzato. Il divertimento assicurato.

Uno poteva immaginare un'atmosfera satura di misticismo. E, invece, l'atmosfera di quella sala era impregnata di allegria genuina, che sembrava trasmettersi anche alle barbe fluenti di quegli uomini in saio (l'opposto di certe melense e banali spiritosaggini da sacrestia, che mettono addosso una malinconia che rasenta la disperazione).

Talmente serio da permettersi di scherzare su tutto

Senza che la cosa possa sembrare irriverente, si può parlare di padre Pio come di un mistico burlone. La sua comicità non era solo un accorgimento per depistare coloro che si accanivano a tallonarlo lungo i sentieri impervi delle vertiginose esperienze mistiche. No. L'umorismo era l'altra faccia della sua spiritualità.

Frequentando le altezze dell'Assoluto, aveva acquisito il senso del relativo e sapeva scorgere il lato comico delle vicende umane e relativi tronfi protagonisti. Padre Pio prendeva terribilmente sul serio il cristianesimo e conseguenti implicazioni pratiche. Ma proprio per questo poteva tranquillamente scherzare su tante realtà (comprese le pose di certi ministri di Dio), i devozionalismi untuosi, i fanatismi bigotti, le smancerie insulse delle persone pie, la santoccheria assortita, la seriosità dei bacchettoni, la grinta spianata dei personaggi pittoreschi che si ritengono importanti.

Padre Pio mandava a gambe all'aria piedestalli supponenti, abbatteva monumenti di rispettabilità, ridicolizzava atteggiamenti divistici, demitizzava grandezze fasulle, canzonava le pose solenni, i portamenti sussiegosi, le mutrie (e le mitrie) contegnose. E il tutto con l'arma irresistibile dell'ironia (che talvolta sfiorava il sarcasmo), ora sferzante, ora bonaria.

Manco a dirlo, cominciava da se stesso. Era lui stesso che mandava in briciole il proprio monumento. Si strappava regolarmente l'aureola di santo e taumaturgo che tanti devoti gli ficcavano in testa, scaraventava in aria, come coriandoli irriverenti, le frasi esageratamente ossequiose con cui si pretendeva avvolgerlo fino a imprigionarlo.

La ruvidezza e l'umorismo erano le due chiavi che impiegava di preferenza per uscire dal carcere – coi muri trasudanti incenso di pessima qualità – di un'esaltazione fastidiosa in cui certi fanatici devoti pretendevano rinchiuderlo. O, se vogliamo, due espressioni diverse della sua stupefacente libertà.

Naturalmente, anche quando ricorreva all'ironia un po' tagliente e alle punzecchiature, padre Pio non debordava mai nel sarcasmo sprezzante o nella mordacità corrosiva.

La sua arguzia era come un sorriso di benevolenza che posava sugli individui con le loro magagne, miserie e debolezze assortite, che lui conosceva in presa diretta.

Umorismo come indulgenza

Uno stereotipo cui parecchia gente non è disposta a rinunciare è quello di un padre Pio portatore di fulmini di Dio sugli uomini peccatori e malvagi. Quale abbaglio colossale. Lui leva la mano minacciosa, brandisce il cordone del saio, quando è il caso. Ma è anche, contemporaneamente, il giullare di Dio, portatore del suo riso divertito (Salmo 2) o, se si preferisce, del suo sorriso sulle sbrindellate vicende umane.

Insomma, l'umorismo come espressione di indulgenza e l'ironia come carezza (magari un po' ruvida) di uno che non può fare a meno di amare, nonostante tutto ciò che sa e vede (anzi, proprio per questo). La comicità come rimedio ad uno dei guasti peggiori provocati dal peccato: la tristezza (e la malinconia che si riveste di religiosità rappresenta uno dei mali più insidiosi).

La risata liberatrice provocata da un uomo di Dio come padre Pio è una ventata salutare che spazza via polvere, calcinacci, muffe e cupezze. In fondo, rappresenta una forma di purificazione.

Passaggio impedito dalla parte posteriore

Bisognava sentirlo quando raccontava la storia, realmente accaduta, di un esorcismo. La scena tragicomica si svolge a Pietrelcina, e ha quali protagonisti un individuo indemoniato e l'arciprete don Pannullo, assistito da un tipo un po' bizzarro, fra' Meo, che tiene in mano il secchiello dell'acqua santa e l'aspersorio.

Il sacerdote, chiamato da tutti familiarmente Zi' Tore, fa la voce grossa e il diavolo se la vede brutta. Di fronte all'ingiunzione perentoria di "uscire" dal corpo del poveraccio, il demonio cerca di arrivare a un accomodamento onorevole, perché si è reso conto che quel pretaccio è un osso duro anche per lui. Perciò dichiara di essere disposto a sgomberare il campo, a patto di poter entrare dove gradisce lui. E precisa diversi luoghi e persone. Ma don Salvatore Pannullo, irremovibile, oppone uno sbarramento di dinieghi.

Alla fine i due contendenti si ritrovano allo stremo delle forze, in seguito a quell'accanito combattimento. Il diavolo propone un'ultima soluzione: «Sono pronto ad andarmene se tu mi concedi di entrare nel corpo di fra' Meo... dalla parte posteriore» (evidentemente Satana ha usato un altro termine molto più esplicito e pittoresco).

L'interessato, nel percepire quella proposta indecente, si mostra terrorizzato, e quale primo gesto istintivo di difesa, si fissa l'aspersorio in bocca. Ma Zi' Tore gli fa notare che non è da quell'apertura che Beelzebul intende introdursi.

Resosi conto, allora, da che parte viene il pericolo, fra' Meo si lancia in una corsa sfrenata verso l'ingresso della chiesa e, adocchiata la vasca dell'acqua benedetta nella quale i fedeli intingono la mano per segnarsi, spicca un gran salto e vi si siede dentro sollevando spruzzi da tutte le parti. Una volta messo al sicuro il fondo schiena minacciato, rivolto al nemico grida in tono di sfida: «*E mo' trasi si tiene 'o curaggio…*» Ossia: vediamo un po' se sei ancora capace di entrare da questo varco…

L'ubriaco protesta per l'ingiustizia

La scena dell'ubriaco era diventata un classico nel repertorio di padre Pio. L'uomo, che si regge a stento sulle gambe, dopo una trincata più abbondante del solito, e che sembra sul punto di sfasciarsi a terra da un momento all'altro, riesce a scorgere, per quanto glielo permettono i fumi del vino da cui ha la vista annebbiata, un millepiedi che cammina svelto su per la parete. Non può trattenersi dal bofonchiare:

«È un'ingiustizia, Santo Iddio! Perché a questo animaletto hai dato mille zampe, che sono troppe per un coso tanto minuscolo, e a me, che non sto in piedi, solo due?»

Tutti devono campare

E poi riferiva il dialogo fra due amici che si incontrano per strada:

«Ho deciso di andare dal dottore…» fa uno.

«Ma se scoppi di salute…» osserva l'altro.

«Infatti…»

«E allora perché ci sei andato?»

«Poveretto, pure lui ha da campà…»

«E ti ha per caso prescritto una cura?»

«Certo, tutta una lista di medicine».

«Non mi dire che sei andato ad acquistarle…»

«E perché no? Anche il farmacista ha da campà».

«Ma stai a prendere le medicine di cui non hai bisogno?»

«Fossi matto… Pure io ho da campà!»

Quando c'è da guadagnare...

Questa, invece, apparteneva al repertorio dell'amico Campanini. Ma padre Pio se n'era appropriato e l'aveva rielaborata in proprio.

Dunque. Un uomo, che di mestiere fa il muratore, una sera torna a casa dal lavoro ma non tocca il solito piatto della minestra che la moglie gli ha allungato sulla tavola, insieme al solito bicchiere. È sconvolto.

La donna indaga: «Che cosa ti sta succedendo? Perché non mangi? Hai sempre una fame da lupo quando torni dal lavoro... E che cos'è quella cera smorta da far paura?»

«Lasciami stare. Non ho voglia neppure di parlare. Non ho ancora assorbito il colpo e non mi è passato lo spavento...»

Quella non demorde: «Raccontami almeno, in poche parole, che cosa ti è successo. Devo pur sapere che cosa ti prende...»

L'uomo, di fronte a tante petulanti insistenze, si decide a raccontare il fattaccio: «Ecco, oggi è capitata una cosa terribile. Hai presente i miei due compagni Antonio e Gennariello?... Ebbene, dovevamo essere insieme sull'impalcatura posta all'altezza del terzo piano della casa che stiamo tirando su. Loro si erano già arrampicati in cima, ma io ho dovuto andare d'urgenza al gabinetto. Si vede che quella roba che mi hai preparato a cena l'altra sera mi aveva fatto male allo stomaco...»

«Già, la colpa è sempre mia...»

«Zitta! Ho perfino vergogna a dirlo. Ma quel mal di pancia, stamattina, è stata la mia salvezza».

«Vedi che le cose che fanno star male qualche volta fanno bene?...»

«Almeno stavolta devo ammettere che hai ragione».

«Meno male. Adesso, però, devi spiegarmi che cosa è capitato. Come sarebbe a dire che il mal di pancia è stato la tua salvezza?»

«Sarebbe a dire che mentre uscivo dal gabinetto, ho sentito uno schianto, accompagnato da alcune urla. Le assi del ponte avevano ceduto e i miei due compagni sono precipitati a terra fracassandosi le ossa».

«Beh, sei stato fortunato, ringrazia il cielo e il mio cibo...»

«Sì, ma non posso togliermi il pensiero di quei due. Eravamo amici, dopo tanti anni che faticavamo insieme. Avessi visto come erano conciati...»

«Lo immagino. A proposito, come stanno?» si informa finalmente la donna.

«Purtroppo uno è morto sul colpo e l'altro è piuttosto malconcio. Ammesso se la cavi, non potrà più lavorare. Così almeno ha sentenziato il medico».

«E in famiglia, come potranno tirare avanti, dal momento che è venuta a mancare l'unica fonte di guadagno?»

«Beh, se è per questo, non ci dovrebbero essere grossi problemi. Alla famiglia del defunto Antonio l'assicurazione dovrà sborsare almeno una trentina di milioni. Invece a Gennariello, ammesso veramente che riesca a portare a casa la pelle, toccheranno i cinque milioni di sussidio per l'invalidità permanente».

La donna, al sentire quelle cifre (piuttosto elevate per quel tempo in cui le lire valevano ancora qualcosa), si fa pensierosa. Quindi sbotta nei confronti del marito: «Eccolo lì! Lui è sempre il solito tonto!... Una volta tanto che c'è da guadagnare due lire, lui va al cesso...»

Siamo tutti buffoni

E adesso, per la serie "le risposte che non t'aspetti", una raffica di battute spiritose.

Carlo Campanini, noto attore comico, che ha interpretato tanti film di successo, famoso anche per aver fatto da spalla (ma non solo) a Walter Chiari nelle esilaranti *gag* dei fratelli De Rege, un giorno espone i propri crucci a padre Pio. Gli sembra di non poter mai diventare suo figlio spirituale, come desidererebbe, dal momento che ogni sera è costretto a impiastricciarsi la faccia con cipria e cerone prima di salire sul palcoscenico a fare il buffone. Padre Pio lo rassicura con questa risposta sconcertante:

«Figlio mio, a questo mondo ognuno fa il buffone meglio che può nel posto in cui l'ha messo il Signore».

Una testa vuota

Quella volta prese di mira un proprio confratello, col quale per fortuna era in confidenza e che, comunque, sapeva accettare di buon grado che si ridesse alle sue spalle. Si trattava di padre Isidoro, un tipo originale ed estroverso, brillante oratore, musicista di vaglia, quello che si dice un simpaticone. Con un grosso neo: era ossessionato dalla propria salute. Al manifestarsi del più piccolo malanno, entrava in apprensione e non si dava pace e tormentava tutti.

Un giorno piombò a San Giovanni Rotondo per sentire il parere di padre Pio. Era preoccupato più del solito, e piuttosto abbacchiato: «Padre mio, mi sento male, molto male. Già da un mese soffro di atroci dolori alla testa...»

«E cosa intendi fare?» domandò, sornione, padre Pio.

«Voglio andare alla Casa Sollievo della Sofferenza per sottopormi agli accertamenti del caso presso un medico che sappia il fatto suo. Preghi per me».

Padre Pio promette con un sorriso rassicurante. Qualche giorno dopo, padre Isidoro esce dall'ospedale con aria di trionfo. Quando arriva in refettorio, non riesce a trattenere la propria gioia e abborda colui che ritiene il proprio benefattore: «Padre spirituale bello, adesso sto proprio bene. Mi hanno rassicurato. Alla testa non ho proprio niente!»

E padre Pio, cercando di atteggiare il volto alla massima serietà, commenta: «Ma questo noi tutti lo sapevamo già, non c'era bisogno di andare da quel celebre professore. Quando mai c'è stato qualcosa nella tua testa?»

A proposito di stigmate

In tema di domande petulanti. Un tale si informa se gli fanno male le stigmate. La risposta arriva in tono bonario: «E che credi, figlio mio? Che il Signore le mandi per giocarci a palla?»

Il prof. Amico Bignami, pensando forse di metterlo in imbarazzo, gli pone una questione difficile: «Mi dica, padre mio: perché tenete queste lesioni esattamente lì e non altrove?»

Padre Pio, con un sorriso arguto, indaga a sua volta: «Mi risponda piuttosto lei, dottore: perché dovrei averle altrove e non lì?»

A un fotografo, invece, che pretende di fotografarle, replica, secco: «Bello mio, le hai prese per croci di commendatore?»

Un signore, una volta, riferisce a padre Pio che, avendo manifestato a un famoso scienziato dell'Università di Firenze la propria intenzione di recarsi in pellegrinaggio a San Giovanni Rotondo, si sentì rispondere in tono sprezzante: «E vorresti fare tutto questo viaggio per andare da quel frate barbuto e isterico?...»

«Come sarebbe a dire?...»

«Sì, proprio isterico. La scienza, ti piaccia o no, lo classifica in questo modo. Non c'è altra spiegazione...»

«Ossia?...»

«La cosa è semplice: quel frate, a forza di pensare con particolare intensità al Cristo crocifisso, ha fatto sì che gli venissero le stigmate. Elementare... almeno per noi, uomini di scienza. Mica ci lasciamo impressionare da questi fenomeni, come la gente credulona».

Padre Pio ha l'aria divertita, e non si scompone nell'ascoltare quella spiegazione "dotta". Alla fine, propone: «Quando ti capita di vedere quel professore, digli che pensi intensamente di essere un bue. E poi stiamo a vedere se gli spuntano le corna...»

Vita da cani e da santi

Una sua penitente ha formulato un proposito ardito, e non esita a comunicarglielo:

«Padre, ho deciso, mi voglio fare santa».

Replica, folgorante, di uno che se n'intende:

«Fai bene, figliola. Ma bada che è una vita da cani».

Voglia di strozzare qualcuno

Una donna, sua devota, gli ripete con indisponente insistenza: «Padre, stringetemi a voi!»

Lui, ostentatamente, la ignora. Ma quella continua con la sua richiesta petulante: «Padre, stringetemi a voi!»

A un certo punto padre Pio, decisamente seccato, la gela con una risposta di quelle che lasciano il segno: «Sì, figlia mia, ti stringo... ti stringo... e ti strozzo».

Predicatori spaventapasseri

Durante un Corso di Esercizi, il predicatore, seguendo un copione tradizionale e collaudato, abborda la predica sulla morte. È un suo pezzo forte, di sicuro effetto. Ma padre Pio, che è tra gli ascoltatori, non riesce a trattenere il sorriso, che a tratti sembra perfino beffardo. Se ne accorgono in molti, meno forse l'oratore inebriato dai suoi stessi toni melodrammatici. Al termine del sermone, un confratello si avvicina con circospezione a padre Pio e indaga:

«Padre, perché durante la predica sulla morte lei rideva? L'argomento era serio...»

La spiegazione uscita dalla bocca di padre Pio, per conservare la sua efficacia, va riferita nel dialetto originale: «*E ch'aveva a fa? Nun m'agg potute proprie mantené: cierte predicature te fanno ride pure nnanze a morte!*»

Tradotto alla buona: «E che cosa avrei dovuto mai fare? Non sono proprio riuscito a contenermi. Certe predicazioni ti fanno venire voglia di ridere anche dinanzi alla morte».

"Ti posso tirare per il collo?"

Un uomo cerca di strappargli una promessa: «Padre, se Lei morirà prima di me, mi solleverà su fino in Paradiso, anche tirandomi per i capelli? Mi dica di sì...»

Padre Pio getta una rapida occhiata sulla sua testa pelata che assomiglia a una palla da biliardo e precisa: «D'accordo, ma visto che di capelli sei piuttosto scarso, temo che dovrò tirarti per il collo!»

Lingua sciolta e lingua che s'inceppa

Un religioso – ed è l'interessato stesso a riferire la cosa – si accusa di incepparsi, di non pronunciare bene le parole quando recita il Breviario. Per spiegare il fenomeno, usa un verbo del gergo dialettale quasi intraducibile, ma che padre Pio conosce benissimo: «io *'ndruppeco*».

Continuando poi nell'enumerazione dei peccati, si dichiara colpevole anche di mormorazione nei confronti dei confratelli. A questo punto, padre Pio non può trattenersi di buttar lì un'osservazione maligna: «Allora tu *nun 'druppeco*, eh!...»

Con quella faccia...

Una ex attrice, che ha avuto il suo quarto d'ora abbondante di celebrità, ma ora è visibilmente in disarmo, nascosta tra la folla, pensa di attirare l'attenzione di padre Pio mettendosi a piatire:

«Padre, preghi per me! Ho tanto peccato nella mia vita...»

Il frate delle stigmate si ferma un istante, la individua in mezzo alla gente, la squadra attentamente, e poi dice, asciutto:
«E come hai fatto, con quella faccia lì?!»

Difficile peccare...

Un'altra ex donna fatale, inesorabilmente sfiorita, pretende confessarsi a distanza di un giorno dalla confessione precedente. Ma padre Pio la riconosce e non ci sta:
«Ti sei confessata appena ieri. Che cosa vuoi ancora da me?»
Quella, con voce lamentosa, si giustifica:
«Da ieri ad oggi, potrei aver peccato di nuovo!»
Padre Pio sbotta:
«Vattene! Con quella faccia che hai, peccare non è poi così semplice come credi...»

"Non posso prendere il Signore per il collo"

Arriva un gruppo di compaesani del "padre" (pucinari). Uno di essi gli confida:
«Padre, abbiate pazienza, la mia Maria quella grazia la vuole proprio, e insiste perché ve ne ricordiate...»
Padre Pio, in tono deciso:
«*Digli acusì: Gesù Cristo quella grazia proprio non gliela vo fa: io mica lo posso piglià pe' lu collo!*»

Incontrarsi a metà strada

Ha un colloquio pacato, intervallato da prolungati silenzi, con un uomo che non riesce ad approdare alla riva della fede, e continua a dibattersi nei dubbi più tormentosi. Insomma: uno che non ha il coraggio di compiere il passo decisivo, nonostante il "padre" lo solleciti con delicatezza in questo senso. Alla fine padre Pio sfodera l'argomento decisivo:
«*Che aspiette? Ca Criste vène a te?* O non devi essere tu ad andare da Lui?»
Segue un'altra lunga pausa di silenzio, quindi il "padre" lancia una proposta:
«Incontratevi almeno a mezza strada!»

Facile cantare...

«Padre, tutti pregano per la vostra salute».

Commento pungente: «Già, quelli cantano e io soffro. Fanno come il gallo che canta mentre la gallina fa l'uovo e patisce...»

Niente paura: siamo soltanto in due

Si scatena un furioso temporale. Un frate sta con padre Pio nel corridoio del convento di San Giovanni Rotondo. I tuoni sembrano squassare l'edificio e i lampi si susseguono senza soluzione di continuità. Il frate è terrorizzato, anche perché sa che in una stanza lì presso è collocata la cabina elettrica. Supplica con voce tremebonda:

«Padre, allontaniamoci almeno un po' dalla cabina. L'altro giorno dieci persone sono morte per un fulmine. Io non voglio fare la stessa fine».

Padre Pio lo rassicura a modo suo:

«Stai tranquillo, noi non corriamo questo pericolo: siamo solo in due!»

In dialetto beneventano la risposta è molto più saporita: «*Nuie non currimme stu pericolo: sime duie sole persone*».

Anche lui è figlio di Eva

Padre Agostino di San Marco in Lamis è guardiano del convento di San Giovanni Rotondo (carica che ricopre dal 1944 al 1952). Le ore peggiori della sua giornata sono quelle del mattino, allorché in chiesa si scatena la solita baraonda femminile per assistere, conquistando a colpi di gomiti, pestoni e spinte, i primi posti, alla Messa di padre Pio.

Per quanto si dia da fare, non riesce a mettere un po' d'ordine e ottenere un minimo di rispetto per il luogo sacro. Tuona, si sbraccia, inveisce, alza il dito minaccioso. Tutto inutile. Nessuno lo sta ad ascoltare. Ormai a quel ritornello sono abituati:

«Scostumati! Siete nella Casa di Dio... Pensate a Chi sta nel tabernacolo... Non vi vergognate?!» Ma i fedeli fanno orecchie da mercante (nel tempio).

Un giorno, il guardiano perde letteralmente le staffe, e le parole vanno per conto proprio, senza che lui riesca più a controllarle. Il bersaglio, stavolta, è un drappello di donne scatenate più del solito (che è tutto dire):

«Figlie di Eva! Figlie di Eva! Lasciatevelo dire: non siete altro che figlie di Eva!...»

Ha smarrito la bussola e lui stesso non sa più dove voglia parare con quelle parole (probabilmente è riuscito solo ad evitare un altro epiteto più colorito...).

Dal fondo della chiesa, inaspettatamente, si leva la voce di una... figlia di Eva che domanda provocatoriamente conto delle origini familiari del reverendo padre guardiano:

«E tu di chi sei figlio?!...»

Padre Pio, che sta indossando i paramenti nella sacrestia, non riesce a trattenere un sorriso ironico di approvazione per quella sortita. La sera riferirà il gustoso incidente a papà Grazio (complice, a sua volta, di Eva), che ormai si è stabilito a San Giovanni Rotondo, ospite di quella che tutti chiamano "Maria l'Americana". Facile immaginare il commento di padre e figlio.

Lui non si lascia impressionare dai "galantuomini"

Un distinto signore, cui il "padre" ha negato l'assoluzione, protesta: «Padre, io sono un galantuomo!»

E lui, senza scomporsi, replica: «E lo vieni a dire proprio a me!?»

Toh, chi si vede!

I politici pare non avessero paura di scottarsi a contatto con padre Pio. Pensavano, probabilmente, di possedere, oltre che l'immunità parlamentare, anche l'immunità dal fuoco. L'impunità, no. Quella, almeno a San Giovanni Rotondo, non ce l'avevano. Impossibile sottrarsi al giudizio severo, anche se sovente venato di ironia o di sarcasmo, del "padre".

L'onorevole Leone, a quel tempo, era presidente del consiglio. Al termine del colloquio espresse la propria soddisfazione (che non doveva essere troppo giustificata): «Padre, sento il dovere di ringraziarLa per la sua affettuosa accoglienza».

Padre Pio precisò: «Affettuosa, sì, ma non fruttuosa...»

Quello tirò fuori la prima giustificazione che gli venne alla bocca: «Padre, tenga presente che noi, uomini di governo, non possiamo agire di nostra iniziativa: siamo sempre controllati come i carcerati».

A questo punto padre Pio affondò il colpo: «Veramente tra voi e i carcerati una differenza esiste, ed è piuttosto grossa: i carcerati non prendono la paga alla fine del mese...»

I ladri e i poliziotti

Una volta arrivò a San Giovanni Rotondo un personaggio politico di primissimo piano. La macchina ministeriale era preceduta da due poliziotti motociclisti (allora non usava ancora l'auto blindata e relativa scorta armata). Padre Pio, sbirciando da una finestra, osservò la scena tra il sorpreso e il divertito. Quando si trovò di fronte l'onorevole ministro, col quale intratteneva rapporti abbastanza confidenziali, lo apostrofò così:

«Eh, *uaiò*. Spiegami un po' questa faccenda. Una volta i poliziotti correvano dietro ai ladri, e adesso gli aprono la strada?!...»

Lo statista abbozzò un sorriso di circostanza, ma si vedeva che la battuta non era particolarmente gradita.

Per chi votare

Alla vigilia delle elezioni del 1958, viene avvicinato da un capitano dei bersaglieri, che gli espone i suoi dubbi a proposito della scelta che deve fare nella cabina (allora non si diceva ancora "gabina" come usa esprimersi un ministro che non ha eccessiva familiarità con il dizionario... e non solo). Padre Pio sembra prendere le cose alla larga, e attacca con una storiella:

«Voglio raccontarti un fatterello accaduto realmente a Pietrelcina. C'era un uomo, già avanti negli anni, che stava alle dipendenze sia del sindaco che del notaio. Un giorno gli furono affidati due incarichi piuttosto urgenti da svolgere in due paesi diversi e piuttosto distanti tra loro.

«Allo scopo di guadagnare tempo, prese la via dei campi proponendosi di passare il fiume a guado, dal momento che l'acqua non sembrava molto profonda. Quando giunse, però, a metà della traversata, scivolò rovinosamente e rimase impaludato nel fango, con l'acqua che gli arrivava fino al collo.

«Alle sue grida accorse un vecchietto, il quale però non teneva la forza sufficiente a tirarlo fuori dalla melma. Tuttavia, per rendersi utile in qualche maniera, cavò fuori di tasca un fazzoletto, e prese a sventolarlo sul volto del poveraccio impantanato, allo scopo di scacciare le mosche e le zanzare che lo infastidivano e gli succhiavano il sangue. Ma il disgraziato lo dissuase: "Lasciale fare, per carità... Non vedi quante altre ce ne sono in giro? Se allontani queste, che sono già sazie, arrivano le altre affamate..."»

Conclusione implicita: teniamoci i politici che abbiamo. Perché se arrivano, famelici, quegli altri che finora sono stati costretti al digiuno...

Forse padre Pio non sapeva che certi individui, anche dopo le colossali abbuffate precedenti, non sono ancora sazi. Vivesse oggi, sarebbe costretto a correggere la storiella.

Malati, state attenti ai medici!

Amava scherzare soprattutto sui medici, anche se aveva il massimo rispetto per la loro professione, anzi forse proprio per questo. Un giorno ne vede arrivare un paio, e non può trattenersi dal commentare:

«Meglio un topo fra due gatti che un malato fra due medici».

Un'altra volta, intrattenendosi amabilmente con loro, con aria sorniona, pone una domanda:

«Sapete dirmi perché i medici non scioperano mai?» (a quel tempo non usava...)

Quelli si ritrovano un po' spiazzati e non sanno che cosa rispondere. E lui, con una punta di malizia, fornisce la spiegazione:

«Quelli della vostra categoria non scioperano perché si sono accorti che gli ammalati, anche senza le loro prescrizioni, guariscono ugualmente e anche più in fretta...»

A una donna, guarita improvvisamente grazie alle sue preghiere, raccomandò: «Soprattutto, non lo dire al tuo medico: potrebbe provocarti una ricaduta...»

"Te li raccomando..."

Non si può certo affermare che i giornalisti gli fossero particolarmente simpatici. Al contrario. Non li poteva soffrire e, salvo qualche eccezione, cercava di starne alla larga. Diceva che lo "inguaiavano".

Nel corso di un colloquio, accennando a due di loro, esclama: «Brava gente, te li raccomando quelli: dicono un sacco di bugie, sporcano mezzo mondo...»

Interviene un fraticello che gli fa notare come uno dei due, Mario Cinelli, sia capo cronista dell'*Osservatore Romano*, «...e l'*Osservatore Romano,* padre, non dice mica bugie». E lui, imperterrito:

«Sì, hai ragione, non dice bugie, ma te lo raccomando lo stesso, perché della verità dice solo quello che gli pare».

Prendere o lasciare?

Il dialogo che si svolge tra padre Pio e un giovane-tentenna, ha tutta l'aria di una *gag* irresistibile:

«Padre, ditemi voi... Io sono fidanzato con una brava e bella ragazza, cui voglio tanto bene, e vorrei prenderla in sposa».

«E prendila» taglia corto il frate.

«Il fatto è, padre, che i suoi genitori non me la vogliono dare...»

«E lasciala».

«Ma io la amo. Come faccio a lasciarla?»

«E prendila».

«Ma il padre e la madre non la vogliono cedere».

«E lasciala».

«Ma noi ci vogliamo troppo bene...»

«E prendila».

«Dipendesse da me... Il guaio è che i suoi genitori sono irriducibili, ostinati, non vogliono sentir ragione».

«E lasciala».

Il colloquio, a base di "prendila" e "lasciala" si svolge lungo il corridoio che porta alla porta della cella di padre Pio, col giovane che tallona inesorabilmente il frate stigmatizzato. Sulla porta, di fronte all'ennesimo "Ma come faccio?", padre Pio sbotta:

«Neh, *uaiò... ma ch'agghia fa pure u' ruffiano mo'*!» Libera traduzione: ma per chi mi hai preso... per un ruffiano?

Se lo sposo non si decide...

Padre Pio sta presiedendo una cerimonia di matrimonio. Lei è piuttosto disinvolta, sicura di sé. Lui, invece, tradisce un evidente impaccio, dovuto forse alla eccessiva timidezza che affiora anche in quella circostanza.

Al momento del fatidico "sì", la sposa lo pronuncia con tempestività, decisione, e perfino impazienza. Il giovane, invece, sembra bloccato. Padre Pio aspetta, fremendo. Non valgono a smuoverlo né le occhiatacce né i borbottamenti sempre più insistiti, che non appartengono al rituale. Quello, però, non se ne dà per inteso. Alla fine, per scuotere il futuro marito dal suo torpore, padre Pio lo provoca alla sua maniera:

«Insomma, ti decidi a dire questo "sì", o me la devo sposare io?»

Intermezzi umoristici

Perfino in confessionale, dove normalmente aveva un aspetto arcigno, padre Pio era protagonista di intermezzi umoristici. Capitò, ad esempio, che una contadinella di quattordici o quindici anni, una volta si mise in ginocchio a pochi centimetri dalle tendine dietro cui padre Pio stava a confessare e, con le mani giunte e con grande fervore, prese a recitare a voce alta il Padre Nostro. Padre Pio si affacciò e le disse:

«Ma che stai facendo?»

«*Te staio recettanno 'o Padre Nostro...*» (ti sto recitando il Padre Nostro).

«E a me lo reciti? A Quello lo devi recitare!», osservò padre Pio indicando il tabernacolo, e contemporaneamente proruppe in una fragorosa risata.

FILIPPO NERI; LA SERIETÀ DI UN SANTO SCHERZOSO

Papa Clemente VIII, ricevendo in visita alcuni signori polacchi, li consiglia di recarsi a vedere Filippo Neri. Avrebbero così avuto modo di incontrare un santo in carne e ossa: «Ne riporterete un ricordo indimenticabile e assai consolante per la vostra vita, e un incoraggiamento sulla strada della vostra santificazione personale».

Filippo, avvertito, quando sente salire per le scale quella comitiva di pellegrini, chiama un confratello, e gli ordina di cominciare a leggergli alcuni brani del libro prediletto: *Le facezie del pievano Arlotto*[1]. Quelli, sbalorditi, e leggermente scandalizzati, lo trovano tutto attento a quella lettura non certo edificante.

Nell'episodio c'è lo stile di san Filippo (1515-1595): la sua capacità di nascondere la serietà dell'impegno, la santità stessa, dietro la spensieratezza, lo scherzo. Lui non consegna agli altri un'immagine devota di se stesso, un santino ammodo, ma un'immagine burlesca, sbarazzina.

Dirà di lui l'affezionato card. Francesco Capecelatro: «Essere santo e non parere, fu tutto lo studio della sua vita». Insomma, l'umorismo, per lui, era l'involucro in cui nascondeva gelosamente la sua santità.

Osserva una sua biografa contemporanea: «In Filippo lo spirito fiorentino perderà ogni acredine, ogni cattiveria e attraverso il paradosso dello scherzo egli troverà una sua maniera originalissima di far parabole, di illuminare»[2].

[1] Detto per inciso: si tratta di un libro il cui valore è, a mio parere, inversamente proporzionale alla sua fama. Molte storie sono decisamente volgari, caratterizzate da un umorismo greve, grossolano; tipiche barzellette da sacrestia.

[2] Rita Delcroix, *Filippo Neri il santo dell'allegria*, Newton Compton, Roma 1994.

C'è da rilevare che il padre Francesco, notaio di professione, ma la cui vera passione era quella dell'alchimia, si mostrava molto religioso, dedito alle cose spirituali, e faceva parte del movimento dei "piagnoni". Il nome deriva dagli accompagnatori dei funerali. Venivano detti anche, spregiativamente, collitorti, stropiccioni, masticapaternostri. Sostanzialmente, un movimento di integralismo cattolico. Filippo manco a dirlo, rappresenterà l'immagine contraria a quella del "piagnone".

Il suo abbigliamento

Allorché Gregorio XIII (1572-1585) impose a tutti i confessori di portare la cotta, Filippo gli si parò davanti col solito giubbone e la sottana sbottonata:

«Non posso tenere il giubbone abbottonato e vostra Santità vuole che tenghi la cotta in più?»[3]

Risposta del papa, che lo venerava: «Non vogliamo che l'ordine sia fatto per voi. Andate come volete».

Lui prese sul serio il permesso, e, una volta, per completare il suo bizzarro abbigliamento, chiese in regalo al cardinal Michele Bonelli, nipote del papa, un grossolano paio di scarponi neanche da frate.

Smascherata la barba nera del cardinale

Sempre a riguardo dei suoi rapporti col cardinal Bonelli. Una volta questi, avendolo invitato a cena, se lo vide arrivare dinanzi

[3] Bisogna tener presente che Filippo, in seguito all'esperienza mistica avuta alla vigilia di Pentecoste del 1544, ne era stato segnato anche nel corpo, in particolare nel cuore, che da quel momento si dilatò in maniera abnorme. Solo l'autopsia effettuata alla sua morte, alla presenza di medici e studiosi, permise di accertare che cosa fosse quel misterioso rigonfiamento sul corpo, che Filippo cercava di coprire con un fazzoletto: due delle costole superiori si erano rotte, le cartilagini avevano ceduto, per lasciar posto a quel cuore dilatato oltre misura dall'estasi. Era quello il suo sublime fardello (tenuto però gelosamente nascosto): l'amore incontenibile di Dio palpitante nel suo cuore stesso.

Gli unici segni esterni, da vivo: una palpitazione impressionante, talvolta perfino violenta durante la Messa, le confessioni e le orazioni, tale da venir percepita dai presenti. Una volta, mentre pregava in San Pietro, fece sobbalzare con i battiti del cuore un pesantissimo bancone. Talvolta i muri della stanza in cui pregava sembrava fossero scossi dal terremoto.

con un pignattino di lenticchie. E tutti, con più o meno ostentato spirito di mortificazione, furono costretti ad assaggiare la rustica minestra e, forse per compiacere Sua Eminenza, la trovarono gustosissima (e Filippo sorrideva maliziosamente).

Un'altra volta Filippo incontrò il cardinale che aveva superato la cinquantina e disse che aveva una grazia da implorare:

«Vorrei chiedere un favore a Vostra Eccellenza, ma sono sicuro che non me lo farà...»

Il cardinale, sporgendosi amorevolmente dal finestrino della carrozza, si informò: «Ma perché non devo farlo?»

Le schermaglie durarono per un pezzo sulla pubblica via, finché il porporato promise solennemente: «Vostra Reverenza parli, io voglio contentarla». Filippo non aspettava altro:

«Vorrei che Vostra Eccellenza mi rivelasse il segreto per avere una barba nera, come quella di Vostra Signoria».

Il cardinale deve aver accusato il colpo e capito la lezione, dal momento che si vedeva smascherato il trucco di nascondere la barba che si stava inesorabilmente imbiancando con qualche rimedio artificiale...[4]

La berretta degli scherzi

Avendo ricevuto in dono da Gregorio XIV la berretta che usava quand'era... semplice cardinale, Filippo si faceva sorprendere dai visitatori mentre si calcava in testa quel copricapo scarlatto e, di fronte all'imbarazzo degli ospiti che non sapevano quale titolo usare, esclamava, prorompendo in una squillante risata:

«Oh, il bel balordo che sono!»

Variante del gioco: i famosi "berrettini rossi da papa", coi quali si trastullava nel suo gioco fanciullesco e, insieme, serio. Li lanciava in aria al grido di "Paradiso, Paradiso!» E si può dire che qui ci sia il fondamento teologico dell'allegria di Filippo Neri.

[4] Il cardinal Bonelli conta anche oggi parecchi imitatori, nel mondo ecclesiastico. Se non per la barba, almeno per i capelli... Quando si dice la vanità causata dalle apparizioni sul piccolo schermo televisivo...

La fune provvidenziale

Un testimone, Francesco Zazzarra, confiderà a proposito di fenomeni mistici: «Ci aveva insegnato, il nostro santo padre, che fuggissimo come pestifera la singolarità e di voler mostrare di essere e far più degli altri. E per questo diceva che non gli piacevano queste estasi o ratti in pubblico, come cosa pericolosissima e che, "chi volesse volar senza ale, bisognava pigliarlo per i piedi e tirarlo in basso"».

Lui, di fatto, disponeva di una corda per tirar giù dalle nuvole i mistici immaginari: l'ironia tagliente.

Qualcuno ha paragonato Filippo a una leggera mongolfiera sempre sul punto di innalzarsi ad altezze vertiginose, al minimo levarsi del soffio dello Spirito. Ma era anche dotato, oltre che della necessaria zavorra, anche della famosa fune che trattiene o riporta a terra. Questa fune, manco a dirlo, era l'umorismo e l'auto-ironia.

La processione

Allorché è costretto ad abbandonare la primitiva sede di San Girolamo, per trasferirsi alla Vallicella (in una zona malfamata di Roma), dove avrebbe trascorso gli ultimi anni della sua lunga vita, Filippo, per mascherare la tristezza del distacco, organizza un corteo piuttosto bizzarro, quasi la parodia di una solenne presa di possesso. Lui sta in testa alla processione burlesca che si snoda per via Monserrato, e dietro vengono tutti i membri della nuova Congregazione (sacerdoti, novizi, fratelli): ognuno reca in mano un modesto utensile: attizzatoio, molle per il fuoco, palette. L'ilarità generale della folla che assiste ai lati viene scatenata dal portatore di un enorme padellone di ferro. I carcerati di Corte Savella, che occhieggiano dietro le sbarre, gridano a Filippo:

«Padre, fate buone frittate...»

E lui sorride compiaciuto.

La strana penitenza

In confessionale, Filippo usava metodi non certo convenzionali. Conosciutissimo l'episodio che ha per protagonista una signora, la quale si accusa, senza mostrare eccessivi segni di pentimento, di cadere sovente nel peccato di mormorazione. Il santo le infligge, per penitenza, di percorrere una via di Roma spennando una gallina.

La settimana successiva, la penitente confessa di essere ricaduta nello stesso peccato.

«Avete fatto la penitenza che vi avevo imposto?»

«Sì, esattamente come avete voluto voi».

«Ebbene, adesso ritornate sulla medesima strada e raccogliete tutte le piume che vi avete sparso».

«Ma è una cosa impossibile!» si schermisce quella.

«Figlia mia, allo stesso modo è impossibile riprendere le parole cattive che siete solita spargere al vento durante tutta la giornata».

A proposito di vocazioni

Direttore tra i più accreditati, Filippo possedeva indubbiamente il dono del discernimento degli spiriti. Una volta, per mettere alla prova la vocazione di un frate cappuccino, si mette a picchiarlo e finge di rifilargli calci nel fondoschiena, in segno di disprezzo. Il tipo fa buon viso a quelle ingiurie e non perde l'abituale allegria. Il santo, allora, conclude: «Figlio mio, cerca di conservare la tua gaiezza e la tua gioia: è il mezzo migliore per pervenire alla perfezione».

Addirittura irriverente, invece, il commento che una volta formula a proposito di un altro giovane che manifestava l'intenzione di farsi frate cappuccino: «O, Signore Dio, quand'uno puol fare qualche frutto nel mondo, subito si vuole andare a perdere in una congregazione religiosa!»

Due mattocchi

Non si può parlare di san Filippo senza accennare a un suo partner, vorrei dire, in linguaggio comico, alla sua "spalla" negli scherzi: Felice di Cantalice (1515-1587), abruzzese, ex pastorello, ex contadino, che sarebbe diventato il primo santo della nuova famiglia francescana. Approdato a Roma, faceva il frate questuante. La gente lo ammirava e ne era divertita. Lui, per le strade, insegnava canzoncine ai "putti" e alle "putte". Era una specie di asinello in saio, sempre carico di pane, olio, legna, castagne, noci, "zucche" di vino. Un'inalterabile letizia lo caratterizzava. Diceva: «Io mi godo questo mondo e non cambiaria questa saccoccia al papato et al Re Filippo insieme». Stava agli scherzi e alle burle del popolino, cui rispondeva da par suo.

Ecco la descrizione che ne fa, con rara sensibilità, Rita Delcroix[5]: «Quando gli domandavano, ghignando sui suoi piedi scalzi e anneriti dalle strade, sulle sue mani forti e incallite dal lavoro, se era vero che il papa lo avesse fatto cardinale, senza scomporsi replicava: "Sì, cardinale, con lo capo mozzo". Alla richiesta falsamente devota di *Benedicite* borbottava allontanandosi "Cetta", alludendo all'accetta per decapitare...

«...Allegro e burbero si mischiava alla vita di Roma, entrava nelle cucine, nelle sale dei grandi palazzi, scherzava candidamente con le donne, dalle umili serve alle gran dame, con cui nella sua cerca aveva spesso a che fare, ma seminava intanto miracoli, straordinarie guarigioni e i misteriosi avvertimenti dei santi che vedono tutto. Usava per parlare, sia nello scherzo, sia nei semplici e vivi avvertimenti, nelle tranquille parole di consolazione, quel "tu" abruzzese che rimane ancora oggi nell'espressione di un popolo semplice e retto.

«Nelle sue ore libere lavorava nell'orto, là ritrovava fra l'erba umida, fra le verdure rugiadose e ordinate lungo i solchi, vicino al pozzo rustico dalla catena cigolante, una pace che era vicina all'estasi. Beato e solitario, si cospargeva i capelli e la barba ispida di briciole di pane e gli uccelli gli scendevano addosso fiduciosi a becchettarlo, come su di un solido, buon albero di Dio.

«Filippo e Felice erano fatti per intendersi; ricorre nelle testimonianze, il ricordo delle visite che il frate cercatore faceva a Filippo durante i suoi lunghi giri, fermandosi prima a S. Girolamo e poi alla Chiesa Nuova. Scherzavano spesso e si scambiavano allegramente falsi malauguri dal fiorentino "quand'è che ti vedrò bruciare" al quasi affettuoso "te possino" anzi "te pozzino" (è sottinteso "ammazzà") abruzzo-romanesco.

«Un giorno, racconta un cappuccino compagno di cerca, si incontrarono in via del Pellegrino, con grande allegrezza di ambedue. Felice, che portava una fiasca di vino, domandò a Filippo se aveva sete e dicendogli provocatoriamente: "Adesso vedrò, se tu

[5] *Op. cit.* pag. 221.

sei mortificato", gli porse la fiasca. Filippo stette allo scherzo e cominciò a bere, tra gli schiamazzi della gente che gridava per lo spettacolo straordinario di due santi che si versavano da bere l'uno all'altro. Ma poi fu la sua volta: "Adesso vedrò, se sei mortificato tu". E, levandosi il cappello di testa lo ficcò in capo a Felice e gli disse di tenerselo.

«Si avviò la stravagante coppia: il magrissimo, ieratico prete dagli occhi luminosi e la barba bianca e dietro il tozzo frate, basso e atticciato con il largo cappello sacerdotale piantato sulla testa, la fiasca del vino che gli pendeva sul saio, sembravano anticipare di qualche anno l'immortale apparizione di don Chisciotte e Sancio Panza».

Lo zoo personale di san Filippo

Non so se esista un rapporto privilegiato tra l'umorismo di certi santi e il loro amore per gli animali. Ritengo sia un tema che meriterebbe qualche seria ricerca. Comunque, Filippo Neri teneva un suo piccolo zoo personale. Sentiamo ancora la sua biografa d'oggi, Rita Delcroix[6]:

«...Vi è poi un altro tipo di mortificazione imposta da Filippo ai suoi e ricordata spesso dai testimoni del processo. Il famoso cane Capriccio, dichiarano molti, era usato dal padre per umiliarli: bisognava portarlo a passeggiare per Roma con una catenella, mentre in quei tempi era considerato estremamente disdicevole uscire con un cane a guinzaglio. Anche un altro animale sarebbe servito a questo scopo, la bella gatta rossa di S. Girolamo, che, quando Filippo si decise a spostarsi alla Vallicella, fu nutrita dai suoi sacerdoti per diversi anni. Dovevano andare tutti i giorni dalla Chiesa Nuova a portarle cibo abbondante e riferire poi a Filippo se la gatta aveva mangiato e gradito.

«Così come c'è incapacità di comprendere quanto umorismo si mostri nelle prove di mortificazione della scuola di Filippo, non si riesce a vedere la tenerezza nascosta dietro questa pretesa volontà di umiliare. Eppure in altri punti delle deposizioni e delle Vite si parla ripetutamente dello straordinario amore di Filippo

[6] *Op. cit.* pagg. 128-129.

per gli animali. Sono pochi i santi che hanno posseduto un dono d'amore così illimitato, un sentimento così inesauribile da cingere dal Creatore fino le creature più disarmate; uno dei limiti della Chiesa è semmai proprio quello di non insegnare ad amare e rispettare anche questi sfortunati compagni dell'uomo.

«Filippo, così vertiginosamente vicino a Dio, trovava tempo di amare e proteggere gli animali. Come scordare quel suo straziato lamento davanti a un cane, ferito con una coltellata da un macellaio: "O poveri animali, o poveri animali", e i topini liberati dalla trappola in qualche stalla lontana e le lucertole difese da piedi brutali? Gli uccellini caduti dal nido bisognava allevarli fino a quando fossero stati in grado di sostentarsi e se qualcuno gli regalava animali vivi, cercava subito chi si curasse di loro, non potendo sopportare che venissero ammazzati...

«...Gli uccelli sembrava che comprendessero il suo amore: i due "cardelli e canario", che Loys Ames gli aveva donato, vivevano con la porticina aperta, non davano tregua al santo, pizzicandogli la barba e cantandogli vicino, ma poi tornavano spontaneamente e saggiamente in gabbia.

«Uno degli episodi più poetici della vita di Filippo è la morte di Costanzo Tassone, che si spense a S. Girolamo in una stanza vicina alle sue. Il santo gli portò il cardellino, che andò a poggiarsi sulla faccia del morente, e questi ebbe un ultimo, infantile sorriso nel vedersi addosso quell'esserino, che con le sue lievi ali sembrava suggerire l'immagine di un lungo lieve volo nella luce.

«Filippo per la sua vocazione aveva rinunziato a molti affetti e gioie umane; all'amore profano, a una famiglia, a ogni forma di possesso e piacere sensuale. Non rinunciò a uno degli affetti più innocenti e disarmati, e il cane Capriccio rappresenta il suo desiderio di tenerezza. La notte, nella povera cameretta, il respiro tranquillo del più umile dei suoi seguaci gli dava quella piccola dolcezza cui spesso aveva rinunziato per l'immenso amore di Dio: era come il calore di un focarello rosso e vivo nel gelo dell'inverno più bianco.

«Questo evidentemente il multidotato e versatile Tarugi[7] non lo aveva compreso se celebrò in un elegante e francamente sgra-

[7] Sacerdote oratoriano, divenuto poi cardinale.

devole sonetto caudato la morte di Capriccio, definito "flagello delle menti umane", augurandosi anche la rapida estinzione della gatta. Forse per un mondo abituato ad assistere ad esecuzioni capitali e così duro con gli uomini era difficile capire la compassione e il reale tributo di affetto che il santo poteva ricevere e dare dai suoi piccoli amici. Essi sono come il modesto riflesso, come l'ombra sulla terra nera e calda, dell'ala lieve di un angelo custode. Trovano il loro posto ovunque siano gli uomini, perfino sull'altare, come il cane di S. Rocco, ma nessuno ha ancora ritratto Capriccio ai piedi di Filippo».

Umorismo come indulgenza

«State buoni... se potete». La raccomandazione, rivolta al codazzo di ragazzi che sempre lo tallonavano da presso, era diventata proverbiale. Rivelava la sua pedagogia "insolita", fatta di indulgenza, comprensione benevola, pazienza, e soprattutto bontà sorridente.

Serietà e scherzosità

La sua potrebbe essere definita come «la serietà di un santo scherzoso». È qui che Filippo Neri tocca il punto più alto della sua genialità. Si può veramente parlare di lui come di un genio della santità. Nel senso di inventività, creatività, originalità, superamento di tutti gli schemi.

La sua esistenza, apparentemente "scanzonata", ma seria più di ogni altra, è come una ventata di aria fresca, rigeneratrice, che spazza via ragnatele e polvere secolari, scrosta muffe, elimina puzze di rancido in certi ambienti, butta all'aria impalcature solenni e posticce (e tanto più traballanti quanto più imponenti).

Lui non ama le maschere, neppure quelle di carnevale. Per questo le strappa impietosamente. E il carnevale più intollerabile per lui è quello messo in atto dalla vanità ecclesiastica.

Si potrebbe anche parlare di profezia. Ma di una profezia speciale: non legata all'invettiva, alla denuncia drammatica, ai toni apocalittici. Filippo ricorre all'arguzia, alla bonomia, ai frizzi, alla battuta ironica, alla burla, al tono scanzonato.

Per lui, l'umorismo non è soltanto un mezzo per divertire, ma uno strumento pedagogico, un canale per far passare messaggi seri.

San Filippo è convinto che è possibile dire la verità ridendo. Intuisce che, per correggere errori e deviazioni, qualche volta risulta più efficace il ridicolo che il ragionamento. Senza, tuttavia, umiliare mai.

Filippo si rivela insofferente del precostituito, del prefabbricato, degli schemi, delle strutture, dei percorsi obbligati, degli apparati. Libero, si rende disponibile per l'imprevedibilità dello Spirito.

Toglie artificiosità, pesantezze, pose sussiegose, e restituisce freschezza, spontaneità, naturalezza al cristianesimo.

Raddrizza i colli storti dei santi. Al posto della seriosità, il sorriso. Al posto dei sospiri, la risata. Al posto dei lagni e delle lacrime, il canto. Il suo intento principale è stato quello di *cantare la gioia di credere*.

Intendiamoci: nessuna concessione alla facilità. Lui, al contrario, si mostra esigente, severo.

La vita spirituale viene ripulita da ogni complicazione astrusa, dalla compostezza artificiosa, dalla macchinosità. La sua è la naturalezza del soprannaturale, l'ordinarietà dello straordinario. La sua, come è stato detto, è un'umanità più umana.

Finora tutti hanno tradotto il cristianesimo in termini di regole, leggi, norme precise, precetti. Lui lo traduce in termini di vita, gioia, libertà, senza per nulla attenuarne il coefficiente di difficoltà, anzi aumentandolo.

Lui apre le gabbie (come faceva per i suoi canarini), spinge in strada.

Più che il ricatto della paura, delle minacce, dei castighi, per lui vale il fascino della bellezza e della gioiosità. In questo senso si può dire che abbia rinnovato il volto di Dio, e ci abbia restituito un Dio sorridente.

Lui è talmente convinto e radicato nella propria fede, che non ha bisogno di impartire lezioni dall'alto di una cattedra supponente, di apparire sentenzioso. Si mostra, al contrario, scanzonato, sbarazzino, perfino insolente. Non dimentichiamo che "insolente" ha la stessa radice di "insolito".

Con san Filippo, il cristianesimo recupera la libertà dei figli di Dio, la libertà, l'inafferrabilità e l'imprevedibilità dello Spirito, addirittura le bizzarrie dello Spirito.

«Filippo rinnovò il miracolo della libertà senza ceppi, della riforma senza rivoluzione, della libertà estrema senza ombra di servilità» (don Giuseppe De Luca).

«Che un atomo solo di quel fuoco possa incendiare, prima della morte, i nostri tiepidi e freddi cuori» si augurava Giovanni Papini. Io aggiungerei che bisognerebbe lasciarsi contagiare dalla sua allegria.

Chissà che non riusciamo anche noi a sbottonare un po' i troppi giubboni (e clergyman!) in cui siamo ingessati, e che ci impacciano e soffocano.

Chissà che non riusciamo finalmente a spalancare qualche porta e finestra perché entri una canzone... scanzonata, e ne esca una risata che renda l'aria più respirabile per tutti.

SAN BERNARDINO DA SIENA: LE PREDICHE CHE TENEVANO SVEGLI

Sulle orme di Francesco d'Assisi

Ha scritto Maria Sticco, donna di rara sensibilità e finezza: «La letizia monellesca e pepata di virtù piaceva a san Francesco. Egli pensava che se la vita fosse tutta eroica sarebbe pesante, se fosse tutta comica sarebbe stolta: occorre moderare lo sforzo col riso e prendere comicamente le cose temporali, eroicamente le eterne»[1].

Il discepolo di Francesco che meglio ha incarnato insieme sia l'arguzia che la santità è stato indubbiamente san Bernardino da Siena (1380-1444). Ancora Maria Sticco lo presenta così: «Vive ancora il suo sorriso... e quel sorriso è accogliente, benché arguto fino all'ironia... Leggendo san Bernardino dimentichiamo spesso il predicatore e sentiamo un artista "sui generis", che non si permette d'annoiarci e nemmeno di distrarci, perché non appena avverte un "diminuendo" della nostra attenzione, ci riafferra con un apologo, un aneddoto, una barzelletta...

«...Ci è accanto qualcuno che, mentre canzona, sa consigliare e incoraggiare, unendo in sé due atteggiamenti quasi sempre inconciliabili: il senso comico che raffredda e distacca e l'amore che comprende e congiunge.

«Difficile è sentire il solenne oratore sacro che esordisce così: "Ieri ero morto e ora so' vivo per lo grande male ch'io sentii, io non credevo predicare; imperò io ebbi una purgazione tanto grande, che io so' mosso ventinove volte a qua..." Dev'essere stata, indubbiamente, una purga dagli effetti... esplosivi. E lui ne parla senza falsi pudori».

Possedeva «un'indole così lieta da vedere nei difetti umani la comicità, nella natura gli aspetti più ridenti e più nuovi, in se stes-

[1] *S. Francesco d'Assisi*, Vita e Pensiero, Milano 1935, pagg. 235 e ss.

so e nelle sue vicende anche tragiche, qualche spunto scherzoso. Un'indole tenera, in fondo... anche quando ride caustico dei maldicenti, dei ghiottoni, delle madonne Rinnovella o delle madonne Seragia, o dei messeri Coramvobis...

«...Bernardino è uno spirito giovanile... E non pesa neppure quel pizzico di monelleria che aveva da ragazzo, quando aguzzò la curiosità femminile e la preoccupazione religiosa di sua cugina, dandole a intendere che aveva l'innamorata fuori porta Camollia...»

Le sue prediche

Quanto allo stile originalissimo della sua predicazione, Maria Sticco nota: «L'attualità perenne delle sue prediche consiste specialmente nell'analisi delle passioni, fatta da umorista e da poeta mediante macchiette, tipi, caratteri...

«...Insiste per mostrare il nocciolo dolcissimo dello studio sotto l'involucro duro e scabro: "Istudia dunque, e viverai lieto e giocondo".

«L'applicazione della mente egli vorrebbe accompagnata da letizia alacre che è forza grande e produttrice del lavoro intellettuale: "Non ti dare troppa malinconia, che ti guasterebbe lo studio. Istà allegro più che puoi"»[2].

La stessa autrice dichiara, dopo uno studio approfondito: per san Bernardino, «accostarsi a Dio non è altro che giocondità».

È uno spasso rileggere le sue prediche, comprese le famose "scuopre-magnagne" dedicate alle donne, in cui parla dei loro capelli tinti, delle imbottiture, parrucche, busti, tinture e roba del genere... Viene da domandarsi: chissà dove il santo attingeva le sue informazioni! Alcune volte il discorso assume una tonalità comica, come quello del giovane che cerca moglie.

I sermoni sull'onestà nel commercio presentano forse i dialoghi più gustosi. Ecco il calzolaio che pretende venti soldi per le scarpette e il cliente che non intende sborsarne più di quindici: ambedue mentono spudoratamente, giurando e spergiurando. Nel tira e mola della trattativa si intravvede sullo sfondo un san

[2] *Umanità e umanesimo di S. Bernardino da Siena*, Vita e Pensiero, Milano 1945.

Bernardino artista ineguagliabile, che ascolta sorridendo. Ma il sorriso, a un tratto, si trasforma in rampogna allorché, riferendo un altro dialogo simile tra un venditore d'agli e cipolle e un acquirente, osserva: «Oimè, non vedete voi quello che voi fate! Mettervi a rinnegare Dio per un capo d'aglio».

E la stessa cosa vale per il furbo contadino, il quale, incaponito nel rincarare il prezzo della legna, fa cadere la cosa dall'alto, non rispondendo mai a tono alla richiesta del forestiero e snocciolando invece i prezzi della preziosa mercanzia.

Ancora l'analisi acuta di Maria Sticco: «Il tono più nuovo e personale di san Bernardino è quello dell'arguzia sorridente. Però non è l'unico. Il suo sorriso ha molte sfumature, dalla comicità al sarcasmo, dalla letizia all'umorismo.

«Indubbiamente quel dialogare secondo i difetti e i modi caratteristici dei personaggi, fa sì che una comicità irresistibile sprizzi anche dalle situazioni più serie...

«...Negli esempi prevale la comicità con l'intento di mettere il vizio alla berlina, però in alcuni affiora una vena di malinconia, dando origine a quello che si può chiamare umorismo bernardiniano»[3].

La vena umoristica affiora pure quando san Bernardino si serve del sorriso per celare i propri sentimenti profondi. Canta, ad esempio, le delizie di Madonna Povertà e si diverte a rappresentarle con garbato umorismo. Così come l'amore per la sua famiglia religiosa viene fuori con un riso lieve nell'episodio indimenticabile del contadino che, dicendo di invidiare la vita dei frati, viene invitato dal Guardiano a farne esperienza personale. Dopo un giorno e una notte, con relativo interminabile Mattutino, non ne volle più sapere e... invidiò un po' meno la vita comoda dei frati.

Grazie a un cimatore di panni

Se noi, oggi, possiamo deliziarci a leggere i testi autentici delle prediche tenute da san Bernardino al Campo dei Fiori di Siena nel 1427, dobbiamo essere grati a uno scrupoloso stenografo, che adottava un metodo originalissimo, collaudato da lui e di cui teneva il segreto. Si tratta di un certo Benedetto di maestro Barto-

[3] *Pensiero e poesia in S. Bernardino da Siena,* Vita e Pensiero, Milano 1945, pagg. 197-198; 259 e ss.

lomeo, che di mestiere faceva il cimatore di panni[4]. P. Nazareno Fabbretti lo presenta così: «Guadagnava il minimo per dar da mangiare a una famiglia zeppa di bocche, e il pane e il companatico non erano mai abbastanza. Ma questa ansia per il becchime di tanti figli non aveva impedito a Benedetto di studiare e trovare il modo di non lasciar morire il miracolo delle prediche di Bernardino. Perché in effetti quelle prediche per i senesi erano una specie di miracolo. Nessuno aveva mai parlato loro in quel modo, né i loro predicatori né quelli venuti di fuori.

«Una predica come quella di Bernardino la capivano tutti, e a quel che diceva, e per il modo come diceva le cose, tutti ne tremavano o ci si divertivano, o ci si commuovevano fino alle lacrime. Era giusto per il loro carattere quel frate tanto fragile in apparenza, capace invece tante volte di rampogne che facevano tremare anche i Signori del Palazzo»[5].

Fortuna che qualcuno aveva pensato di trascrivere le prediche del frate, in modo che potessero essere ricordate per sempre. Quel qualcuno era Bartolomeo, l'uomo che armeggiava con la sua bisaccia, le sue tavolette e i suoi stili accanto al palco.

Bernadino non sapeva chi fosse quello strano individuo che stava accucciato per terra e col volto attento al predicatore, e che cosa stesse combinando con tutte quelle tavolette.

Ancora p. Fabbretti, a proposito della prima, famosa predica: «...Pur nella piena dell'emozione e dei ricordi più intimi, Bernardino non perdeva però di vista l'uomo delle tavolette che sembrava quasi sfidarlo in velocità. A Bernardino, lì per lì, dovette apparire un buon uomo, forse a corto di memoria, comunque un tipo strano. E se invece fosse lì per controllare la sua dottrina? D'accordo, il papa lo aveva assolto e ripagato di tante accuse, ma i suoi avversari non s'erano per questo rassegnati, e continuavano, sia pure in silenzio, non pubblicamente, a criticarlo, anche se magari gli facevano festa davanti.

«Bene, sembrava dire a se stesso Bernardino, questa è una buona occasione per dar prova della mia ortodossia. Se questo scrivano annota tutto e in modo giusto, può rendermi un buon servizio.

[4] L'operazione della cimatura consiste nell'asportare o pareggiare il pelo alla superficie di un tessuto.

[5] Nazareno Fabbretti, *Bernardino*, Edizioni Biblioteca Francescana, Milano 1980, pag. 123.

«Aveva poi finito per interpellarlo dirattamente, davanti a tutti: "O tu che scrivi, pone mente..." "E però che tu scrivi, scrivila bene..." "Doh, odi buona parola, o scrittore".

«Benedetto non si dava pena di nulla, neanche si dimostrava esteriormente felice. Era troppo concentrato ad applicare la sua personale stenografia sulle tavolette, senza perdere un sospiro del predicatore, che probabilmente non si rendeva nemmeno conto d'essere chiamato in causa.

«Appena finita la predica, Benedetto schizzò via senza neppure lasciarsi conoscere da Bernardino. Non gli bastava il tempo, aveva troppo da fare. La mattinata, fino a desinare, gli occorreva tutta per trascrivere la stenografia sulla carta, onde non dimenticare il codice delle abbreviazioni da lui stesso escogitato.

«Già la moglie s'era fatta scura in viso all'idea di restar sola per quarantacinque mattine a lavorare alla cimatura, e i figlioli avrebbero avuto la stessa fame degli altri giorni. Ma Benedetto non avrebbe ceduto. Anche se il guadagno in denaro diminuiva della metà, come la moglie gli aveva prontamente dimostrato, valeva la pena conservare le parole di un uomo che, oltre ad essere un vanto per Siena, non aveva avuto l'eguale in nessun altro predicatore a memoria di senese[6]...

«Dunque, concludeva il suo pensiero Benedetto (mentre la moglie già da un pezzo aveva smesso di starlo a sentire) valeva la pena di qualche sacrificio per tramandare ai senesi, e forse anche ai posteri, queste mirabili prediche.

«Quando Benedetto, dopo averle trascritte con grande scrupolo, aveva letto qualche squarcio di quelle prediche agli amici più devoti di Bernardino, essi avevano creduto ad un vero miracolo; era come se insieme alle parole ci fossero rimaste, sulla tavoletta, la voce e l'immagine del predicatore. Benedetto non aveva omesso niente: né il verso del moscone, né il grido del frate, né la risata o l'invettiva, né i versi e i versacci coi quali Bernardino, con grande maestria ed efficacia, fra l'attenzione e l'ilarità di tutti,

[6] C'era stata, è vero, Caterina, la figlia del tintore Benincasa di Fontebranda, amica e consigliera di papi, imperatori, signori e vescovi. Caterina era morta il 29 aprile 1380, e l'8 settembre dello stesso anno era nato Bernardino. Ma Caterina aveva scritto soltanto lettere, sia pure coraggiose; tuttavia, in quanto donna, non aveva mai avuto la facoltà di predicare in piazza. Sembrava che la lingua, la parola viva, le avesse lasciate in eredità a Bernardino.

soleva imitare animali e persone, svegliando i sonnacchiosi e facendo ridere i ragazzi. A confronto dei sunti che qualche devoto conservava delle prediche di due anni prima, questa trascrizione era perfetta, quasi fosse opera dello Spirito Santo.

«Bernardino dovette venire a sapere la cosa, ma non intervenne mai di persona, in privato. Voleva lasciar libero quell'uomo fedele e generoso, limitandosi ad interpellarlo pubblicamente, sicuro, con l'intuito che lo guidava, che quei momenti di dialogo, sia pure ad una sola voce, accrescevano l'attenzione di tutti per la predica. E anche perché di Benedetto comprese subito l'umiltà e lo spirito di sacrificio».

Possibilità di "rugumare" la predica

«...Benedetto non aveva cambiato una sola virgola, mai. Non aveva né pulito, né riassunto, né diluito. C'era tutto dentro quei discorsi, a rileggerli come a sentirli: l'abbaiare del cane, il verso della rana e il raglio dell'asino, e lo sdoppiamento della voce che Bernardino, di botto, improvvisava spesso per dare movimento al proprio discorso. Il cimatore torturato dagli improperi della moglie e dei figli non sapeva di aver salvato un tesoro di dottrina cristiana ma anche di lingua, la migliore lingua che a Siena fosse stata parlata da tanto tempo, dopo che era morta Caterina di Fontebranda.

«Il lavoro del predicatore e quello dello stenografo durarono paralleli per quasi due mesi. Il fondaco del cimatore ebbe meno clienti, la famiglia meno agiatezza, ma la gente crebbe in Piazza e Bernardino trovò a Siena, in parte, anche per merito del cimatore, un pubblico che avrebbe continuato a "rugumare"[7] la sua predica – come fa il bue col fieno che ha mangiato – anche dopo che il predicatore se ne fosse ripartito, anche dopo che fosse morto.

[7] A riguardo del "rugumare", Bernardino spiega: «...E sai quello che è questo? Questo è un ripetare spirituale; e se in questo modo rugumerai, farai grande utile a l'anima tua. Doh, che ti significa questo rugumare? Hai l'esemplo nel Vecchio Testamento, che Idio non voleva che se li facesse sacrifizio di niuna bestia che non rugumasse. E però fa' come il bu' (bue) quand'elli ha pasciuto: egli ruguma, ruguma (ossia, il bue rumina, n.d.r.); e meglio li pare quello rugumare, che non è il pasciare. Così fa' tu della parola di Dio, quando tu l'odi; e rugumala molto bene, ché ella ti parrà migliore a rugumarla, che quando tu l'odi. Vedi che il bu' (bue) quando ruguma, l'uno boccone va in giù, l'altro torna in su...» Predica IV, 57.

«Quando finalmente tutto il lavoro di Benedetto fu in bella copia sulla carta, il brav'uomo non resistette a che qualcuno apponesse in calce l'intenzione e lo spirito con cui egli aveva voluto rendere a Bernardino quell'omaggio:

"Iddio ispirò un uomo che si chiamò Benedetto di maestro Bartolomeo, cittadino di Siena, ed era cimatore di panni; il quale avendo donna e più figlioli, e avendo poca robba e assai virtù, lasciando stare per quello tempo il lavorare, ricolse e scrisse le presenti prediche *de verbo ad verbum*, non lassando nissuna parola che non scrivesse, come lui predicava".

«Senza falsa modestia, l'intuizione del cimatore era evangelica e storica. Benedetto aveva capito che essere fedeli a quella parola inconfondibile, che univa nella sua chiarezza e nella sua forza – e anche nella speranza che riusciva a seminare nei cuori – costituiva un motivo di soddisfazione prima di tutto per lui, per l'idea avuta, per la fatica superata, nonostante il sacrificio imposto alla famiglia»[8].

Gomitate per conquistare i primi posti

Occorre anche ricostruire l'ambiente in cui avveniva la predicazione. Lo stenografo arrivava sempre per primo nella stupenda conchiglia della piazza ancora vuota. Frugava dentro la sua bisaccia dove aveva ficcato le tavolette cerate e i piccoli stili di ferro. Occupava la sua posizione strategica, accanto al palco eretto proprio sotto la Torre del Palazzo. Al centro del palco era stato innalzato un piccolo altare coperto da un drappo rosso con il Nome di Gesù ricamato in oro.

Subito dopo arrivava Bernardino, scortato dal fido frate Vincenzo. Appena si udivano i primi rintocchi della campana della Torre, la piazza cominciava ad animarsi e ben presto appariva colma di gente. La corsa ai primi posti normalmente veniva vinta dalle donne, le quali, manco a dirlo, durante i fatidici 45 giorni, si dimostreranno le più assidue. Se era il caso, non esitavano a farsi largo con spintoni e spallate. Le parole facevano il resto...

Bernardino si vedrà costretto a invitarle ad andare ad acquistare la carne la sera precedente, e metterla al fuoco la mattina pre-

[8] *Op. cit.* pagg. 127-131.

sto, e “schiumarla” per benino, in modo da non compromettere, con il prolungarsi della predica, il pranzo domestico e sventare i mugugni degli uomini.

Sentiamolo: «Tutte le cose che si fanno, vogliono ordine e sollecitudine. E però, o donna, piglia l’ordine, che se tu hai a cuociare la carne, quando tu vieni alla predica, fa’ che la sera tu l’abbi comprata, e fa’ che tu ti levi la mattina a Sovana[9], e che tu la ponga a fuoco, e schiumala bene[10]; e poi ti veste, e sarà mezza cotta prima che tu venga, e poi a riscaldarla[11]. Quando te n’andarai, sarà fornita di cuociare; e così darai parte al temporale e allo spirituale, e in questo modo ogni cosa andarà bene...

«...E se tu ti levi, e allora allora vieni alla predica a udire, tu giogni e apena[12] se’ svegliato, che mentre che tu vieni, quasi dormi. E se tu vieni a mezza notte qui a udire, anco per la mala notte, mentre che si predica, e tu dormi: e però levati così un poco per tempo come io ti dico, e vieni alla predica, e sarà svegliato l’anima e ‘l corpo. Che se tu non facessi le massarizie[13] che bisognano in casa, e del cuociare e delle altre cose, forse el tuo marito non vorrebbe che tu venissi alla predica. A casa. Sollecitudine, dico, si conviene avere, o donne...»[14]

Soprattutto, incredibilmente, deve dissuaderle dall’arrivare in piazza nel cuore della notte: «O donne... io vi conforto che voi non veniate in prima a la campana[15]. Doh, voi avete la piazza grande e tanto bella, che se voi vi movete alla campana, elli è assai per tempo; e dico che ognuna può avere buon lato. E non venite fra la notte[16], al modo che voi fate; imperò che voi avete la mala notte, e poi quando si predica, e voi dormite...»[17]

[9] Così veniva chiamata la campana maggiore del duomo di Siena. I senesi l’avevano tolta al campanile del bellissimo duomo della deserta Sovana, nel territorio maremmano, che nei tempi antichi era stata sede vescovile.

[10] San Bernardino era un ottimo cuoco, come testimonia Iacopo della Marca: «Molte volte io lo vidi fare la cocina e coxinare a li frati» (*Due prediche,* pag. 187).

[11] Poniti di nuovo a riscaldarla.

[12] A malapena.

[13] I lavori domestici.

[14] Predica IV, 35-37.

[15] Prima che suoni la campana.

[16] Durante la notte.

[17] Predica V, 23-24.

«Molti erano ancora assonnati, soprattutto i ragazzi che nonne e zie avevano costretti a saltar giù dal letto per ascoltare cose di cui essi capivano poco, che però ogni tanto li divertivano per il modo arguto col quale Bernardino le diceva»[18].

Mentre riordinava i pensieri, Bernardino perlustrava con occhi attenti quella platea imponente. La folla ormai era come un fiume in piena, e il chiacchiericcio veniva a stento sovrastato dai canti penitenziali intonati con voce roca dai "Disciplinati", una confraternita cui anche lui era appartenuto da giovane. Si sentiva salire alla gola il nodo della commozione di fronte a quello spettacolo, ma cercava di controllarsi, non tradire l'emozione, per avere le idee chiare e parlare "alla larga", come amava dire, cioè semplice ed efficace. Un'altra sua formula preferita, che regalava ai predicatori, era che bisognava parlare "chiarozzo chiarozzo".

Ricorda ancora N. Fabbretti: «Non poteva tuttavia dimenticare che tutta quella gente aveva mandato un'ambasceria a papa Eugenio IV, a Roma, quando il vescovo di Siena era morto, per avere lui, Bernardino, come pastore e padre. Il papa, che lo aveva assolto dall'accusa di idolatria ed eresia, era felice di offrirgli la carica, gli pareva di risarcire in quel modo tutte le umiliazioni che Bernardino aveva subìto.

«Ma aveva fatto i conti senza l'interessato. Bernardino s'era rivelato duro, taciturno, scostante; il papa stentava a riconoscerlo. S'era fatto un obbligo, davanti a Dio e alla sua coscienza, di non accettare mai altro incarico che quello di predicare. Neanche confessare aveva mai voluto. Lui seminava, libero e fuggitivo, senza fermarsi mai a raccattare consensi e premi; altri dovevano coltivare e portare a frutto il seme, e mietere. Non l'aveva detto anche il Signore? Perché allora proprio il papa insisteva? Aveva vinto lui, e aveva subito ritrovato il buonumore, la pace, l'arguzia e l'allegria. Ora però provava soprattutto tenerezza e gratitudine, davanti ai suoi senesi, capaci come lui, e come lui sensibili alle prove dell'amicizia e dell'amore. Con le prediche che stava iniziando li avrebbe in parte compensati della delusione»[19].

[18] Nazareno Fabbretti, *op. cit.* pag. 122.
[19] *Op. cit.* pag. 125.

Allorché Benardino attaccava il sermone, i sonnacchiosi si svegliavano di botto, il chiasso dei mercanti che sistemavano le loro ceste ai margini del Campo si placava.

Se, nel corso dell'esposizione, rischiava di commuoversi, ricorreva all'arguzia, e allora era come se, nella piazza, crepitassero i fuochi artificiali, in pieno mattino!

Contro la maldicenza

Sarà opportuno, a questo punto, offrire alcuni scampoli di quella predicazione straordinaria, percorsa da numerose vene di umorismo, e talvolta perfino di sarcasmo sferzante[20].

Le malelingue sono uno dei bersagli contro cui si accanisce di preferenza, con tagliente ironia, san Bernardino. Il quale mette le mani avanti, impedendo che qualcuno dell'uditorio abbia a sottrarsi, pensando che la cosa non lo riguardi: «Piglia le bandiere e spiegale[21], e a chi non tocca stamane, sì si segni col carbon bianco[22]. Elli ci so' di coloro che diranno: "No, questo non tocca già a me; ma elli tocca al tale". E l'altra dirà: "Elli tocca alla mia nuora". L'altra: "Elli tocca alla mia vicina". E la donna dirà: "Elli tocca al mio marito". E 'l marito dirà: "Elli tocca alla mia moglie". E l'uno uomo dirà: "Elli non tocca a me, ma tocca al tale". E io ti prometto che quello a cui non tocca stamane, si potrà dire che elli non ci sia...»[23] In altre parole: quello che dirò stamane riguarda voi tutti.

Ed ecco alcune pennellate in chiave psicologica: «...Talvolta il detrattore va con aparenzia di bene, e parla male d'altrui. Elli va sott'ombra di bello modo, mostrando d'avere carità, e la malizia sta aguattata sotto. Sai come sta? È come una magagna, e di sopra è inorpellata[24]; e questi cotali, quando vogliono bene occultare la malizia loro, tengono questo modo; che prima che essi par-

[20] I testi sono ricavati da *Prediche volgari sul Campo di Siena 1427,* a cura di Carlo Del Corno, 2 voll., Rusconi, Milano 1989. Un'edizione ridotta è quella di *Prediche,* scelte e annotate da Giacomo Vaifro Sabatelli OFM, Libreria Editrice Fiorentina, Firenze 1964.

[21] In pratica, vuol dire: state attenti.

[22] Indica un'azione impossibile a compiersi.

[23] Predica VI, 7.

[24] Dissimulata con falsa apparenza.

lino alcuna cosa, sì mandano uno imbasciadore; e sai che imbasciadore è? Mandano uno sospiro. "Oh, oh! che hai?" "Eh che cosa ho? Ho una grande maninconia!" E cominciarà e dirà: "Fratel mio, ciò ch'io dirò, io il dirò a buon fine: Idio il sa!" (E dalli il pegno[25]). "Pure io tel voglio dire: el tale ha fatto la tal cosa. Elli mi pare che il tale facci il tal male al mio parere. Elli fa sì e sì, e parmi che vogli fare così e così..."»[26]

"Mostrami la lingua!"

Altra osservazione pungente: «...Io non so come costoro si fanno; io quando sto così, non veggo di qua dietro alla cicottola[27]; io mi veggo bene qui dinanzi a quello che io fo. E così, se io mi vollarò[28] dal lato di qua, ora non veggo quello che voi fate voi. E per questo ti voglio dire: non volere sapere i fatti altrui: fa' i fatti tuoi, e fa' bene, e non ti curare delli altrui affari»[29].

Ed ecco abbozzato un quadro di trucido sarcasmo a riguardo della combriccola dei detrattori: «...Sempre la maledetta lingua detrattrice è rabbiosa. Sai come è fatta? Ella è fatta come il cane o la cagna rabbiosa. E sai come fa il cane rabbioso? Che fa? Porta la bocca aperta: ha la bocca sanguinosa, e halla rabbiosa del mordare[30]. La bocca aperta significa che sempre parla male; e'l più delle volte parla, dove doverebbe tacere, e spesso tace dove si doverebbe parlare. E questa è l'usanza del detrattore rabbioso. Porta la bocca sanguinosa, che sempre si dilettano di mangiare sangue e carne.

«Questi tali si possono assomigliare a' cani che stanno alla beccaria[31], che quando veggono venirvi un cane forestiere, tutti vanno a lui, e annasallo[32], e al naso cognoscono che non è de' loro. Come l'hanno conosciuto, subito cominciano a ringhiare e mostrare i denti; e come si comincia abaiare, tutti i cani li corrono

[25] Gli dà un anticipo, ossia introduce l'argomento.
[26] Predica VI, 18.
[27] Non vedo dietro alla nuca.
[28] Volterò.
[29] Predica VI, 33.
[30] Smaniosa di mordere.
[31] Macello.
[32] Lo annusano.

adosso, e chi il morde di qua e chi di là, tanto che tutto lo stracciano[33], e così il cacciano via dicendo. "Tu non se' dei nostri".

«Non fanno così quando vi va uno de' loro; che come l'annasano, li fanno carezze, conoscendo che elli è de' loro compagni detrattori, e fra loro pare che dicano: "Costui è de' nostri". E benché non sia conosciuto da tutti, quello che 'l cognosce, dice: "Va' sta' qua, ché tu se' de' nostri, e fa' quello che tu debbi fare"...»[34]

La puzza

Bernardino, dopo le prime schermaglie in chiave ironico-satirica, affonda il bisturi senza pietà, ma accompagnando il gesto con abbondanti spruzzate di umorismo: «...Sai, quando una donna ha detto male d'un'altra, sai?... quando ella dice: "Io ho udito così e così della tale, per lo tal modo e per lo tale". Che farà costei a cui tu l'hai detto? Ella el dirà anco lei, e dirà per altro modo che tu non dici tu. Ch'ella dirà: "Elli si dice della tale così e così". La prima disse in singulare, e costei v'agiogne il prulare[35]. E la terza ch'arà udito, v'agiognarà anco peggio, ché ella dirà: "Io ho udito così e così della tale da più persone, e dicesi ch'ella è gravida del tale". E l'altra agiognarà anco peggio, ché dice: "La tale ha parturito un figliuolo al tale". E l'altra dirà anco peggio, che dirà: "Ella ha fatti parecchi figliuoli altrui"; e ognuno ha agionto qualche cosa.

«O maledetta lingua, guarda quello che tu hai fatto co le parole tue; ché hai fatti fare tanti peccati, che è una cosa da non credarlo!...»

Ma non è finita: «Elli so' molti che hanno bene, quanto[36] ellino possono dire male d'altrui. E sai in che modo ne dicono male? Alla sboccata[37], senza temenzia niuna. Ellino non temono Idio che sta di sopra, il quale li arà a giudicare nelle operazioni sue: elli non teme vergogna. E sappi che questo è uno vizio che chiunche l'ha, li pute la bocca. E imparate voi, donne, e anco voi, uomini; ché la puzza di questi cotali si può assimigliare a la puzza de' pozzi; che vedi il pozzo che pute da la bocca sua. Così è di costoro:

[33] Lo sbranano.
[34] Predica VI, 47-49.
[35] Ossia, rincara la dose.
[36] Tanto bene quanto.
[37] Senza ritegno.

la puzza loro è nella bocca loro. E però fa' che ogni volta che tu odi uno di questi cotali che parli male d'altrui, subito come tu l'odi, turati il naso, e fa' così...[38] e di': "Oh, elli ci pute!" Se egli seguita pure col suo dire, e tu seguita col tuo dire, e voltati in là, e di': "Oh, elli ci pute forte!", tirandoti un poco adietro.

«E così fate voi, o fanciulli: tenete a mente che quando voi udite niuno che dica male di persona, subito vi turate il naso e dite: "Oh, elli ci pute!" E se voi farete così, mai non vi putirà[39] di niuna cosa gattiva. E voglio che voi sapiate che, perché elli putano[40], che è vero quando ellino si ritruovano fra loro, non pute a loro di loro medesimi. Vuoi vedere la ragione? Se sonno cento insieme, e tutti putano, la puzza è grande fra loro; perché ve ne giognesse uno o due, non lo' pare a loro che vi sia più puzza che prima; imperò che ellino puzzano tanto a loro di loro medesimi, che ellino non sentono la puzza d'altrui. E tutti costoro sonno coloro i quali parlano male del prossimo loro...

«...La puzza di questa mala lengua è peggiore che la puzza d'uno sepolcro puzzolente; imperò che uno sepolcro non può apuzzare se non il corpo, e costui apuzza il corpo e l'anima.

«Questi tali uomini si posson assomigliare al riccio il quale naturalmente puzza; io non dico il riccio della castagna; io dico di quel riccio che si gitta sopra l'uva, il quale ha le penne così pontute, che tanto s'involle sopra all'uva, che tutto se n'empie, e così se ne la porta via. Il quale riccio si dice che così li pute il fiato di sotto, come quello di sopra... Non fa niente da qual parte elli tuona, o di sopra o di sotto; in ogni modo puzza a un modo[41]. Donde è la cagione? Sa'la? "No". Odela: perché elli è fracido dentro»[42].

"Ho mangiato un vescovo!"

Per Bernardino, parlare male del prossimo significa divorarlo. «O donne, rompeste mai la quaresima? Mangiaste mai della car-

[38] La parola qui è accompagnata dal gesto di turarsi il naso; questa mimica gestuale era abituale al grande predicatore.

[39] Putire (o puzzare), col dativo di persona significa "nauseare, da noia".

[40] Sebbene puzzino.

[41] In un unico modo.

[42] Predica VI, 58-63.

ne o il venardì o il sabbato o la vigilia del dì comandato dalla Chiesa? Dice colei: "No, sallo Idio; non mai ne mangiai". Tu menti per la gola, ché tu n'hai mangiata assai volte e ha'la mangiata cruda per la crudeltà tua.

«"Hai detratto?" "Sì". E chi detraesti? "Fu un uomo". Un uomo hai mangiato. "O, io detrassi un prete". Un prete hai mangiato. "Io detrassi uno vescovo". Un vescovo hai mangiato. "Detrassi un cardinale". Un cardinale hai mangiato. "El papa detrassi". El papa hai devorato. Simile, tu monica; la monaca hai mangiato; e tu la tua vicina; la tua vicina hai devorata...»[43].

Bernardino conosceva come pochi l'arte di attirare l'attenzione, creare un'attesa: «...O donne, domane vi voglio fare tutte predicatrici. E questo perché averrà? Perché stamane udirete da me la dichiarazione, e da questo arete la mente illuminata e poi potrete veramente essare predicatori e predicatrici...»[44]

Chi loda e non capisce niente

Bernardino abbozza una scenetta gustosissima che ha quali protagonisti coloro che lodano sperticatamente il predicatore per il semplice motivo che non hanno capito nulla del suo discorso. Parte da una celebre frase di san Gerolamo: «Qui minus intelligit praedicationem, aliquando plus laudat praedicatorem». E ci aggiunge di suo: «Chi meno intende la predica, talvolta più loda il predicatore; ché quando sarà domandato uno che non intenda molto, el quale abbi udita la predica: "Che disse il predicatore?" la sua risposta sarà che dirà: "Elli ha detto di buone e bellissime cose".

«Buono per noi se non il faremo come intervenne a uno frate del nostro Ordine. Elli fu uno frate di nostro Ordine, il quale fu valentissimo in predicazione, e diceva tanto sottile, tanto sottile, che era una maraviglia: più sottile che 'l filato delle vostre figliuole. E questo frate aveva un fratello opposito a lui; tanto grosso, di quelli grossolani, che era una confusione[45], tanto era grosso; el quale andava a udire le prediche di questo suo fratello.

[43] Predica VI, 69-70.
[44] Predica III, 4-5.
[45] Una vergogna.

«Advenne che, una volta fra l'altre, avendo udita la predica di questo suo fratello, elli si misse un dì in uno cerchio degli altri frati, e disse: "O voi, fuste voi stamane alla predica del mio fratello, che disse così nobile cosa?". Costoro li dissero: "O che disse?" "Oh! elli disse le più nobili cose che voi udiste mai". "Ma dicci di quelli che elli disse". E elli: "Disse le più nobili cose di cielo, più che tu l'udisti. Elli disse... doh, perché non vi veniste voi? che mai non credo che elli dicesse le più nobili cose!" "Doh, dicci di quello che elli disse". E costui pure: "Doh, voi avete perduta la più bella predica che voi poteste mai udire!"

«Infine, avendo costui detto molte volte in questo modo, pure e' disse: "Elli parlò pure le più alte cose e le più nobili cose che io mai udisse! E parlò tanto alto, che io non intesi nulla". Or costui era di quelli... tu m'intendi! Io dico che a voi bisogna dire e predicare la dottrina di Cristo per modo che ognuno la intenda... Elli bisogna che 'l nostro dire sia inteso. Sai come? Dirlo chiarozzo chiarozzo, acciò che chi ode, ne vada contento e illuminato, e none imbarbagliato...»[46]

"Quanto siete buffe!"

La moda femminile – ma anche quella maschile – è uno dei suoi più celebri cavalli di battaglia. Sarà sufficiente raccattare qualche sbrendolo: «Vuoi tu ch'io t'insegni a cognoscere chi è atta a far bene e ha qualche poco di sentimento? Attende: a tre cose le cognoscerai: prima al ridere, al mostrare de' denti. Quando tu vedi una che abbi il costume di ridare alla squaternata[47], che ela apre la bocca e mostrati tutti i denti, di' sicuramente che colui o colei sia pazza.

«Anco si cognoscono allo andare, ché vanno a capo alto, sai, a la sbalestrata. Anco tel dimostra il vestimento che si porta. Se tu vedi uno o una con questi grilli o co le frappole o co le trappole[48], pensa che così lo' grilla il capo, come di fuore el dimostrano ne la portatura. E come tu vedi le pazzie ne' vestimenti di fuore, così pensa che sta dentro nel cuore tutto pieno di chicchirichì.

[46] Predica III, 6-9.

[47] In maniera sgangherata.

[48] Ogni sorta di ornamenti eccentrici. Frappola, da frappa, è la frangia del vestito. Trappole, perché servono a intrappolare i giovani.

«Hai mai vedute di queste donne che hanno il capo grosso? Come tu vedi la civetta, così so' loro: portano i capi a civette. A che è buona la civetta? È buona a ucellare proprio a questo tempo a' beccamori, che si pigliano ora. Così fanno queste che portano il capo grosso a civetta: elleno ucellano i giovani. Tu sai che quando tu poni la civetta in su la macchia[49], tutti li ucellini se le pongono d'intorno a mirarla, e ella mira loro, e non s'avveggono che rimangono presi e impaniati. Così, così fanno propio questi giovanetti: ellino vanno dintorno a queste giovane che hanno il capo così grosso. Va' dintorno, va' dintorno, e infine rimane impaniato a la pania de la tua libidine.

«Oh, io non vo' dire quello che viene a dire capo a civetta, oggi: venitici domane, e non ci venga se non chi vuole vivere bene, facendo l'operazioni virtuose. Non ci venga chi vuol essare una ribalda, e menateci le vostre figliuole e' mariti...»[50]

Ancora: «...Così dico anco de le donne che stanno in tanta disonestà di panni, di portature, e tanti adornamenti d'arienti e tanti ori e tanti ringhirlamenti, che è un vitupero...»[51]

Ce n'è anche per i maschietti, naturalmente: «...O giovanozzo[52], che non ti curi di nulla, sappi che a Dio non piace che tu porti la calza, come tu la porti, a gamba rotta o fessa con falsa verde[53], sai, e col farsettino tanto corto, che presso che si mostra... eccetera. E così la giornea con tante frappe e intagli, che dimostra che tu hai tutto il cuore intagliato. El capuccio alto come si porta la balla, che ti significa altro che superbia? Così tu, donna, che porti il vestimento tanto grande che ti fa sudare molte volte, co la machina che atracina[54] per terra e le braciolina n'escono fuore; anco le giornee infrappate a 'mbratti[55]...»[56]

Riferendosi, poi, a un celebre passo delle famose "Profezie di Merlino"[57], commenta da par suo: «...Dice elli: "Saranno tempi

[49] La siepe.
[50] Predica XXX, 83-86.
[51] Predica XXXIII, 63.
[52] Bellimbusto.
[53] Si riferisce a fogge di calze di diversi colori.
[54] Strascica.
[55] Ricamate con disegni bizzarri.
[56] Predica XXXVII 21-22.
[57] Si tratta dell'opera intitolata *Prophetiae Merlini* di Goffredo di Mommouth, che ebbe una grande popolarità.

che le donne parranno serpenti". (E così fa la donna co la sua coda, ora qua ora là, ora qua ora là, come fa il serpente de la sua, trascinandola per terra. Oh, egli è il mal segno!). Ella va con superbia gonfiata, ella va con triunfo e in tal modo si rimutano le vetimenta di Venere»[58].

In altra occasione aveva minacciato: «O donna che hai la coda longa, ella ti sarà anco mozza, io dico, per pemissione di Dio...»[59]

Non mancherà neppure di puntualizzare che, la prima volta che vide le donne con la coda fu in Lombardia...[60]

Sberleffi contro le false reliquie

Un altro bersaglio della predicazione di san Bernardino era il culto delle false reliquie. Qui il suo sarcasmo feroce sfiora l'irriverenza. Prima di tutto, fa una precisazione fondamentale: «...Netta però la mente tua. Doh, hai tu niuna cosa santa in casa? Chi dice: "Io ho della corda di santo Francesco". Chi dice: "Io ho de' panni della cappa". Buona e santa cosa è! Ma chi avesse de' panni di Cristo, che toccarono le sue carni, anco e più preziosa cosa. O se io vi dicessi: "Vuoi uno bellissimo reliquio, il quale toccò il cuore di Cristo? Questo è più bello che niuno altro reliquio". E che credi che sia? È la Parola sua, cioè la verità che credi, che si ha a dire. *Dixit Iesus discipulis suis*. Solo questa reliquia è più preziosa che niuna altra reliquia che tu abbi.

«"Dici il patarnostro?" "Sì". Non è più al mondo più bella e preziosa reliquia; imperò che elli venne dal cuore e da la bocca dal corpo di Cristo.

«O tu che dici la segreta[61] a l'altare, ella è venuta del mezzo del cuore di Cristo. Quando tu ricordi Cristo, o lingua maladetta, ostinata, tu non vi pensi»[62].

Quindi affonda i colpi: «...Io vi dico che non piacciono a Dio queste tali cose. O, del latte de la Vergine Maria; o donne, dove

[58] Predica XXXVII, 118.

[59] Predica V, 15.

[60] Predica V, 36.

[61] La segreta era la parte della Messa che il sacerdote, una volta, recitava a bassa voce alla fine dell'Offertorio: in pratica, la preghiera sul pane e sul vino che precede la Consacrazione.

[62] Predica IX, 73.

sete voi? E anco voi, valenti uomini, vedestene mai? Sapete che si va mostrando per reliquie: non v'aviate fede, ché elli non è vero: elli se ne truova in tanti luoghi! Tenete che elli non è vero. Forse che ella fu una vacca la Vergine Maria, che ella avesse lassato il latte suo, come si lassa de le bestie, che si lassano mugniare[63]? Io ho questa opinione io, ch'io mi credo ch'ella avesse tanto latte né più né meno quanto bastava a quella bocchina di Cristo Iesu benedetto...»[64]

Un brutto scherzo per Bernardino

Anche Bernardino, almeno da morto, fu oggetto di un brutto scherzo, e proprio a motivo delle reliquie. Ce lo ricorda N. Fabbretti: «...A Bernardino, tutto nemico dello smodato culto d'ogni reliquia, lo scherzo più atroce lo fecero, in perfetta buona fede, appena spirò, le donne de l'Aquila. Strapparono letteralmente tutti i peli dell'asinello bigio sul quale il santo, prima di dover proseguire in barella per la loro città, aveva cavalcato per l'ultimo miglio di strada.

«Non è da escludere che se avesse ancora potuto apostrofarle come faceva da vivo, avrebbero udito dalla tomba la sua voce gridare: "Doh, pazzerelle, quanto vi chioccia il capo!"»[65]

[63] Mungere.
[64] Predica XXVIII, 58-59.
[65] *Op. cit.* pag. 213.

SCHERZANO I SANTI...

San Lorenzo: martirio con ironia

Grazie a Lorenzo, compare un elemento nuovo nella storia dei martiri cristiani: l'ironia. Lui avrebbe avuto la possibilità di salvarsi. Era stato ucciso papa Sisto II, insieme a quattro diaconi. A Lorenzo erano stati concessi quattro giorni di sospensione della pena. Bastava consegnasse le chiavi della cassa, in modo che l'imperatore Valeriano potesse mettere le sue manacce avide sul tesoro della Chiesa.

Siamo nell'anno 258. Lorenzo, primo diacono, non perse tempo. Vendette tutte le ricchezze della Chiesa a favore dei poveri. Quindi, alla scadenza fissata, si presentò dinanzi al prefetto, scortato da una truppa sciamannata di straccioni, storpi, infermi e gente male in arnese. Spiegò con una serietà venata di ironia: «Ecco i tesori della Chiesa! Raccomanda all'imperatore di prendersene cura lui, dal momento che noi non potremo più occuparci di loro».

Secondo il racconto leggendario, Lorenzo, condannato a morire abbrustolito a fuoco lento su una graticola, si sarebbe rivolto all'irsuto carnefice in questi termini: «Da questa parte sono arrostito abbastanza, girami dall'altra, se vuoi per la tua mensa avere una carne cotta a puntino».

Il paganesimo aveva ormai i giorni contati. Uno spintone decisivo era stato dato anche da quest'uomo capace di scherzare mentre affrontava una morte crudele.

La firma di san Bernardo

Un giorno san Bernardo (1091-1153) doveva scrivere una lettera, ma non riusciva a rintracciare né il segretario per dettarla, né il sigillo per autenticarla. Allora si accinse a scrivere, di proprio pugno, un biglietto. Si trattava di raccomandare un ragazzo al vescovo di Noyon, che l'avrebbe dovuto accogliere nella sua scuola cattedrale. Dopo uno scoppiettare di amenità sullo stomaco striminzito dell'allievo che non avrebbe certo provocato sconquassi nella dispensa del prelato, conclude: «Considerate questa mia maniera di parlare come il mio sigillo».

Ossia, la garanzia dell'autenticità della lettera era data dallo stile umoristico del santo autore.

Teresa d'Avila e la lotta contro la malinconia[1]

Santa Teresa (1515-1582) aveva maturato la convinzione che la malinconia rischiava di distruggere i suoi monasteri. Ecco perché volle che le ricreazioni delle sue monache fossero le più gioiose possibili, e lei stessa assumeva spesso il ruolo di protagonista. Non esitava a improvvisare danze popolari, con accompagnamento musicale, mentre le suore, battendo le mani, scandivano il ritmo. Il suo riso era contagioso.

L'allegria durante le ricreazioni è rimasta una tradizione costante nei Carmeli.

* * *

Soleva dire: «Io e Gesù da soli facciamo maggioranza».

* * *

Allorché apprese la notizia che padre Antonio di Gesù, noto per la sua severità che rasentava la disumanità, era stato eletto provinciale, commentò: «Dev'essere vero, perché nessuno meglio di lui è capace di fare dei martiri».

* * *

Durante uno dei viaggi avventurosi, che la portavano a visitare i suoi monasteri, il pesante carro trainato dai buoi che la trasportava insieme ad alcune suore finì impantanato in una stradaccia infame, ricavata sul greto di un torrente della Castiglia. Tere-

[1] Per alcuni degli episodi citati sotto, cfr. Jacques Roi, *L'humour des Saints*, Cerf, Paris 1980.

sa non mancò di lamentarsi con Dio: «Signore, vi comportate con me in una maniera abbastanza bizzarra. A momenti annegavo insieme alle mie monachelle...»

Udì la voce di Dio che le spiegava: «È così che tratto i miei amici...»

«Ecco perché ne avete così pochi!», concluse Teresa.

* * *

Era già piuttosto in là con gli anni. Qualcuno aveva stabilito che bisognava lasciare alla posterità un ritratto della grande riformatrice del Carmelo. Teresa dovette sottoporsi, senza entusiasmo, alla tortura della posa. Il pittore, Giovanni della Miseria (un nome che dice tutto), le ordinava di tenere le mani giunte all'altezza delle spalle. Non doveva muovere la testa e neppure gli occhi. Insomma, una penitenza mica male che si prolungò per diverse sedute. Teresa continuava a supplicare il pittore: «Cercate di essere umano, sbrigatevi...»

Quando finalmente il lavoro fu concluso, la santa, dopo aver esaminato il ritratto, si prese una piccola vendetta: «Dio vi perdoni, fratel Giovanni, per avermi fatta così vecchia e cisposa!...»

Francesco di Sales non sa dove mettere le mani...

Un pastore protestante, per accertare fino a che limite arrivasse la mitezza di san Francesco di Sales (1567-1622), gli pose la questione: «Se riceveste uno schiaffo, che cosa fareste?»

Risposta del santo vescovo: «So perfettamente quel che dovrei fare, ma non so cosa farei».

Anche il Curato d'Ars amava scherzare

Una vedova più o meno inconsolabile interroga il Curato d'Ars: «Mio marito è in purgatorio?»

Risposta pronta: «Figlia mia, non lo so, non ci sono andato...»

* * *

Una penitente racconta per l'ennesima volta, con ricchezza di dettagli, la storia della propria vita. Il Curato d'Ars, piuttosto infastidito, le domanda:

«Gentile signora, qual è il mese dell'anno in cui parlate meno?»
«Non ne so nulla...»
«Allora ve lo dico io: dev'essere febbraio, perché ha tre giorni meno degli altri».

* * *

All'età di cinquantasette anni, san Giovanni Battista Vianney (1786-1859) è colpito da una grave malattia polmonare. Tutti sono allarmati.

L'abbé Blandon, che ha un faccione rubizzo, si china verso di lui e gli sussurra all'orecchio: «Ah se potessi anche soltanto aggrapparmi alla vostra sottana, allora sarei sicuro di seguirvi in Paradiso».

L'infermo socchiude gli occhi e, dopo aver squadrato il confratello, decisamente corpulento, lo scongiura: «Vi prego, non fate niente. La mia sottana è già in cattivo stato. Inoltre, la porta del cielo è stretta, e rischieremmo di rimanere tutti e due fuori».

Il conte Des Garets, invece, che non bada a spese, ha fatto venire tre medici famosi da Lione. Vedendo presso di sé quelle tre celebrità, che stanno al fianco del suo dottore abituale, il Curato d'Ars sospira: «In questo momento, sto sostenendo un combattimento terribile».

«Contro chi, signor Curato?»

«Contro quattro medici. Se ne arriva un quinto, sono spacciato».

Gli è andata bene. Infatti è vissuto ancora sedici anni.

La veggente non ricorda

Allorché santa Bernardetta Soubirous (1844-1879), la veggente di Lourdes, stava sulla soglia della morte, il vescovo di Tarbes non trovò di meglio che mandarle due reverendi e dotti sacerdoti inquisitori, con lo scopo di verificare che, proprio alla fine, non si contraddicesse. La poveretta fu così costretta, con evidente fastidio, a rispondere a un'infinità di questioni pignole e petulanti. Quelli insistevano:

«Suor Maria-Bernarda, fate lo sforzo di richiamare alla memoria questo particolare: quale ricordo conservate del comando che avete dato alla folla di baciare la terra?»

«L'ho scordato».

«Fino a che altezza cadeva il velo di Nostra Signora? Avete notato, per caso, quante pieghe aveva la tunica nella cintura?»

Bernardetta non ne poteva più. Alla fine sbottò:

«Ma come faccio a ricordare tutte queste cose? Sentite, se volete proprio saperle, fatela ritornare...»

Don Bosco che ride

L'aneddotica su "don Bosco che ride" è sterminata. Basterà citare un paio di esempi. Verso la fine della sua vita (1815-1888), compie un viaggio in Francia che si potrebbe definire trionfale. Tutti se lo contendono. Durante un solenne ricevimento in un castello, viene portata a tavola una torta. Una dama sussurra alla vicina: «È un santo, vedrai che ne prende soltanto un pezzettino». Invece don Bosco si serve alla grande. E, allora, la vicina commenta, con la massima comprensione: «Si vede bene che è un santo. Con questo gesto, infatti, vuol lasciare intendere che non lo è... Quanta umiltà!»

Quando rientra a Torino, don Bosco, che è stato messo al corrente del dialogo intrecciatosi tra le due dame, racconta la storia ai suoi ragazzi tirando questa lezione: «Vedete, nella vita ciò che conta di più è avere una buona reputazione. E poi potete permettervi di tutto...»

* * *

Allorché lo vedevano particolarmente gioioso e scanzonato, i ragazzi dell'oratorio commentavano: «Don Bosco deve avere dei grossi guai e trovarsi nei pasticci se è così allegro».

San Daniele Comboni alle prese con una superiora coi baffi

Monsignor Daniele Comboni (1831-1881), grande figura di missionario dalla personalità dirompente e travolgente[2], non era sprovvisto del senso dell'umorismo. Saranno sufficienti due citazioni per convincersene.

[2] Cfr. Alessandro Pronzato, *La sua Africa*, Gribaudi, Milano 2003.

Informava: «Nella Casa del Sacro Cuore di Maria ci è una Superiora che ha i mustacchi da capitano tedesco».

* * *

Conoscendo molto bene, in tutte le pieghe (anche del... portafogli) certi ambienti vaticani, scriveva: «Tutti i santi hanno fatto strepitosi miracoli, ma nessuno ancora ha fatto il miracolo (dopo Urbano VII) di essere canonizzato o lasciarsi canonizzare senza quattrini».

Un'anima in festa

Non possiamo non concludere questa rassegna con Tommaso Moro (1477-1535), cancelliere di Enrico VIII, condannato a morte (verrà decapitato). Quando stava rinchiuso nella Torre di Londra, una notte è stato assalito dalla tentazione del suicidio. Gli pareva di sentire una voce nel suo intimo che gli ripeteva, ossessivamente: «Impìccati».

Rispose: «Impiccarmi? A parte il fatto che sono troppo pesante, troppo grasso, e rischierei di rompere la corda. Ma poi non ho nemmeno la corda...» E scoppiò a ridere. Una risata squassante, da far tremare le mura della prigione. Le tentazioni si vincono anche così.

Di lui ricordiamo la celebre preghiera:

«Donami, Signore,
una buona digestione
e naturalmente anche qualcosa da digerire.
Dammi la salute del corpo
con il buonumore necessario per mantenerla.
Dammi un'anima che non conosca la noia,
i brontolamenti, i sospiri, i lagni
e non fare che io mi crucci
per quella cosa troppo invadente
che si chiama *io*.
Dammi il senso del ridicolo.
Concedimi la grazia di comprendere gli scherzi
affinché conosca nella vita
un po' di gioia
e possa farne partecipi gli altri.
Amen».

FRA NAZARENO FABBRETTI: SCHERZI DA FRATE

La predica alle sedie

San Francesco aveva predicato agli uccelli, sant'Antonio ai pesci; lui, umile e impertinente figlio di Francesco d'Assisi, una volta predicò alle sedie. Andò così:

«Monsignor Egisto, il vescovo di Tortona, uomo colto, acuto, gran parlatore, pastoralmente diplomatico (e amico di uno che già diventava per me il maestro e l'esempio più congeniale, don Mazzolari), non conoscendomi, mi voleva un gran bene. Spesso mi volle mandare a preparare qua e là la visita pastorale, a Rivanazzano, a Medassino e in altri paesi.

Medassino era una parrocchia difficile. Ma io non lo sapevo. Era il 1948 e il paese era quasi tutto "rosso", erano vicine le elezioni, la gente era sospettosa e prevenuta, da una parte e dall'altra. Dovevo parlare per tre sere, dire cosa significa la visita del vescovo in una parrocchia. Ci arrivai in bicicletta, contento della fiducia che mi era stata concessa, pensavo di trovare un'accoglienza che mi aiutasse in quel campo delicato. Il parroco, un sant'uomo "difficile" quanto e spesso più della sua gente, fu laconico. Aveva già recitato il rosario e m'indicò subito, a cenni, il presbiterio.

Vi entrai e fui colto in pieno petto da qualcosa che non avevo minimamente messo in conto: la chiesa era completamente vuota, se si eccettuavano quattro persone, una suora, due ragazze, un vecchio. Ma anche loro erano tutti in fondo alla chiesa e mi fissavano muti, rassegnati, quasi umiliati.

Non seppi cosa fare e dire per qualche istante. Tutti tacevano. E allora mi venne l'idea che ritenni più giusta, senza darle il carattere d'uno scherzo, ma solo per fare il tentativo, un po' disperato e un po' da briccone, del succeda quel che succeda. Non varcai la balaustrata, non scesi verso quei quattro cristiani muti. Restai lì, contai le file delle panche vicine all'altare, tutte vuote, e le file delle sedie dalla metà al fondo della chiesa, anche quelle tutte vuote. Sorrisi a tutto quel docile legno, e attaccai una vera predica.

"Mie care panche, mie dilette sedie, miti creature del buon Dio che non rifiutate d'ascoltare la sua parola né di ricevere il vostro vescovo, il vostro pastore..."

Una risata soffocata a stento mi giunse subito dal fondo. Le due ragazze si davano di gomito con una mano sulla bocca, la suorina era rossa come un papavero, il vecchietto mi guardava, curvo in avanti, con occhi sbarrati e una mano all'orecchio per capire meglio.

Non feci una piega, continuai in crescendo nella perorazione, illustrando i valori del gregge e del pastore, la bellezza dell'incontro che ci sarebbe stato, il dovere e la gioia comune di conoscersi meglio, di accrescere insieme la propria fede. Non un accenno alle elezioni vicine, al "rosso" spinto del paese, a niente e nessuno nella cronaca polemica di quei mesi. Solo una predica sull'"io sono il buon pastore", cercando di rendere il meglio. Dal coro veniva, ogni tanto, solo uno scalpiccio, mai però seppi se il santo parroco difficile era rimasto ad ascoltarmi. La durai molto, di proposito.

Alla fine uscii, com'ero venuto, dalla porticina minore, inforcai la bicicletta e tornai in convento. Ero felice come una pasqua, ma non pensavo d'essere stato un incosciente.

La sera dopo entrai in presbiterio credendo che, al massimo, gli ascoltatori fossero otto. La chiesa era invece stipata di gente. E tutti erano in totale silenzio, in attesa di vedere chi fosse il matto che la sera prima aveva parlato alle panche e alle sedie. Ricordo bene che non dissi nulla del fatto, come se niente di singolare fosse accaduto a me e a loro. E ricordo meglio ancora una cosa: che fui molto meno felice della sera prima sia nel tema che nello svolgimento. La sera prima sì, che era stata, per me, un momento d'allegria e di grazia. Ora tutto rientrava nei canoni. La gente crebbe anche la terza sera, e ci fu ressa, la domenica, intorno a monsignor Egisto.

Lui non credeva ai suoi occhi. Trascinava già le gambe che più tardi non l'avrebbero più retto, e, nell'entrare in chiesa, come fece poi sempre in quelle occasioni, mi tenne una mano sulla spalla, per darmi il segno della sua amicizia e perché gli facessi da bastone nel procedere.

Guardava con occhio critico e insieme felice tutta quella gente, e ripeteva: "È la prima volta, da anni, che vengono, la prima volta". Poi, sorridendomi, connivente e curioso, mi fece la domanda che mi aspettavo: "Dimmi la verità, come hai fatto, che cosa hai detto a quei quattro, la prima sera, perché bastassero quattro a dire a tutti che cos'era successo in chiesa? Non m'illudo, sono venuti all'inizio, non per ascoltare te – non vengono spesso nemmeno per me – ma per vedere il matto".

"Infatti, infatti..." mi limitai a rispondere, facendo di proposito il misterioso.

"Infatti che cosa? Se è una ricetta, vorrei averla".

"No, eccellenza, mi dispiace. La ricetta esiste, ma..."

"Ma che cosa?"

Esitai, non sapevo se potevo scherzare fino a quel punto, per quanto il vescovo fosse un uomo di spirito, oltre che d'intelligenza acutissima.

"Beh, voglio dire che la ricetta c'è. Ma non posso proprio dargliela".

"E perché?"

Ora sorrideva ironico anche lui, stava al gioco, e l'organo copriva e benediceva, mi parve, quel gioco.

"Perché" dissi ridendo "perché è una ricetta di frati che ai preti non possiamo dare".

Frenò la risata e alzò la mano a benedire la folla»[1].

La predica del balbuziente

Un'altra volta per poco non provocò un coccolone a un povero prete che l'aveva invitato a predicare senza conoscere il "matto" che stava nascosto sotto il saio francescano. Sentiamo ancora il protagonista dell'ennesimo scherzo:

«Il giovane parroco toscano di quel paese di venti case e non più, era timido e arrossiva per qualsiasi cosa. Ero giovane anch'io, appena uscito dal guscio di Recco, e anch'io arrossivo per molte cose. Ma quando mi scoppiava dentro la voglia d'uno scherzo non avevo più paura di niente e di nessuno.

[1] Nazareno Fabbretti, *Il sogno e il mare*, Stringa Editore, Avegno (GE) 1984, pagg. 83-85. Il volume è stato riproposto, con lo stesso titolo, da Effatà Editrice, Cantalupa (TO) 1999.

Il giovane parroco, a cui di me avevano parlato alcuni amici con soverchio entusiasmo, mi aveva invitato per la festa di san Pietro a tenere il panegirico. Nella corriera sgangherata che sfidava la stradina montana verso il paese sepolto dai castagni, la noia si ribaltò di colpo in voglia d'uno scherzo (...).

Quel giorno volevo anch'io il mio scherzo (...). Ma che prete era quello che mi aspettava? Come lo avrebbe preso, uno che non avevo mai visto e che non mi aveva mai visto? Sarebbe stato capace di affrontarlo con una risata? E poi, quale scherzo potevo preparargli?

L'ispirazione, si fa per dire, non fu necessaria, o venne da sé. Il pretino che mi s'inchinò appena scesi dalla corriera, era rosso di emozione e spiccicava a fatica le parole. Esagerava, ripeteva, ingigantiva termini, sprecava aggettivi, pensando forse di darmi un degno saluto, mentre lo scampanìo della festa ci calava in testa con assordante fragore.

"Come sta padre? Benvenuto, sono onorato, era tanto che mi parlavano di lei. È andato bene il viaggio?"

L'idea venne di colpo.

"Be-ne, gra-zie; molto be-ne... Mol...to be-be-be...ne".

Il viso del pretino divenne ancora più paonazzo, poi, di colpo, sbiancò del tutto. Mi fissò con occhi increduli, quasi spaventati. Poi, sospirando e subito troncando l'eccessivo sospiro di spavento, riuscì a mettere fuori un sorriso. Mi prese la borsa, mi fece cenno di seguirlo e mi accompagnò in canonica, un buco povero e lindo, fiorito ai davanzali, con un diffuso profumo di pane e di bosco. Il grappolo di case respirava festa grande, c'erano donne e bambini per strada e sul sagrato, e dall'osteria venivano le voci del tressette degli anziani attorno al rituale fiasco di vino.

"Desidera qualcosa da bere? Magari un bicchiere del nostro vino? Non è granché, ma è genuino. O un caffè? Orzo, voglio dire, lei lo sa; il caffè è un lusso, neanche per la festa sono riuscito a trovarne un po'".

Duro, ostinato, crudele, continuai la beffa.

"Gra-zie, gra-zie: ca-ca-caffè. Sì, ca-ca-caffè!

Altro pallore vicino al livido, e via in cucina a ordinare alla mamma il caffè per il predicatore balbuziente. Sentivo che parlottava concitato, affannato. Era tornato subito, mi si era seduto davanti, e fra noi era caduto un silenzio lungo, grottesco. Io non cedevo, lui non osava parlare, non aveva il coraggio di domandarmi nulla su quella balbuzie della quale i nostri amici non gli avevano affatto parlato.

Ancora due ore ci separavano dai vespri e dal panegirico che dovevo tenere. Sentivo quasi i suoi pensieri, vedevo il suo smarrimento. Finalmente venne l'ora della cena e si andò a tavola. Disperato, il povero pretino cercava di parlare del più e del meno, ma senza pormi domande (...).

Al rituale bicchierino di vin santo, il pretino prese tutto il suo coraggio e mi gettò, esitante, la domanda che aveva nel gozzo.

"Padre, mi scusi, non vorrei s'offendesse, per carità. Le posso chiedere una, una... una cosa?"

"Pe-pe-perc-ché no? Di-di-dica pu-pu-pure".

"Ecco, non so come dirglielo, le ripeto di scusarmi ma non posso farne a meno: quando predica, appunto, anche quando predica, mi scusi, ha, come dire? quel leggero difetto di pronunzia?"

Sempre crudele, e sempre più divertito, non concedevo speranze.

"Qu-qu-quale di-di-difetto?"

Sconfitto, distrutto, il pretino rinuncia; credo preghi e si abbandoni alla Provvidenza.

"Niente, niente, per carità. Mi scusi. Vogliamo intanto andare a prepararci in sacrestia?"

(...) E viene l'ora di salire sul pulpito. Il pretino... mi guarda disperato, e trova l'ultimo coraggio. Mi prende per l'orlo del saio che ho già fatto i primi gradini della scaletta che porta al pulpito, e mi sussurra la sua angoscia.

"Ma padre, cosa... cosa succede quand'è sul pulpito?"

Allargo le braccia, con drammatizzata rassegnazione e mi limito a rispondergli: "Mah!"

Dall'alto, lo vedo tornare in presbiterio, sedersi proprio di fronte al pulpito, agitato, con tutti i chierichetti accanto, che pare abbiano intuito il gioco che sto facendo e muoiono dalla voglia di vedere come andrà a finire.

Di proposito attacco veloce, incalzante, senza pause... Lo scherzo è finito. Procedo con la foga[2] che resta sempre il miglior

[2] Mi permetto di completare così: padre Fabbretti attacca la predica con il suo eloquio trascinante, travolgente, irresistibile. Tutti coloro che hanno avu-

stimolo su cui posso, da quegli anni fino ad oggi, contare per riuscire a dire e trasmettere qualcosa di comprensibile e credibile.

Via via che il discorso procede vedo, con la coda dell'occhio, che il pretino si sta gradualmente sgonfiando, come un pallone punto da uno spillo. Sento il suo fiato liberatore fin da lassù, vedo che gli occhi riprendono luce, e la congestione del viso gli si placa del tutto. Si rilassa, s'abbandona aderente sulla panchetta istoriata, cerca di darsi un contegno, cincischia solo ancora per qualche minuto le nappine dorate della stola, poi chiude gli occhi. Ha un'espressione beata che dura quasi sino alla fine del mio discorso.

Ma proprio verso la fine, a un pelo dall'effetto oratorio d'obbligo nella conclusione del discorso per una sagra di paese, di tavola e di piazza, il suo volto si rabbuia e s'impaonazza di nuovo.

Ma ho già finito, e scendo con premeditata lentezza dalla scaletta. Mi metto in ginocchio, aspetto finiscano i canti e la solenne benedizione. Il fustagno dei vestiti dei vecchi contadini che fanno grappolo in coro mi riempie di ricordi d'infanzia inattesi, più struggenti che mai. È come se fossi nel coro della chiesa del

to la fortuna, almeno una volta, di ascoltarlo, sanno che era un vero mago della parola. A quel tempo, forse soltanto padre Ernesto Balducci gli poteva stare alla pari su questo piano. Scriverà di lui l'amico Luigi Santucci: «Oratore principe, conteso e acclamato da innumerevoli platee, la sua eloquenza ebbe fin dagli esordi qualcosa di portentoso e talora di stregante.

«La scioltezza quasi virtuosistica dell'eloquio, la facoltà d'improvvisare e di colorire con aneddoti, facezie, apostrofi dirette agli ascoltatori, facevano rivivere l'oratoria del suo prediletto modello, San Bernardino da Siena; come lui, cinque secoli fa, impetuoso, strabiliante e come lui... toscano». A proposito, mi piace ricordare che una volta, sul pulpito, fra' Nazareno ripeté pari pari una predica di san Bernardino, solo traducendola in lingua corrente. Nessuno si accorse del plagio colossale, e lui si ebbe una caterva di lodi.

Prosegue Santucci: «Incantò e sedusse i più svariati uditorii. Quando prendeva quota sulle ali del suo vocale Ippogrifo, come in un raptus che lo distaccasse da terra, ci obbligava ad alzare gli occhi e il cuore per tenergli dietro.

«Tuttavia, di quel facondo potere mai menò vanto; e ci si rendeva anzi conto che non ne aveva affatto coscienza. Gli pareva così naturale che le parole gli fluissero di bocca, come l'uccello canoro lascia sgorgare modulazioni e trilli, solo da essi ricevendo il proprio premio. Perché l'altra sua "virtù", oltre l'eloquenza e con quella impensabilmente conciliabile, fu l'umiltà. Un'umiltà francescana, ma altresì polemica e beffarda che gli faceva rifiutare, di sé ridacchiando, le lodi e le celebrazioni che la sua "ars loquendi" gli procurava».

mio paese, fra la mia gente, fra carbonai e contadini uguali a questi, con ragazzi identici a quello che fui io là da bambino.

Felice di questi pensieri, finisco per rialzarmi quasi dimentico dello scherzo al pretino. Lo cerco, ma non lo vedo. Ne domando ai chierichetti che si stanno togliendo le vestine bianche e rosse e scalciano già vocianti l'uno contro l'altro.

"Dov'è il vostro parroco?"

Uno si ferma e mi guarda ironico.

"Le conviene non farsi vedere. Il priore ha detto che se la ritrova davanti l'ammazza!"

E ride. E rido anch'io.

Ride, alla fine, anche il pretino, finalmente liberato pure lui dalla "balbuzie". Quella, gli dico vedendolo stupito, di non avere il coraggio di domandare subito e con naturalezza a un lazzarone di frate perché mai deve andare in giro a predicare se invece è un balbuziente cronico.

"Hai ragione" mi dice passando per primo dal lei al tu, "ma una cosa è sicura: che un matto come te non mi capiterà mai più in casa"»[3].

Commenta don Ernesto Maggi, Rettore dell'Almo Collegio Borromeo di Pavia: «Queste burle erano vissute non per spirito di cattiveria, non con l'amarezza di chi vuole o sa vendicarsi, ma con la gioia, la spontaneità di un bimbo, cioè nella semplicità di una vita che va accolta anche con allegria».

L'osso per il Gallo

Lo stile di fra' Nazareno viene rivelato anche da questa testimonianza. Carlo Carozzo veniva mandato dalla direzione della rivista "Il Gallo" di Genova (di cui diventerà poi responsabile) a prelevare l'articolo che regolarmente padre Fabbretti scriveva per quel foglio di cui era convinto sostenitore. Ecco il suo racconto:

«Lui era al convento dell'Annunziata. Vado. Busso. Apre e dice: "Ah, il cane è qui" (mi chiamava il cane perché gli andavo a portar via l'osso che era l'articolo). Dice: "Vieni, se hai pazienza tra mezz'oretta te lo do". "Perché, non è ancora pronto?" "No,

[3] *Ibidem* pagg. 87-91.

no, ci ho pensato. Vai, vai a fare un giro, non andare per donne neh, mi raccomando, vai a fare un giro e poi tra mezz'ora vieni qui". Nazareno ha visto che ero sorpreso, perché in mezz'ora, un articolo... Stai tranquillo, di' al papa (ossia a Nando Fabro, direttore della rivista, n.d.r.) che stia tranquillo che ci ho pensato".

E sono andato. Ritorno dopo una mezz'oretta; mi dico: "chissà che anticamera dovrò fare", e invece l'articolo era pronto, prontissimo. "Ecco l'osso", mi fa, "mio caro mastino". "Grazie, padre". Lui si ferma. Mi guarda: "Padre? Ma tu che sei un laico, un laico inquieto, mi chiami padre? Lo sai che io figli non ne ho". Io devo essere diventato rosso come un peperone, ho cercato di cavarmela: "Si vede che ha dei figli spirituali". "Ah", mi dice, "peggio ancora"».

E qui, tra la costernazione del suo ingenuo interlocutore, scatta l'irrefrenabile autoironia di Fabbretti: «...Io mi alzo al mattino, vado a messa e incontro padre Nazareno che sbadiglia, padre Nazareno che guarda per aria, padre Nazareno che tossisce, padre Nazareno annoiato, perché padre Nazareno a fare le prediche è noioso; ma io vedo padre Nazareno dappertutto, che noia... lasciami vivere... Piuttosto, sei stato attento alle ragazze?»

«Ah, sì, sì, nemmeno con gli sguardi le ho sfiorate...»

«Bravo, perché in questa zona ci sono molte ragazzine, figlie di pie donne, dalle quali è meglio stare alla larga».

«E perché?»

«Che ci vuoi fare? hanno la faccia da Nazareno»[4].

Debitore di tante ore spassose

Sono diventato amico di padre Nazareno Fabbretti (1920-1997), grazie alla mediazione di Luigi Santucci, fin dal 1964 e gli sono debitore di tante ore spassose trascorse con lui. Gli dicevo, con una punta di impertinenza: «Hai tutti i difetti, meno uno: non riesci a produrre noia». Mai, tuttavia, che per divertire avesse bisogno di scendere sul terreno del pettegolezzo e della maldicenza.

[4] In *Padre Nazareno Fabbretti*, a cura di Elena Cristina Bolla, Paolo Pulina, Luciano Valle, Effatà Editrice, Cantalupa (TO) 2002, pagg. 57-58.

Possedeva una collezione di personaggi famosi in tutti i campi, dalla letteratura al cinema, tale da far invidia anche ai più celebrati giornalisti. Ma non per questo in nessuna circostanza gli ho visto indossare le penne del pavone.

Quando accennavo ai suoi rapporti privilegiati con Mazzolari scantonava, vantandosi se mai della foto che aveva scattato con in braccio quel bellissimo micione al quale don Primo aveva assegnato il titolo di Arcigatto.

E se lo stuzzicavo sui guai che aveva avuto nei paraggi del Sant'Uffizio (allora si chiamava ancora così), o sugli attacchi velenosi di cui era stato a lungo bersaglio in certi fogli usciti dalle rotative della cosiddetta "buona stampa" (te la raccomando...), lui minimizzava, sdrammatizzava, evitava accuratamente i toni polemici e risentiti. Il vittimismo non apparteneva al suo repertorio. Qualcuno, nelle sue condizioni, si sarebbe costruito una fama di profeta perseguitato o di candidato al martirio, campandoci fino a cent'anni.

Una volta che mi lamentai con lui delle tendenze... mercantili manifestate da parte di certi frati, li giustificò così: «Vedi, alla base di tutto, c'è un equivoco. Loro non hanno capito che devono imitare Francesco, povero, e imitano invece il padre, che era mercante...»

Specialmente nei primi tempi, mi regalava libri. Mai però che mi abbia mandato un suo volume. Paura che mi sentissi obbligato a parlarne o a scriverne.

Quando, dopo la lettura di *Francesco e gli amici,* gli feci notare che, dopo quel capolavoro, poteva anche deporre la penna, lui mi scrisse una delle sue bellissime lettere (che conservo ancora da qualche parte), scoppiettante di ilarità, in cui si giustificava: «In quanto figlio degenere, ho ancora troppe cose da farmi perdonare da mio "padre"... E poi tieni presente che ho una numerosa famiglia da mantenere» (e tutti sappiamo da chi fosse composta quella famiglia: povericristi assortiti, i confratelli, che lui amava chiamare "conflagelli"). Come a farmi capire che la penna non l'avrebbe deposta, e avrebbe continuato a scrivere una mezza dozzina di articoli al giorno.

Talvolta, al termine di un discorso in pubblico che aveva lasciato tutti senza fiato per la straordinaria abilità dialettica, lo provocavo: «Nazareno, dimmi come fai a chiudere perfettamente le infinite parentesi che apri. E poi azzecchi sempre tutti i congiuntivi e i condizionali. Possibile che non ne sbagli mai uno? Sei talmente bravo, diabolico, che mi prende la voglia di strozzarti».

«E tu fallo! Guaio più guaio meno...» commentava allegro.

Aveva il dono, anche nella conversazione spicciola, di un'ironia finissima e delicata. Ma soprattutto non riusciva proprio a prendersi sul serio. Scherzava, anzi, volentieri, su se stesso. Era immune dalla "ferita narcisistica" (per dirla con Freud) che ostentano tanti intellettuali (e no) anche in campo cattolico.

Ha voluto partecipare alla festa dei cinquant'anni di matrimonio dei miei genitori. In quell'occasione ha tirato fuori dal suo cilindro magico un sermone tutto giocato sul filo dell'umorismo e dell'arguzia, compatendo quei due ingenui, sprovveduti, pazzi, i quali, ignari del mondo in cui erano capitati a vivere e relative abitudini consolidate, avevano osato volersi bene senza cedimenti per mezzo secolo e avevano fabbricato un figlio che, invece di regalare loro dei nipotini, continuava a sfornare libri da riempire una biblioteca...

È stata la più bella e paradossale predica sulla fedeltà che io abbia mai ascoltato. Una lezione estremamente seria impartita in tono scherzoso.

Il suo segreto

Pochi sanno che Gino (così si chiamava prima di entrare in convento) è stato un bambino «ombroso, suscettibile, ribelle, pieno di sensi di rivalsa, malinconico, introverso, chiuso, taciturno, intrattabile» (tutti aggettivi messi insieme da un'amica, Elena Cristina Bolla), perennemente imbronciato, perfino scostante.

Come è avvenuta la metamorfosi che ha del miracoloso? La questione è stata posta da Luigi Santucci, il quale ha affrontato proprio il tema di questa trasformazione «da taciturno a zampillante conversatore, a instancabile oratore; da musone a scatenato umorista, a uomo dai cento amici e dai mille aneddoti». Il mistero è spiegato, almeno in parte, con l'intervento di san Francesco. Infatti «sotto il suo striminzito saio di novizio» è entrata improvvisamente e imprevedibilmente la letizia. Forse soltanto "imperfetta", ma non per questo meno vera e contagiosa.

Nei dintorni del '68 tirava aria di crisi, anche nei conventi. Si aveva l'impressione che anche padre Fabbretti ne fosse toccato. Il suo superiore provinciale andò ad abbordarlo, per verificare la cosa, alla Corsia dei Servi di Milano. E gli pose la domanda fatidica, ritagliata dal Vangelo: «Nazareno, vuoi andartene anche tu?...» Lui rispose: «E dove vuoi che vada? So bene che tutto quello che sono lo devo a san Francesco. Senza di lui sarei un niente che mangia cipolle». E scoccò l'immancabile risata, seguita da abbraccio. Tanto per sdrammatizzare...

Personalmente custodisco nella memoria del cuore la sua "semiseria immagine". Ed è quella di un frate, fedele come pochi al messaggio di Francesco d'Assisi, che ogni giorno, con quel passo claudicante e il sorriso leggermente velato di malinconia, celebrava la festa dell'amicizia... in imperfetta letizia.

Da parte sua, il comune amico Luigi Santucci lo ricorderà così:

«...Nostra patrona è stata,
negarlo non possiam, sant'Allegria,
protettrice di lazzi e di mattane»[5].

[5] *Il Vangelo secondo gli amici*, Edizione fuori commercio, impressa in 150 copie, 1991, pag. 35.

DON PANFILO: QUANDO UN PRETE CAVALCA L'ASINA DI BALAAM

Chi è

Don Giacomo Panfilo è un prete bergamasco. Studi giusti. Grande esperienza pastorale (in una parrocchia minuscola e poi in una di... grosso calibro). Attento e acuto osservatore del costume ecclesiale. Tiene in mano la penna con stupefacente bravura. Si esprime in un linguaggio franco, schietto, talvolta sferzante. La sua è la tipica *parresia*, addolcita però – e rafforzata! – dall'umorismo e dall'ironia.

Ha pubblicato un libro singolare, straordinario, *L'asina e il Sinodo*[1], cui io attingo quando devo parlare a preti e vescovi ("gran sacerdoti", nel linguaggio di don Panfilo).

Così lo presenta, nella bella Prefazione, Gigi Cortesi: «...Sia che si esprima nel più patrio (e, per ciò stesso, vicino e affettuoso e dolce di terra e casa) bergamasco maccheronico de *L'Asina*, sia che scivoli decisa e lucida nel senario del *Sinodo*, l'ironia di Giacomo Panfilo, come ogni buona e sana ironia, ama la vita, vuole farla nascere e rinascere. Non è certo, la sua, l'ironia nascosta e tragica del teatro greco, presagio di una insospettabile catastrofe. L'ironia, qui, al contrario, è e sa essere maieutica, proprio perché è dichiarata ed esplicita.

«Mi si dirà giustamente che un conto è Socrate, e un conto è l'asinità e la santità di Giacomo. Ma qualche piccolo punto di contatto ci deve pur essere tra un ateniese ed uno scalvino ambedue innamorati – ciascuno a modo suo s'intende – delle cose del loro mondo.

«L'ironia difatti come assicura l'etimologia – è "interrogazione": chiama in mezzo delle cose, impegnandosi perché le cose

[1] Juvenilia, Bergamo 1983.

stesse "aprano la bocca", per quanto recalcitranti siano gli uomini. E che cosa, chi "interroga" di più dell'asinità e della santità? Anche Giacomo, allora, interroga, provoca. Magari – dirà qualcuno – interroga più coll'asinità che colla santità. Ma – tant'è – le due cose non è poi sempre e così necessario distinguerle. A farlo ci penserà il Dio degli asini e dei santi, che, poi, è sempre quello.

«L'ironia, oltretutto, potrebbe essere forma pastorale efficace. Forse, a pensarci bene, non guasterebbe neppure un documento postconciliare sull'ironia...

«...Gesù stesso è stato un gran maestro d'ironia. E' nato, lui Figlio di Dio, in una stalla, ha abitato mangiatoie e croci, ha capovolto ogni aspettativa di false regalità, ha celebrato trionfi a dorso d'asino (toh, chi si rivede!), è morto come un delinquente, ha reso inutile la più tranquilla delle guardie: quella che si fa a un cadavere.

«A ben guardarci, per chi voglia essere cristiano, l'ironia dovrebbe essere madre e maestra, indicazione assidua di trascendenza. Se si crede nella Risurrezione, non si può non credere in un'ironia più assoluta e vincente dell'ironia della morte. In ciò l'ironia è anche fanciullezza, natale ripetuto.

«Sapendo della morte e vincendola, proprio per questo l'ironia per un cristiano è fede nella vita ed è amore del fratello. Conosco Giacomo da anni. È uomo d'ironia: nel senso più vero, maieutico, cristiano della parola. Sono convinto che in queste pagine ogni lettore, sol che voglia almeno un po' lasciarsi amare, troverà quel senso della vita e del superamento, quell'entusiasmo, quell'amore che abitano la vita sacerdotale ed umana di Giacomo, momenti di asinità permettendolo».

Un'asina che parla e scrive!

Quanto all'autore, spiega così l'origine del suo stupefacente libro: «Tra i reperti degli scavi di Qumran, accanto ai rotoli preziosissimi noti ormai a tutti, sono stati trovati alcuni piccoli frammenti di un'opera finora sconosciuta. La scoperta maggiore di questa scoperta non fu tanto l'opera in se stessa quanto piuttosto l'autore o meglio l'autrice. Si tratta in effetti di una femmina o più precisamente – tenetevi bene perché qui appunto sta la sorpresa – di un'asina, dell'asina di Balaam.

«La sorpresa, come potete ben immaginare, è stata da infarto. Dalla Scrittura si sapeva dell'esistenza di quell'asina (Nm 22). Si sapeva anche che non era stata un'asina comune. Infatti, recalcitrando il suo padrone (il già citato Balaam) di fronte al Signore che lo ispirava a profetare, essa si mise a parlare e lo costrinse ad arrendersi alla forza profetica che lo sollecitava.

«Tutto questo era risaputo. Ma non si sapeva che l'ispirata giumenta avesse anche scritto o fatto scrivere delle opere contenenti i suoi vaticini successivi...»

Avvertenza

Mentre ringrazio don Panfilo per avermi consentito di attingere alla sua scoperta, confesso che ho avuto, per un istante, la tentazione di rendere in lingua corrente, ad uso dei lettori comuni, il dialetto bergamasco ("orobico antico, lingua difficilissima" dice l'autore) di Giacomo. Ma mi sono subito reso conto che le pagine avrebbero perso almeno il 90% della loro bellezza e incisività. Per cui mi sono limitato a mettere, in nota, la traduzione dei termini più ostici, lasciando intatto il testo nella sua formulazione originaria. Chi legge, al di fuori del territorio di Bergamo, dovrà fare un piccolo sforzo. Ma assicuro che ne vale la pena.

Sul dono della parola

«Noi asini del solito parliamo mica. Berliamo adoma[2]. E fuorisopra[3] si dice che i nostri versi i riva gna[4] in cielo. Poveri diavoli a noi. Ma i uomini che posono parlare quan che i vuole e dire la sua chiaro e tondo a tuti perché cianno la libertà, tante volte, ma proprio tante, fanno mocio. Al masimo, se iè done o anche leviti (che a tuti due ci faresti far sito gna ca coparli[5]) ci dano dentro a borbotare come una pignata di fagioli.

Ma ve lo dico io che sono un'asina, a tontognare si conclude un fico seco. Lè tuto fiato che va a piche e tossica il sangue.

[2] Soltanto
[3] Per di più.
[4] Nemmeno.
[5] Non riesci a farli star zitti nemmeno ad accopparli.

Secondo io, mè decidersi a tagliarla fuori di borbotare compagno dei mosconi. O far sito o baiar chiaro. Se de no è meglio noi asini».

Sulla contestazione

«Quando che verrà i tempi che tutti potrà dir su la sua e magari dire che iè mica dacordo, diranno che io, la povera asina di Balaam, per via del fato che ho stramenato contro il mio padrone sono stata una delle prime bestie rognose della storia. Guardate: prima roba mettiamola giù mica tanto dura con de sto dissenso e con de sta contestassione, perché quello lì lè un lavoro[6] vecchio compagno del cucco: "è sempre stato e sempre sarà". Segonda roba che mi preme di dire lè che, anche se quella volta lì mi sono rivoltata contro, io al mio Balaam ci voglio bene: se ne parla neanche. Tersa roba, io se ho fatto il mulo col mio Balaam e ciò detto anche quattro madonne, lè stato perché proprio ci sono rivata più a tenermi tanto che lui era un crapone quella roba lì la vedeva anche un orbo. Quarta roba, io sarò un'asina finché vuoi te, ma anche noi asini ciabbiamo la sua dignità e voliamo proprio mica fare gna noi la figura del tone. Quinta roba, i lavori io li dico così in grignando[7], così ci fa mica male al fegato a chi che li dice e gna ca a chi che li scolta; di fati il mio Balaam me l'ha mica presa dietro per quello che ciò detto.

E dopo, quando che io ho detto su la mia, io seguito a fa' il mio dovere che l'è quello di fare l'asino meglio che si può. E a me come asina mi somiglia di fare pulito[8].

Se dopo, uno vuole propio ciaparsela per quello che dico così in grignando, alora, iè afari suoi. Io per conto mio di me maio[9] e dormo compagno di un papa».

L'udienza

«Una volta io menavo a casa il mio Balaam da Gerusalemme. Con noi caminava un altro asino con su un levita che era stato a

[6] Cosa. "Lavori": cose.
[7] Ridendo, scherzando.
[8] Mi pare che sia bene fare così.
[9] Mangio.

trovare il gran sacerdote e questo levita ci contava su al mio Balaam come che l'era andata. A me mi sembrava che, poveretto a lui, ciavesse le ore sulle sei e mezza[10].

Lui era andato giù per contargli su la sua ragione che ci premeva e invece, prima di scomensare, cià avuto da passare il suo bravo esame per vedere se ciaveva tutto in ordine. Le domande erano state queste: Dici su bene il pater la matina e la sera? (A me mi è venuto subito da grignare perché mi è venuto in mente quello schiettino[11] che quando cianno domandato cosa faceva la matina apena saltato fuori del letto, cià risposto che andava fuori sulla lobbia a fare il pissino). Fai tanti fioretti? Ci vuoi bene al tuo gransacerdote? Quanti sono i cori angelici? Quando che vai a dormire metti bene le mani in croce?

Il levita che ciaveva lavori importanti, mia bagole[12], da contar su, era diventato un po' bretino[13]. Ci somigliava mica di essere davanti al gransacerdote, ma a la superiora de l'asilo che ci viene incontro ai schiettini quando che arivano col cavagnino de la merenda in mano.

Però dopo s-ciao questa lè passata. Alora ha potuto contar su bene tuta la rava e la fava de la sua storia[14]. Quando che l'ha avuto finito, il gransacerdote cià detto: "Adesso sito[15] che ciò da ascoltare quello che mi dice il Signore che dopo te lo dico". E intanto che il levita stava lì a boca erta[16] a vedere quello che sucedeva, il gran sacerdote ha serato giù i occhi, là messo la crapa un po' in banda compagno che se fosse dietro a scoltare qualcuno che ci sitolava nelle orecchie.

Dopo un bel momento, si è drissato su, ha messo la bocca a culo di poia[17] perché la roba era importante e sempre coi occhi serrati giù ha scomensato a dire: "Il Signore mi ha detto così e cosò. Hai capito? Ecco, alora fai così compagno che ha detto il

[10] Per dire che era immusonito.
[11] Bambino.
[12] Bagatelle, stupidaggini, cose di poco conto.
[13] Arrabbiato.
[14] Ha potuto raccontare la faccenda dal principio alla fine.
[15] Zitto.
[16] A bocca aperta.
[17] Gallina.

Signore[18]". Il levita che la risposta ci pareva mica tanto giusta, acassibene che lera del Signore, ci ha domandato al gran sacerdote se de già che lera dietro a parlare col Signore poteva mica spiegarci bene i lavori che forse non aveva mica capito fina in fondo.

Ma lui cià risposto gna da parlarne perché il Signore i lavori li capisce sempre bene e ansi li sa samò tutti perché lui lé "onnisciente", e doca[19] si ha mica da star lì tanto a menargliela su con delle spiegassioni che c'è mica di bisogno. E così è finita la suonata.

Pota[20] ma alora sto povero levita ciaveva ragione a lui di averci le ore su le sei e mezza dietro al viaggio di tornare a casa. Quando che siamo rivati a un'osteria, il mio Balaam cià pagato un cicchetto per tirarcele su un po'. Intanto che loro erano di dentro, io e il suo asino abbiamo ragionato un pò di tutta sta roba qui. Lasciamo bogliere l'esame che fa venire da grignare. Quello che a me fa venire i sgrisoli fina su la ponta della coda lè quella storia lì di dire di parlare col Signore.

La sarà anche una gran fede né quella del gran sacerdote, dico mia di no, ma però a noi quando che a la scuola dei asini mi insegnavano il dottrinino mi hanno detto di sdomentegarsi[21] mai e po' mai che il nome di Dio si deve luminare[22] invano gna ca morire, che lè uno dei pecati più grossi. Com'ela po' alora?

Ma forse noi siamo adoma dei poveri asini».

I trombettieri del re

«I trombettieri del re in d'un regno adomà che così ce n'è pochi di importanti compagno di loro. Pota tu, lè subito detto: un re senza i suoi trombettieri può andare a tecarsi al tram quando che vuole, lè come una nedra ingosata o come un becco sanato.

I trombettieri tirano insieme la gente quando che il re la vuol mettere in fila. I trombettieri la fanno tirare in banda quando che il re deve passare di lì. La fanno levar su quando che arriva. Ci fan-

[18] Fai come ha detto il Signore.
[19] Dunque.
[20] Intercalare tipico bergamasco: che ci vuoi fare?
[21] Dimenticarsi.
[22] Nominare.

no far sito quando che lui si mette dietro a parlare che così se lo si sente più meglio. Ma quel che conta più tanto lè che i trombettieri portano i avisi del re fina in cò al regno, che così tuti sanno quello che il re ha comandato, anche quelli che ce ne importa di niente. Tu capisci che alora, se il regno lè un regno che scusa adomà un falino[23], i trombettieri sono tanti: uno almanco per ogni zona.

Prima roba per essere trombettieri del re, mè mica che abbiamo l'orecchia di soglio, ansi, mè che abbiamo l'orecchia fina per intonarsi all'ordine del re. Dopo, seconda roba, devono essere bravi di contar su alla gente quello che cià detto il re preciso spaccato come che lui ce l'ha detto, se de no te lo dà lui il pan coll'uva. E dopo cianno da essere bravi di suonare proprio la suonata che ci vuole.

Possono mica suonare quello che ci salta in mente a loro. Cianno da essere tutti inguali. La suonata che loro ci devono far giù alla gente prima di contarci su le parole del re cià da essere compagna despertutto[24] e dopo cià da essere secondo: se i lavori da dire sono di quelli che contano e che il re ci tiene, alora prima fanno giù una strombettata di quelle giuste. Se deno fanno giù adoma una suonatina così. Però di solito iè sempre robe importanti quelle che cianno da ripetere a la gente perché i re se lè adoma per dire su delle stupidate dervono gna la bocca[25].

Per imparare bene le parole del re con la sua brava suonata ogni tanto ci ciapano a la casa del re. E quando che sono lì tutti, prima il re ci fa sentire una volta. Dopo, lui ci dice: "Adesso fatemi sentire se avete tolto su bene l'aria di questa suonata qui. Pronti? Boca tutti? Tutti insieme. Via!" E quando che l'hanno tolta su bene, partono tutti per la sua zona per farci sentire alla gente la suonata del re con le parole proprio sue di lui. E così il regno va avanti che lè una belessa.

Io quando che sento i trombettieri del re a suonare così mai bene le suonate che cià insegnato il re, mi domando se sarebbero buoni di suonare anche per conto suo di loro, magare adomà una suonatina da niente. Con una tromba così bella come quella che

[23] Pochino.
[24] Essere uguale da per tutto.
[25] Non aprono neppure la bocca.

cianno si potrebbero far giù di quelle serenate da fa innemorare anche una bora[26].

Certo che se fossero buoni di far niente per conto suo di loro, alora merebbe dire[27] che un bergamino[28] col suo sifolo di nociola sarebbe un tocco meglio del più bravo trombettiere del re».

Dei condizionamenti a posteriori

«Se l'ignoransa fosse tutta salute, io morirei più. Eppure, gnoranta come che sono, sono entrata su anch'io e ci sono rivata anch'io a capire un lavoro che un levita ci diceva sempre al mio Balaam che la crapa e il sedere, che somigliano così mai diferenti, invece van da cordo e si tengono su o si buttano giù di uno con l'altro. Lè quello che quei che ce ne sanno chiamano "il rapporto testa-sedere".

Io seguitavo a sinsigare il servello per rivarci a capire cosa voleva dire quelle parole lì così mai malfane[29], ma c'era mica redensio: ero proprio indietro di cutura.

Per trecar su[30] sapete comè ho fatto?

A forza di ndare col mio Balaam al tempio indove c'è tutti i scribi del gran sacerdote ho visto che c'erano sempre tanti leviti che ndavano e che gnivano per parlare co sti scribi o col gran sacerdote e lì ho visto che la gente ragiona secondo di come lè comodato il suo sedere. Chi che lè ben piassato, col sedere ndel burro come che si dice, puoi star sicuro che baia compagno di un libro stampato, co le parole che somigliano puciate dentro ndel sugo dei servelli dei angeli e dal sedere ci vien su l'ispirassione, la prudenza, il quilibrio, la devossione, la venerassione per le uturità e tutte queste robe qui che io m'impensavo che venivano da la crapa o dal cuore, nvece no, vengono dal sedere.

Quelli scambio[31] che iè mal sentati (come quelli che cianno mica la scagna[32] e sono obbligati a sentarsi giù sui calcagni o sul

[26] Tronco d'albero. In senso figurante: ignorante.
[27] Bisognerebbe dire.
[28] Vaccaro, pastore.
[29] Difficili.
[30] Per arrivare a capire a stento. Oppure, in questo caso: per farla breve.
[31] Invece.
[32] Sedia.

basello; o quelli che cianno la scagna tutta sghinghéta che vanno a rischio di borlar giù in terra o desimpagliata che ciombi dentro ndel buco; o adomà quelli che cianno la scagna di sa del tavolo) ecco, quelli lì ragionano tutto in d'un'altra maniera: cianno il carattere stinco e dicono tante parole lombarde. A quelli lì dal sedere malcontento ci viene su quel che si dice l'ampia per la giustissia, la rivendicassione de la democrassia, la rabbia per le robe storte: tutti sti lavori qui che io pensavo che venivano da la cosciensa.

Credetemi a me e, se ci volete mica credere, guardate despervoi: la crapa la ragiona secondo di come che è messo il sedere. E le parole vengono via così dietro. Così si vede de la gente che cambia crapa tutte le volte che cambia scagna.

Ecco: il "rapporto testa-sedere" che ne parlavano tanto i amici del mio Balaam lè questo qui. Sichèadesso, se volete capire davero quel che uno dice e quel che fa, mè mica star lì a perder tempo a guardarci nei occhi o a scoltare le parole. Tutt'altro. Mè guardare subito al sedere. E alora capirete tanti lavori.

Tutta questa storia qui però a me mi fa venire un po' il magone, perché quan che tutti crede che la contentessa del sedere e poi quella della crapa viene da la scagna (se lè bela o brutta, comoda o descomoda, di sa o di là del tavolo), alora tutti si mettono a correre dietro a le scagne e lì vien fuori i ruffiani, i leccapiedi, i invidiosi... E tutto quel mondo lì dei leviti de le volte somiglia nient'altro – come che diceva un mio amico – una parata di sederi in cerca di una scragna; e quan che l'hanno trovata, si piassano bene e dicono: "Dio me l'ha data, e guai a chi me la tocca".

Secondo io invece la contentessa del sedere poi quella de la crapa viene mica da la scagna. (Ce n'è de le bestie che non si sentano mica giù su le scagne, eppure sono mica tutte malpapete[33] come tanti uomini).

Io credo che tutto viene amò de la cosciensa. Se uno lè mica ingordo come un satone[34] che ce ne ha mai asé, se si fa mica venire il mal di vetro per i pensieri inutili, se diligerisce bene col siroppo del cuore netto, tranquillo e contento, a quello lì ci fun-

[33] Scorbutiche.

[34] Rospaccio.

siona bene tutto di sicuro. E anche se la scagna lè loffia[35], il sedere lè contento lo stesso e lè contenta la crapa, ma del buono[36], e lè contenta tutta la persona. Ma, poveri morti de la peste, come che capita di rado!»

I macarismi dell'asina di Balaam

«Beati quei che iè buoni di grignarci[37] sopra ac' ai lavori più brutti, perché a loro ci brucerà mai il ventricolo e ci spusserà mai gna il fiato.

Beati quei che iè buoni di far grignare i altri sensa bisogno di mettersi dietro a fare i seri, perché i seri che fan grignare fan venire da piangere.

Beati quei che grignano per mica piangere, perché lè carità anche quella.

Beati quei che sanno che fan venire da grignare, perché i più ridicoli son queli che lo sanno mica.

Beati quei che iè buoni di grignarsi dietro a loro stessi, perché ciavranno da grignare per tutta la vita».

Dei consiglieri del re

«Ndela storia del popolo d'Isdraele il più grande di tutti i re sarà il Davide. Anche lui però con tutta la sua spertisia ne farà dentro alcune proprio di un pò grosse che se fosse mica per rispetto di noi asini si potrebbe dire che sarà de le asnate. Come quella di fregarci la moglie a quel povero zùfolo di Uria intanto che lui sarà via soldato e dopo, mica contento, quella di far coppare[38] sto povero diavolo coi corni per poter tenere la sua moglie che nel fratempo ciaveva da comprare[39] dal re.

E potrebbe quasi anche farla franca, che gna anima si era rencorsito[40]. Ma ci sarà il Natan, il suo consigliere, che con tutto che

[35] Repellente.
[36] Ma davvero.
[37] Riderci.
[38] Ammazzare.
[39] Stava per avere un bambino.
[40] Che nessuno si era accorto di niente.

sarà uno pagato aposta per darci al re i pareri che quello vuol sentire, quella volta lì ciavrà il coraggio di dirci bel chiaro fuori sul muso che, acassibene[41] che lè un re, lè un bel porcello, un braghiere[42], un lingera, un visdecasso[43] e un fingardo. E il re che in fondo in fondo sarà un galantuomo sbasserà giù il crapone e ci dirà al Natan: "Ciai ragione, l'ho fatta dentro grossa. Aiutami a tirar fuori i piedi".

Certo, uno può sempre sbagliare: siamo tutti uomini (anche se dòne). Anche i re posono sbagliare. Ma quan che uno sbaglia se l'è un uomo e se in più cià in banda chi che ci dice bel chiaro i lavori come che sono, può diventare più uomo amò di prima.

La rovina dei popoli, ve lo dico io, lè mica i re che sbaglia. La rovina iè i re sensa Natan o con dei Natan che lè compagno gnà che ci fossero».

Di certi documenti del magistero

«Somiglia l'Abacùc (quello dei tempi del Daniele ndel fossa dei leoni) che sarà tolto su per i capelli da una parte e sarà lasciato giù da quel altra col suo bravo pignatino di minestra bel e cotta (buona, niente da dire) che però resterà adomà di mangiarla. Manca apena che ti mbochino: "Am papa buona" e dopo han fatto tutto.

Sarà, ma a me piacerebbe di più i maestri come quel greco che dopo cian dato giù il tossico, ma che prima ai suoi scolari ci farà venir fuori i lavori[44] dal di dentro suo di loro, come che fa la comare[45] cò le dòne che comprano uno s-cetino. Lè così bello!

Certo che i maestri così lè rari come le mosche bianche».

Questione di criterio

«Ditemi voi se vi somiglia un lavoro giusto e di criterio. Quan che ci sarà il profeta Geremia, sicome lui la tagliarà mai fuori un

[41] Anche se.
[42] Cialtrone.
[43] Losco figuro.
[44] Le cose, le idee.
[45] La levatrice.

minuto[46] di dirci a tutti (uturità[47] e popolo) che si può mica seguitare a ndare avanti così e che se si cambia mica èla i ndarà tutti a ramengo, invece di vedere se per caso, acassibene che l'è un po' un sgionfaglorie[48], cià mica magari un po' di ragione anche lui, povero nano, ndaranno dal re e ci diranno: "Coppalo quello lì! Fallo fuori! Vedi mica che co la sua maldicenza fa ndar giù le sarese a tutti, che dopo cià più voglia nissuno di far niente e anche ai soldati ci scappa la voglia di far la guerra?"

Sarà proprio un lavoro da codieri; sarà compagno che se dicessero al re: "Fallo fuori quel disgrassiato di dottore lì che ci fa venire il magone col suo dire che ciabbiamo un brutto male".

Ditemi voi adesso: è questione di magone o è questione di sapere se sto brutto male c'è o c'è mica?»

Della siccità, ovverosia "oggi no, domani vedremo"

«L'è come per il Gedeone che vorrà sapere sì o no se l'è vera che il Signore lo vuol mandare a petargliele a quei lazaroni porchi di Madianiti. Lui meterà fuori su l'era una pelle di sbergna[49] e dirà: "Se l'è vera che il Signore mi manda, voglio che venga giù la rosata ma che imbrombi adomà la sbergna e lasci tutto sciutto in giro". E così sarà.

Mica gnamò convinto dirà: "Se l'è vera che sono mandato, voglio che stanotte la rosata bagni tutto fuori che la sbergna". E così sarà e il Gedeone da quel momento lì sarà in d'una botte di ferro perché cià avuto la risposta che voleva a ndare e po ac' a venire.

Anche adesso tutti vogliono sapere: "Siamo mandati poi o no? Ciabbiamo da inviarci là o no?" E domandano un segnale. Ma di rosata ne vien giù gna un gotino che l'è uno[50], gna su la sbergna e gna in giro: tutto secco arso compagno di quan che c'è la sciutta. E così la gente sta lì in balansa e sa gna loro se ndare o restare. Intanto i Madianiti dan sù compagno de la gramegna[51] e impestano tutto il popolo di Dio».

[46] Non ci penserà neppure un minuto, ossia non avrà la minima esitazione.
[47] Autorità.
[48] Disfattista, e anche menagramo.
[49] Stenderà sull'aia una pelle di pecora.
[50] Di rugiada non vien giù neppure una goccia.
[51] Spuntano come la gramigna.

La prostituzione sacra

«Un giorno col mio Balaam sono andata al tempio dei pagani e sapete quello che ho visto? Roba gna da credere. Le chiamano "sacerdotesse del tempio", ma a me mi somigliavano che erano compagno di quelle che lo fanno per mestiere, gna più gna meno[52]: la differensa lera una sola: che quelle che lo fanno per la strada stanno gna lì a scondere via che cianno un po' della mamma del vitello o di quella del porcellino e scambio[53] quelle lì volevano far somigliare che facevano tutto in onore di Dio e per farci venire la devossione a quelli che vanno al tempio. E anche quello che prendono, invece di dire che lè la paga delle sporselate ti fanno credere che iè oferte a la chiesa.

A me tutta quella brutta gente lì mi fa venire da buttar su[54]. Ma quello che mi piace di meno sono quelle lì che vogliono far bere giù un lavoro per un altro. E di quella rassa lì ce né despertutto, anche qui da noi.

Quelli che non la tagliano mai fuori[55] di menare il teribolo per mandarci il fumo del vincenso[56] alle naselle di quei che sta sopra; quelli che seguitano a sgobarsi giù a farci inchini e che dopo son più gna buoni di andar là bei diritti; quelli che presempio – per dirla fuori bella chiara – ci danno là a dirci alle uturità che prima di loro lera tutto un quarantotto e che dopo di loro chi sa come che la sarà, poveretti a noi; quelli che ci dicono sempre "Siùr sé!" po' a quando che merebbe dirci bel chiaro "Siùr no!"; quelli che le uturità iè a tampo gna di dervir fuori la bocca[57], che loro hanno samò marcato giù tutto, anche le sfiatate, compagno che fossero tutti lavori ispirati da Dio e dopo li fanno bere giù al popolo come l'oracolo e, mica contenti, ci dicono alle uturità: "Amò! Amò! Ma come parla bene. Quando che parla, somiglia che ci vengano fuori le rose dalla bocca! Amò! Amò! Dai che dopo di tutti quei bei lavori lì facciamo dei libri che così restano"; tutti quelli lì, cosa sono cosè?

[52] Né più né meno.
[53] Invece.
[54] Vomitare.
[55] Non la smettono mai.
[56] Incenso.
[57] Le autorità non fanno neanche a tempo di aprir la bocca...

Per me direi che si somigliano tanto a quelle donne che ho visto al tempio dei pagani. Anche loro danno via il suo onore co la speransa di una paga e nel fratempo ti vogliono far trengotere[58] che la sua lè tutta fede e devossione e di quella fina. Poveretti a noi, dove siamo borlati[59]!»

Il salmo dell'asina di Balaam

Chi ndarà su amò sul monte del Signore,
ndove che c'è il tempio e il gran sacerdote
coi suoi scribi e col suo sinedrio?
I nostri vecchi ci han contato su
come che faceva bel vedere il tempio
quan che ndel popolo d'Isdraele
si pensava che fosse dietro a scomensare
un tempo che tutti: piccoli e grandi,
intelligenti e balorici
ciavrebbero avuto tutti la sua parte da fare
per mandare innante il Regno di Dio.
Somigliava quan che viene la primavera
che l'erba e i fiori butano fuori despertutto
e i merli cantano contenti come dordi.
Adesso scambio[60] somiglia
i anni de la pelagra e del sgurbuto:
gente deslanata che cià più voglia di far negota[61]
e ogni uno pensa a gratarsi la sua rogna.
Il gran Sacerdote fa discorsi che son mica risposte;
i suoi trombettieri e i suoi scribi no i fa altro
che ripetere la sua suonata del re
e desperloro i può suonare gna la tromba di dietro[62].
Più gna un profeta che lè uno
che ciabbia mica il salame sui occhi

[58] Ti vogliono dare a intendere.
[59] Caduti.
[60] Invece.
[61] Gente disamorata che non ha più voglia di far niente.
[62] Da sé non sono capaci nemmeno più di suonare la tromba di dietro.

o che parli se cià mica da guadagnarci;
più un capo di quelli veri
che sia buono di vansar su adomà due dita da la truppa[63]
e che sappia ndove che deve menare i suoi uomini.
Anche i leviti menano il cò[64]
compagno di quelli che cian giù le ore.
Una volta ciavevano almeno la legge
e si tenevano su con quella;
ma adesso anche quella lè andata a remengo:
così loro sono a piedi e iè più buoni
di tirar fuori gna un ragno del buco.
Fina ai vecchi, che iera sempre quelli
che ciavevano una parola da dire,
iè lì imbesoviti[65] in d'un cantone
che ci capiscono dentro un'antonia[66]
e ci vascano più gna ca dervir fuori la bocca[67].
Così la gente cià più voglia
di andar su sul monte del Signore.
Ma ndar su a far cosè se te ci scolti mica?
Ndar su a far cosè se lè adomà per scoltare?
Se lè adoma per quello,
si può anche star giù a spettare
come quan che si era ai piedi del Sinai.
E così sul monte del Signore
ci van su adomà quei che sono proprio obbligati;
poi ci van su quelli che si chiamano "i coltivatori diretti",
che sono quelli che con de le sbrofatine ogni tanto
coltivano la micissia dele uturità
che può sempre venir buona,
poi ci van su quelli che sono in torta con loro
per via della storia dei fichi d'oro: poi più gna un gatto.
Durerà amò tanto questa stretta?
Guarda giù, Signore, guarda giù:

[63] Che sia capace di sollevarsi almeno di due dita sopra il livello della truppa.
[64] Scuotono la testa.
[65] Imbambolati, allocchiti.
[66] Ci capiscono un bel niente.
[67] E non osano nemmeno più aprire la bocca.

noi ci orsiamo più gna ca alsar su i occhi[68]:
Se guardi mica giù tu qui va tutto a putane;
se stanti amò a darci una mano[69],
finirà che il tempio si impienirà su di telemore[70]
e ndela scuola dei leviti vegnerà su a il ranino[71].
Guarda mica ai nostri meriti,
perché se le adomà per quelli, meriteremmo
nient'altro che de le stropate[72];
perché quel che lè da dire lè da dire:
se siamo a quei passi qui, lè perché tutti
siamo dei luosi[73] da far venire il gomito.
Pensa adomà che siamo tuoi di te e basta;
lasciaci mica ndare a fondo
e ti diremo grassie per sempre.

Il tarlo Monsignore

Anche quando smette il dialetto, don Panfilo non abbandona la vena ironica. Ecco qui, di seguito, due esempi significativi che prendono lo spunto da arnesi di sacrestia[74].

«Il coro della mia chiesa è ormai ridotto a un colapasta dal tarlo. Controllando la situazione alcune settimane fa, davanti a quello sfacelo non sono riuscito a trattenere un "Maledetti" all'indirizzo dei famelici, invisibili nemici. Il tarlo più vicino mi sente e mi dà sulla voce: "Oh! Addirittura maledetti! Noi i salvatori della Chiesa?"

"Alla faccia!" – ribatto sarcastico – "Se voi siete i salvatori, chissà i nemici!" "C'è poco da ironizzare – insiste lui con convinzione – tutti i documenti del Concilio, tutte le direttive postconciliari, tutti i decreti vescovili, non riusciranno a fare per il rinnovamento della Chiesa quanto facciamo noi tarli".

[68] Noi non osiamo più nemmeno sollevare gli occhi.
[69] Se aspetti ancora un po' a darci una mano.
[70] Ragnatele.
[71] Spunterà il muschio, la muffa.
[72] Stropa: legaccio di vimini.
[73] Insipidi, insulsi.
[74] *Chiacchiere di sacrestia,* Opuscoletto edito dalla parrocchia di Brembate di Sopra, 1999. Gli articoli erano già apparsi sulla rivista «Evangelizzare», delle EDB. Qui appaiono in forma rivista e corretta.

"Che muso di tolla!" – gli sibilo esasperato – "Questo è cinismo bell'e buono". "Prendila come vuoi, – continua la bestiaccia con calma – ma è così. Guarda se non è vero. Noi tarli stiamo di fatto costringendovi a far piazza pulita di un sacco di cose, che, se non fosse per noi, voi terreste lì come cimeli storici, riducendo la Chiesa, che è comunità di salvezza, ad un bel museo di antiquariato e basta. È questo che volete?"

"Io continuo a dire che siete degli scostumati. Voi ci devastate le chiese e noi dovremmo pure darvi la medaglia?"

"Non è il caso. Noi non vogliamo decorazioni".

"Ah! Ma quale disinteresse! Dei veri benefattori..."

"Proprio così, caro reverendo. Noi vogliamo soltanto che non facciate tragedie per il nostro lavoro di demolizione che, oltre ad essere duro, per noi e per le nostre famiglie è anche questione di vita e di morte".

"Come non fare tragedie? Guarda il viso di questo angioletto: tutto picchiettato come quello di un vaioloso. Guarda le mani di questa Madonna: sembrano quelle di una lebbrosa. E il naso di questo Crocifisso? La voluta di questa foglia? Tutto in polvere sta andando. E non dovrei fare tragedie? Lasciamelo dire: voi tarli siete la nostra rovina, un flagello come, in un altro campo, i mangiapreti; né più né meno".

"Devo dire" – continua lui con una terribile calma esasperante – "che la tua non è che si possa dire una fede abramitica".

"Che c'entra le fede ora?"

"Se tu avessi fede come Abramo, sapresti che noi tarli e i mangiapreti possiamo corrodere soltanto ciò che nella Chiesa è già caduco di per se stesso. La sostanza, lo sai meglio di me, è a prova di bomba. È per questo che noi siamo utili. Del resto, lo dice anche il Concilio che la Chiesa ha ricevuto e riceve un sacco di bene perfino dai suoi persecutori".

"Sì, ma non credo che il Concilio dica questo perché poi il papa dia il cavalierato del Santo Sepolcro ai persecutori della Chiesa e il monsignorato a voi tarli".

"Cavalierati e monsignorati teneteveli per voi. Te l'ho già detto che a noi non interessano. Quello che vogliamo è soltanto di poter essere noi stessi senza essere maledetti, perché non lo meritiamo. E poi vuoi proprio che te lo dica? Sai chi sono i veri tarli della Chiesa?"

“Non me lo dire. È troppo facile. Sono certo che mi parlerai degli impiallacciatori di facciata, che si limitano a coprire le vergogne o l’inconsistenza, oppure dei mormoratori, che come lime sorde s’attaccano a tutto e a tutti”.

“Questo lo lascio dire a te. È davvero troppo ovvio. Io volevo dire un’altra cosa. Per me il vero male della Chiesa, continuo a dirlo, è… l’antitarlo: tutto ciò che voi mettete in atto per conservare a tutti i costi ciò che invece sarebbe bene che ogni tanto cadesse. Questo toglie alla Chiesa la sua bella agilità di popolo in cammino, la mummifica e la costringe a quella che io chiamo la pastorale della soprintendenza”.

“La pastorale della soprintendenza… – penso a lungo e poi sbotto, sempre dentro di me – Diavolo d’un tarlo, in fondo in fondo non hai tutti i torti”».

Il “Paradisino” e la fiera del “mini”

«Il paradisino era una specie di tempietto in valigia che si portava nelle case dei malati a cui si dovevano amministrare il Viatico e l’Unzione che allora si chiamava estrema. La valigetta, di legno o di metallo, veniva collocata verticalmente sul comò in camera del degente in attesa dei conforti religiosi. Sul davanti si aprivano due antine e appariva come un’abside di chiesa in miniatura nella quale, all’arrivo del sacerdote, sarebbe stata collocata una minipisside con l’Ostia santa e il vasetto dell’Olio degli infermi. Alle due antine erano fissati due braccini di metallo nei quali erano infilate due candeline piccole piccole come quelle delle torte. Ai lati dell’abside lillipuziana facevano bella mostra due minuscoli vasetti con dei microscopici fiori di pezza. Al centro dell’“ancona” campeggiava (si fa per dire) un’immagine grande poco più di un francobollo, che fungeva da pala dell’altare. I bambini di oggi, se vedessero un paradisino, direbbero: “Mamma, mamma, guarda la chiesetta della Barby!”

Un vero festival del diminutivo, come si vede; ma, a dispetto delle sue dimensioni, il paradisino era un arredo serio e il recarlo in casa degli ammalati era un’incombenza che il parroco affidava solo a persone degne ed esperte e, se l’affidava a un chierichetto, doveva trattarsi di un tipo sveglio e, nonostante ciò, di provata virtù.

(...) Potete immaginare lo stato d'animo mio l'altro giorno, quando, entrando nella villotta pacchianamente presuntuosa di un neo-ricco, mi è capitato di vedere esposto su un cassettone un meraviglioso paradisino del '700, spalancato, con tutte le sue cosine a posto.

"Oh, che ci fai tu qui?" mi venne da chiedergli stupito.

"A chi la tocca la tocca!" – rispose manzonianamente – "Se non altro, così ho salvato la pelle".

"Ma a quale prezzo?"

"Ah, questo sì" – ammise con un filo di malinconia – "Ma non infierire almeno tu, te ne prego. Dimmi invece come vanno le cose da voi".

A quella domanda mi venne da chiedergli: "Ti manca la chiesa?"

Gli venne il magone e credo che avesse una voglia matta che gli si chiudessero le antine. "Non piangere!" gli dissi con la maggior tenerezza che potevo, io rozzo montanaro.

"Vedi, don Giacomo, io piango proprio perché mi manca la chiesa. Per il resto, ti voglio dire una cosa. A me non rincresce molto di essere accantonato. Anzi, credimi, sono stato perfino contento. Avevo capito io stesso, prima di tanti cristiani e di tanti preti, che tutto questo apparato da bonsai ecclesiastico poteva risultare un pericoloso simbolo e un incentivo di una religione miniaturizzata, dove tutto è piccino, a cominciare dalla fede di tante persone: una fede "piccola", perché piccine le motivazioni, raggrinzito il cuore e ristretta la visuale; ma piccola anche perché vissuta meschinamente e perché riposta in un dio rimpicciolito anche lui a misura del... credente".

Ero allibito da tanta lucida, grandiosa saggezza, sorprendente in un oggetto dove tutto era mini.

"Vorrei solo" – concluse – "che la nostra abolizione servisse a qualcosa..."

"Temi forse di no?" gli chiesi meravigliato.

"Mi sa tanto, caro amico, che la microcefalia non sia ancora sparita del tutto dalla circolazione ecclesiale... Anche tu ne hai la tua parte, non credere!"

A quel punto il magone venne a me».

GIOVANNINO GUARESCHI
MAESTRO DI UMORISMO

Le sue ricette

Giovannino Guareschi (1908-1968) ha detto alcune cose decisive sull'umorismo. Eccone alcuni esempi significativi.

«Gio' si volse verso Margherita:

"Signora, ma lui non parla mai seriamente?"

"Solo le rare volte in cui ha voglia di scherzare" rispose Margherita».

(*Vita in famiglia,* «I misteri della burocrazia»[1]).

Nel sentiero del paradosso

«L'umorismo cammina nel sentiero del paradosso, e il sentiero del paradosso, come diceva un tizio importante, è la scorciatoia per arrivare alla verità».

(*Vita in famiglia,* «Ti ricordi, Margherita?»).

Umorismo è anche autocritica

«La massa degli italiani è seria. L'umorismo non è ammesso. Umorismo vuol dire non soltanto critica, ma soprattutto autocritica. E l'autocritica è ragionamento freddo e tranquillo, mentre le masse vivono esclusivamente di fede politica».

(*Italia provvisoria*, «Signore e signori»).

[1] Tutte le opere di Giovannino Guareschi, compreso il *Breviario di don Camillo,* a cura di Alessandro Pronzato, da cui sono state ricavate queste citazioni, sono pubblicate dall'editore Rizzoli (Milano).

Guerra dichiarata

«L'umorismo è il nemico della retorica perché, mentre la retorica gonfia e impennacchia ogni vicenda, l'umorismo la sgonfia e la disadorna riducendola con una critica spietata all'osso. Ed ecco che, contro la retorica che incendia i cervelli presentando la guerra in una gloria di bandiere al vento, sotto un cielo di allegoria con spiriti di eroi cavalcanti su bianchi cavalli, l'umorismo presenta una guerra atta a non eccitare gli animi, ma a incitare i cervelli al ragionamento».

(*Italia provvisoria*, «Signore e signori»).

Lunghi discorsi con pochissime parole

«L'umorismo è semplificazione, e, costretto a ridurre ogni cosa all'osso, riesce (più o meno bene) a fare lunghi discorsi con pochissime parole».

(*Italia provvisoria*, «Signore e signori»).

Seri, quindi ridicoli

«Siamo seri, noi italiani. Siamo tanto seri che facciamo perfino ridere».

(*Italia provvisoria*, «Signore e signori»).

Consiglio:

«Diventiamo più seri: impariamo a ridere».

(*Italia provvisoria*, «Signore e signori»).

Davanti allo specchio

«Liberiamoci della parte peggiore di noi stessi: guardiamoci allo specchio e ridiamo della nostra tracotanza, del nostro barocco messicanismo, della nostra retorica.

Guardiamoci allo specchio dell'umorismo così come posso fare io, cittadino niente, che – quando mi specchio e vedo sul mio viso un truce cipiglio – scuoto il capo sorridendo e dico: "Giovannino, quanto sei fesso!"»

(*Italia provvisoria*, «Signore e signori»).

La grande risorsa

«Le materie prime ci mancano, ma la più importante non è il ferro e non è il carbone: è il senso dell'umorismo che ci manca».

(*Italia provvisoria*, «Signore e signori»).

Le dittature non lo capiscono

«L'umorismo vieta la retorica, e le dittature sono la vivente negazione dell'umorismo. La dittatura non capisce l'umorismo e lo disprezza come ognuna delle troppe cose che non può capire.

Negazione dell'umorismo, le dittature sono perciò il trionfo della retorica, e combattere la retorica è combattere le dittature».

(*Italia provvisoria*, «Signore e signori»).

Il sorriso difficile

«È terribilmente difficile regalare all'umanità un sorriso sereno: uno di quei sorrisi che distendono i nervi e che arrivano diritti al cuore senza passare per la trafila del cervello».

(*Candido* 12, 1959).

Don Camillo insegna a Peppone l'arte del parlare

Tra i tanti racconti, quello in cui don Camillo insegna a Peppone l'arte del parlare in pubblico è certamente uno dei più spassosi (personalmente l'ho proposto più volte anche a preti, Eccellentissimi Vescovi e alcune Eminenze Reverendissime). Si intitola «*All'Anonima*»[2].

«Fioccava che Dio la mandava, ma lo Smilzo, piuttosto di usare l'ombrello, simbolo della reazione borghese e clericale, si sarebbe fatto scannare.

D'altra parte, se si fosse messo il cappello, come sarebbe entrato? Tenendoselo in testa o cavandoselo?

"Entrare in casa di un nemico del popolo tenendo il cappello in testa è, sì, un atto fiero adeguato alla dignità del popolo: però

[2] È apparso, originariamente su "Candido" (3, 16-1-1949); quindi nel volume *Mondo Candido 1948-1951,* Rizzoli, Milano 1992, pagg. 167-171; infine in *Tutto don Camillo, Mondo Piccolo,* vol. I°, Rizzoli, Milano 1998, pagg. 320-325.

è provocatorio. Entrare in casa di un nemico del popolo togliendosi il cappello non è un atto provocatorio, però è servile e umiliante: quindi dannoso alla causa del popolo. L'unico modo per conservare la propria dignità senza, per questo, assumere atteggiamenti provocatori è quello di andare in casa dei nemici del popolo senza mettersi il cappello. Si serve la causa del popolo anche prendendo un raffreddore. Ogni azione rivoluzionaria comporta dei sacrifici".

Così pensò lo Smilzo e perciò, quando entrò in canonica, era fiero senza essere provocatorio: però aveva la testa piena di neve.

"Ciao, Gennaio" gli disse don Camillo. "Nevica anche sul partito?"

"Può darsi" rispose con voce ferma lo Smilzo. "Però presto verrà il sole anche per il partito".

"C'è scritto sul *Solitario Piacentino*?" si informò don Camillo.

Lo Smilzo assunse un'aria notevolmente annoiata.

"Dice il capo che, se nel Piano Marshall non esiste nessuna clausola in contrario, vorrebbe parlarvi".

"Bene" rispose don Camillo. "Digli pure che io non ho cambiato casa: abito sempre qui".

Lo Smilzo ebbe un risolino, di quelli tutti da una parte e col singhiozzino sotterraneo.

"Fin che dura!... Ad ogni modo, siccome si tratta di cose strettamente personali e siccome voi non volete andare da lui, mentre la sua dignità non gli permette di venir qui a riverirvi, il capo ha organizzato un incontro in campo neutro. Vi aspetta all'*Anonima*".

L'*Anonima* era un gran baraccone fuori dal paese: un tempo era stata una fabbrica di salsa di pomodoro. Roba impiantata nel 1908 e che aveva funzionato per una decina d'anni. E siccome sul frontale c'era scritto "*Società Anonima Conserva Alimentari*" la gente trovò che l'*Anonima* rendeva l'idea meglio di tutto il resto e con tal nome battezzò la baracca. Ora la fabbrica, abbandonata da anni e annorum, funzionava semplicemente da ricordo di giovinezza per i più vecchi e da "centrale giochi" per i più giovani.

Don Camillo infilò gli stivaloni e andò a pestar la neve, e lo Smilzo lo seguì, ma, duecento metri prima di arrivare, si fermò e tornò indietro.

"Così nero in mezzo alla neve fate un bell'effetto" osservò lo Smilzo quando fu lontano una ventina di metri. "Stareste proprio bene in Siberia. Vi terremo presente, reverendo".

"Tu, invece, staresti bene all'Inferno" borbottò don Camillo.

* * *

Peppone era ad aspettarlo sotto una tettoia e aveva acceso un bel fuoco e si stava scaldando, seduto su una cassa sgangherata.

Don Camillo spinse col piede una cassa vicino al fuoco e si mise a sedere di fronte a Peppone.

Rimasero lì un bel po' ad arrostirsi le mani in silenzio. Poi Peppone levò la testa e disse con voce aggressiva:

"Qui bisogna venire a una conclusione. È una storia che non può funzionare".

"Quale storia?" si informò don Camillo.

"E quale deve essere? Quella della Messa!" spiegò sgarbato Peppone. "Ecco: i compagni hanno apprezzato molto il vostro gesto della Vigilia di Natale. Il fatto del clero che esce dal suo isolamento e va a bussare alla porta del popolo ha un suo valore. Sta a significare che Dio capisce finalmente l'importanza del popolo e allora va lui a cercare il popolo. Dio fa un'autocritica, riconosce le sue deviazioni ideologiche e il popolo allora apre la porta a Dio e gli perdona. Dio insomma diventa veramente democratico: non più il popolo che deve andare alla Casa di Dio, ma Dio che va alla Casa del Popolo".

Don Camillo tirò su uno stecco dal fuoco e si accese il sigaro.

"Siete una manica di porci" disse don Camillo con calma. "Approfittate di uno stupido come il sottoscritto, che in un momento di debolezza ha commesso una fesseria, per gonfiarvi di boria e bestemmiare il nome di Dio".

Peppone lo guardò perplesso.

"Non avete commesso nessuna fesseria, reverendo. C'è scritto sui vostri libri che il buon pastore lascia il gregge nell'ovile e poi va in giro di notte a cercare la pecorella smarrita".

Don Camillo scosse il capo.

"Sì, ma non c'è scritto che poi la pecorella, per ricompensarlo, gli dice le eresie che hai detto tu. Voi non siete delle pecorelle: siete una mandria di bufali. Io non sono venuto a dire Messa alla vostra Casa del Popolo perché c'era il Padreterno che vi cercava. Io sono venuto per aiutare voi a cercare Dio, per aiutarvi a ritrovarlo. Dio non ha bisogno di voi, siete voi che avete bisogno di Dio".

"Io non avevo intenzione di offendervi" obiettò Peppone.

"E neanche mi hai offeso" replicò duramente don Camillo. "Però hai fatto ben di peggio: hai offeso Dio!"

Peppone fece un gesto d'impazienza.

"Reverendo" esclamò "non ricominciamo la solita storia di buttare in politica tutto! Lasciamo stare la tattica del vittimismo. Non facciamo ragionamenti abulici!"

Don Camillo guardò preoccupato Peppone.

"Cosa intendi per 'ragionamenti abulici'?" domandò.

Peppone si strinse nelle spalle.

"Cosa intendo per ragionamenti abulici? E cosa volete che voglia dire? Ragionamenti abulici! Ragionamenti così, insomma!" concluse agitando le braccia.

Don Camillo scosse il capo.

"Se intendi dire una cosa di quel genere, allora 'abulico' è un aggettivo che non va bene. 'Abulico' significa..."

Peppone fece un'alzata di spalle e lo interruppe:

"Reverendo, l'importante è che ci si capisca! Non è il caso di fare delle discussioni di letteratura. Tanto, la letteratura è una porca faccenda che serve soltanto per imbrogliare le idee, perché va a finire che uno, invece di dire quello che vorrebbe dire lui, dice quello che vuole la grammatica e l'analisi logica. E, a un bel momento, non ci capisce più dentro neanche quello che parla. Se io, porcaccio mondo, nei comizi potessi fare dei discorsi in dialetto, me la sbrigherei in metà tempo e difficilmente direi delle stupidaggini. Perché, quando uno fa un discorso, prima di tutto bisogna che capisca lui quello che dice. Se io parlo come mi ha fatto mia madre capisco tutto quello che dico. Perché, caro reverendo, mia madre mi ha fatto in dialetto, mica in italiano. Ma così, vigliacco mondo, va a finire che, dopo aver fatto un discorso, uno deve farsi spiegare da un altro quello che ha detto!"

"Adesso parli giusto" osservò don Camillo.

"Lo so. E tutti parlerebbero giusto se non ci fosse questa porca letteratura che complica sempre di più le cose. Perché, se ci sono cento cose, ci devono essere duemila modi per dire queste cento cose? Ci sono i nomi scientifici, e va bene: quelli servono per gli specializzati. Ma gli altri debbono usare soltanto le parole che capiscono. Si fa un comitato di galantuomini di tutte le categorie, si piglia il vocabolario, si cancellano tutte le parole inutili e se uno, dopo, usa in pubblico qualcuna di quelle parole proibite, lo si prende e lo si schiaffa dentro come quelli che tentano di spacciare moneta falsa. I signori poeti si lamenteranno perché non trovano più la rima? Noi gli risponderemo che facciano le poesie senza rima. Un povero diavolo ha almeno il diritto di sapere quello che dice. Perché io ho parlato poco fa di discorsi abulici? Perché io, questa sporcaccionata di parola, l'ho letta o sentita da qualche parte e, siccome si presenta bene, mi è piaciuta e mi è rimasta appiccicata al cervello".

"Capisco, ma perché l'hai usata se non la conoscevi che di vista?"

"Non l'ho usata io! È stata lei che ha usato me! Io volevo dirvi: 'Non diciamo delle vaccate, reverendo!', e mi pareva, così, dall'aspetto, che 'abulico' significasse roba bovina ma detta in modo più pulito, più distinto. Più letterario, insomma!"

Peppone era triste e sospirò:

"Forse era giusto se dicevo 'discorsi bucolici' invece che 'discorsi abulici'".

Don Camillo scosse il capo:

"In 'bucolico' il bestiame c'entra molto di più che in 'abulico'. Però, nel senso di 'discorsi a vacca' o 'vaccate', il 'bucolico' non funziona. Da' retta a me: anche quando parli nei comizi devi dire soltanto le parole che sai".

"Il guaio è che ne so poche".

"Anche se tu ne sapessi metà, basterebbero. Ha bisogno di molte parole chi deve mascherare la sua mancanza di idee o chi deve mascherare le sue intenzioni. Credi tu che Gesù Cristo adoperasse più parole di quante ne puoi adoperare tu? Eppure riusciva a farsi capire da tutti e abbastanza bene, mi pare".

Peppone si strinse nelle spalle e sospirò:

"Altri tempi, reverendo. Altro tipo di propaganda!"

Allora don Camillo cavò fuori dal fuoco un mezzo travicello infuocato e lo brandì minaccioso.

"O la pianti di bestemmiare, o ti vernicio a fuoco il muso. Se mi hai fatto venir qui per sentire le tue bestemmie, hai sbagliato indirizzo. Si può sapere una buona volta che cosa vuoi da me?"

Peppone esitò un poco poi si rinfrancò:
"Reverendo, qui bisogna sistemare la faccenda: quello che è detto è detto e poi ci sono delle ragioni speciali e indietro non si torna. Noi in chiesa non ci possiamo venire più. D'altra parte siamo gente battezzata. Quindi..."
"Quindi?"
"Ieri sera abbiamo fatto una seduta straordinaria. Non ne mancava neanche uno e abbiamo deciso di proporvi la carica di cappellano della sezione".
"Cioè?"
"Cioè voi, la domenica, dovreste venire a fare una Messa speciale per noi. Diciamo una Messa di Partito".
Don Camillo lo guardò.
"Io non faccio il barbiere" rispose. "Sono i barbieri che fanno il servizio a domicilio. Alla vostra Casa del Popolo io non ci metterò più piede vita natural durante".
"Non alla Casa del Popolo. Non si potrebbe neanche perché ci sarebbero delle interferenze politiche. Voi verreste qui: sotto queste tre tettoie ci stiamo tutti. Qui siamo in campo neutrale: la distanza da qui alla Casa del Popolo è uguale alla distanza da qui alla chiesa. Dio è dappertutto e quindi Lui resta dov'è e nessuno gli dà dei fastidi: ci muoviamo noi e ci incontriamo a metà strada. Gli uomini si muovono e il Padreterno sta fermo. Insomma: se la montagna non vuole andare a Maometto e Maometto non vuole andare alla montagna, Maometto e la montagna vanno tutt'e due all'*Anonima* e buonanotte ai suonatori".
Don Camillo si alzò.
"Ci penserò" disse andandosene.
Peppone rimase solo vicino al fuoco che ardeva sotto la tettoia della vecchia fabbrica abbandonata.
"Se il Padreterno non è un fazioso" pensò "deve capire che queste storie non le facciamo per lui".
Poi pensò alla faccenda dell'*abulico* e sospirò.
"Peccato dover rinunciare a una così bella parola. Quella, per esempio, la si potrebbe mantenere nell'elenco delle parole permesse"».

Autoironia

Come tutti i grandi umoristi, Giovannino Guareschi possedeva uno stupefacente senso dell'autoironia. Ecco come si presenta nel risvolto di copertina del romanzo *Il destino si chiama Clotilde* (1942). Dedicato a tutti i pavoni che, nel loro curriculum, segnalano anche gli articoli apparsi sui bollettini parrocchiali...

«Adesso vi racconto tutto di me.

Il primo maggio 1908, a Fontanelle di Roccabianca, ridente villa della Bassa parmense, in una delle casette che si affacciano sulla piazza, nacque una bambina cui poi venne dato il nome di Ermelinda.

Non ero io: io nacqui sì in quel paese e il primo maggio 1908, ma in una casa dall'altra parte della piazza. Tanto è vero che poi mi venne dato il nome di Giovannino.

In complesso mi chiamo Giovannino Guareschi e ho l'età esatta che si addice a un giovane uomo nato nel 1908.

Ho due figli che a me sono molto simpatici. Il primo si chiama Alberto, il secondo Carlotta. Ciò dipende dal fatto che mentre il primo è di sesso maschile, il secondo è di sesso femminile; come del resto è di sesso femminile la madre, una signora che era molto più simpatica quando era ancora signorina. I miei figli e mia moglie hanno complessivamente 78 anni. L'età di mia figlia più l'età di sua madre fa 62. L'età di mio figlio più l'età di sua madre fa invece 66. Questo è tutto quello che posso dirvi dell'età di mia moglie. Per facilitarvi posso dirvi che mia figlia ha 12 anni.

Ho frequentato con profitto il Liceo Classico dove ho imparato come non deve scrivere un giornalista. Poi ho frequentato l'Università, ma non ho ancora trovato il tempo per laurearmi: l'unico inconveniente è che, adesso, non mi ricordo più se ho frequentato il corso di Giurisprudenza o quello di Medicina. Il parere dei miei compagni di studi è discorde.

Scrivo e disegno, ma non sono in grado di dirvi se sono da disistimare più come scrittore che come disegnatore. Ciononostante tiro avanti discretamente, aiutato molto dal fatto di possedere due notevoli baffi che mi danno una certa notorietà.

Conduco una vita molto semplice. Non mi piace viaggiare, non pratico nessuno sport, non credo nelle vitamine, in compenso credo in Dio.

Sono un lavoratore tenace e, sotto questo aspetto, sono la consolazione della mia famiglia, e i miei figli mi citano sempre come esempio alla loro madre.

Da parte mia sono profondamente grato ai miei genitori d'avermi messo al mondo. E gratissimo sono al Padreterno perché non m'ha fatto né peggiore né migliore di quello che sono.

Io volevo essere esattamente come sono. Diverso di così mi andrei largo o stretto».

Il giudizio del figlio

Un altro esempio di autoironia, sia pure mediata dal figlio, la si ritrova in una pagina esilarante del *Corrierino delle famiglie*[3]:

«..."Un mio compagno di scuola ha detto che tu hai scritto dei libri" mi comunicò Albertino.

Risposi che effettivamente avevo scritto qualche libro.

"Vorrei leggerli" disse Albertino.

Ecco: questa era una cosa che non mi aspettavo e mi colse di sorpresa. Quasi come se mi fossi trovato in fallo.

"Sono quelli là tutti in fila nel secondo ripiano dello scaffale" gli spiegai cercando di rimanere calmo.

Albertino andò a guardare uno per uno i libri del secondo ripiano e, intanto, io facevo il mio esame di coscienza. No: potevo stare tranquillo, neanche nei primissimi libri c'erano cose che potessero in qualche modo risultare poco adatte a un bambino di nove anni.

"Posso prendere questo?"

Era la mia ultima raccolta di racconti e risposi che la prendesse pure.

Quando sul tardi passai davanti alla porta della sua stanzetta, la tendina di un cristallo era spostata e io vidi che Albertino stava leggendo.

Quando fui solo con Margherita le confidai le mie preoccupazioni.

"Mi ha chiesto di leggere uno dei miei libri" dissi.

[3] "L'estraneo", Rizzoli, Milano 1999, 12a ed., pagg. 62-63.

"Qualcuno gli deve aver detto che tu scrivi" rispose Margherita. "La scuola pubblica ha questo difetto; i piccoli si trovano a contatto coi più grandi e imparano quello che non dovrebbero".

Margherita, quando parla così, non è che intenda fare dell'umorismo. Essa è convinta che il mio, pur essendo in definitiva un mestiere onesto, non è molto serio e, ogni tanto, tira fuori dal sacco l'antica, dannata faccenda della mia laurea:

"...Giovannino, anche se tu avessi preso la laurea e ti fossi impiegato, avresti potuto benissimo scrivere quello che volevi..."

Margherita sospirò.

"Non dovevi darglielo, il libro. È stata una imprudenza".

Mi arrabbiai e le dissi che, alla fine, nel libro non c'era nessuna porcheria.

"Ma il libro lo hai scritto tu, Giovannino. I figli non dovrebbero mai leggere i libri che scrivono i padri. Se fosse roba scientifica, chimica, fisica eccetera, allora sì, ma roba letteraria no assolutamente. Specialmente roba come la tua, dove non si capisce quando parli sul serio o quando scherzi, quando racconti dei fatti veri o dei fatti inventati. Chi sa mai come li può interpretare".

"Li interpreti come vuole!" esclamai. "Molta gente ha letto i miei libri e li ha trovati piacevoli. Anche all'estero c'è stata gente che li ha trovati piacevoli. Il giudizio di un marmocchio di nove anni non può certamente preoccuparmi".

Spensi la luce ma il mio cervello continuò a funzionare. E ciò non fu una buona cosa.

Rividi Albertino a tavola durante la colazione e mi diedi l'aria più disinvolta che io potessi: Albertino non entrò in argomento. E così accadde la sera. Ma la sera seguente, mentre io stavo sonnecchiando sul mio divanetto, arrivò Albertino.

Aveva il libro tra le mani; si avvicinò allo scaffale, infilò il volume tra quelli del secondo ripiano, poi si avviò per uscire.

"L'hai già letto?" dissi io.

"Sì" rispose lui. "È scritto grosso e si fa presto".

E fu tutto quello che disse».

NOSTALGIA PER LO ZOO CLERICALE DESCRITTO DA BRUCE MARSHALL

Bruce Marshall (1899-1987), oggi sciaguratamente trascurato[1], ha scritto, negli anni '50, romanzi stupefacenti sul filo di un umorismo finissimo. La sua galleria di personaggi del mondo ecclesiastico è comunque indimenticabile. Ne presento un florilegio.

* * *

"Il mondo la carne e padre Smith"

Padre Smith «si mise a pregare per l'anima di tutti coloro che dovevano morire ed essere giudicati in quel giorno: centoquarantamila, secondo le statistiche. Questo non gli riusciva mai difficile, perché sentiva una gran compassione per tanti poveri ignoranti – bestemmiatori, bugiardi, vigliacchi, avari, fornicatori, uomini d'affari "arrivati" – che, nell'ultimo batter di ciglio, si sarebbero svegliati a un tratto per fare la terribile scoperta che la Rivelazione, dopo tutto, era vera, e che l'Onnipotente in persona si accingeva a legger loro ad alta voce l'elenco dei compromessi, delle intemperanze, delle crudeltà, dei libertinaggi e delle maldicenze, che avevano a carico...

«...Tutti raccolti nel canestro di Dio come tanti pesci meravigliati e boccheggianti. Non sarebbero mica andati tutti all'inferno, no, come non sarebbero andati tutti in Paradiso: c'era il Purgatorio, dove i deboli e i frivoli venivano purificati: poiché neanche i migliori tra gli uomini potevano pretendere di arrivare pari pari al cospetto di Dio dopo aver passato la vita a parlare d'ombrelli e di raffreddori».

* * *

[1] Le sue opere sono state fatte conoscere in Italia, a partire dal 1952, dall'editore Longanesi di Milano. Recentemente, i primi romanzi sono stati riproposti da Jaca Book.

Un vecchio marinaio, che innumerevoli volte aveva ceduto al fascino indiscreto delle donne, si confessa da padre Smith ma si dimostra tutt'altro che pentito su quel punto specifico, anzi ne parla con evidente nostalgia: «...Il prete disse che non era questo il modo di parlare a Dio in punto di morte e che il marinaio avrebbe fatto meglio a pentirsi alla svelta dei suoi peccati se non voleva andare all'inferno e perdere Nostro Signore per sempre; ma quello rispose che mentre si pentiva d'aver lasciato così spesso i Sacramenti e di non aver amato di più Dio, non si pentiva affatto di aver conosciuto tutte quelle donne, perché erano state tutte così belle e alcune anche tanto buone. Disperato, il Padre Smith gli chiese allora se si pentiva di non pentirsi d'aver conosciuto tutte quelle donne, e il marinaio rispose di sì, che si pentiva di non pentirsi e sperava che Dio l'avrebbe capito. Su di che il Padre Smith disse che credeva anche lui che Dio l'avrebbe capito, e dette al vecchio marinaio l'assoluzione dei suoi peccati...»

* * *

«...Mentre attraversavano la città, il Vescovo chiese alla Superiora se fosse mai stata a Roma, e lei rispose che c'era stata, sì, ma che Roma gli aveva fatto meno impressione di quel che s'era aspettata; con dispiacere aveva notato che alcuni alti prelati e i principi della Chiesa avevano l'aria tutt'altro che spirituale e che avevano celebrato perfino i sacri misteri della messa con fare frettoloso, distratto ed irriverente.

«Il Vescovo disse che questo forse avveniva perché, mentre il cervello anglosassone era capace di pensare a una sola cosa per volta, quello latino sapeva pensare anche a diverse cose insieme, per cui poteva darsi che gli occhi e la faccia di un cardinale italiano riflettessero i pensieri frivoli d'una metà del cervello, mentre l'altra metà stava effettivamente pensando al Signore e a tutto quello che aveva fatto per noi».

* * *

«...Certo, non era stato facile farsi prete. Non era stato facile rinunziare alle cose morbide e comode del mondo che di per sé non erano cattive. E alle ragazze. Era stato Dio a formare i loro bei corpi, e non era stato facile rinunciare alla speranza di trovarne qualche giorno una che avesse l'anima bella come i capelli; però, oggigiorno, quando vedeva e sentiva chiacchierare nei ritrovi pubblici quelle donne che avrebbe potuto sposare, non gli pareva che, tutto sommato, Dio gli avesse chiesto un sacrificio così enorme; e quando ne ebbe vista qualcuna tutta bagnata e gocciolante in costume da bagno, la pratica della castità non gli sembrò più così difficile come volevano far credere certi santi».

"Ad ogni uomo un soldo"

«Il parroco era un buon uomo e amava il Signore, ma lo amava senza ridere».

* * *

Il cardinale si confessa da un monaco benedettino e, oltre al resto, pone una questione: «Faceva male a pregare per il riposo delle anime dei fedeli trapassati la mattina mentre si faceva la barba? Era forse meglio rimandare questo atto di carità a un momento in cui avesse avuto libere, oltre alla mente, anche le mani?»

Il confessore lo rassicura «raccomandando al cardinale di recitare le preghiere per le anime dei fedeli defunti mentre s'insaponava piuttosto che mentre si radeva, se desiderava evitare il pericolo di recar più danno al proprio mento che vantaggio alle anime dei peccatori».

* * *

In uno scompartimento del treno, l'abate Gaston «...di faccia aveva un uomo e una donna di mezz'età, così indifferenti l'uno all'altra da far pensare che fossero sposati».

* * *

«...Il generale aveva detto che, secondo il suo modo di vedere, i migliori cappellani militari erano i preti più vecchi e quelli feriti, specialmente se fumavano il sigaro. Il sigaro in bocca a un cappellano militare, diceva, aveva qualcosa che incuteva ai soldati il rispetto per la religione, anche se non sempre li ispirava a osservarne i precetti».

* * *

L'abbé Gaston, «sebbene sapesse che era giusto che chi serviva l'altare vivesse dell'altare, l'idea che le sue preghiere servissero a fargli cadere nella padella le costolette di maiale non gli piaceva: ragion per cui, il più spesso possibile faceva a meno di costolette di maiale».

* * *

«E la bambina?» chiese il dottore (con una certa impazienza, o così parve all'abate). «Beneficenza pubblica, immagino!»

«Neanche per sogno» rispose l'abate. «Penso io anche alla bambina».

«È una cosa un po' insolita, no?» chiese il dottore.

«Il cristianesimo, infatti, è insolito», rispose l'abate Gaston. «È questo il suo principale inconveniente».

* * *

«La carità, si ammonì severamente l'abate, non comincia da casa propria ma dal primo punto in cui si manifesti l'infelicità. La carità non consiste nel consegnare alla polizia il dolore e la solitudine. La carità è fatta di smeriglio da una parte e d'ovatta dall'altra, e lui s'era fatto prete proprio per farsi male per amor del Signore».

* * *

«Io – disse il maggiore – son coraggioso solo perché non ho il coraggio d'aver paura».

* * *

«Gli faceva piacere che gli altri sentissero di poter contare su di lui, ma quando poi ci contavano davvero, gli faceva un po' meno piacere».

* * *

L'abbé Gaston «pensò ancora una volta che il Signore era stato proprio imprudente a far crescere la gente per l'insù invece di farla crescere per l'ingiù, in modo che quando i piedi e le mani erano forti potesse essere forte anche la mente».

* * *

L'abbé Gaston spiegò: «Parlo da solo perché mi piace parlare con le persone intelligenti e perché mi piace sentir parlare le persone intelligenti».

* * *

«Quella chiesa non è né più né meno che un covo di vizi della santità».

* * *

«Il nuovo vescovo cercò di non guardarsi le fibbie d'argento sulle scarpe perché sapeva che il Papa non creava i vescovi perché mangiassero i pasticcini di crema con le suore, ma perché tramandassero la luce».

* * *

«Ha detto non so più chi che la cosa che richiede più coraggio è il professare una fede vera malgrado le persone false che anch'esse la professano», disse l'abbé Gaston.

"Il miracolo di Padre Malachia"

«...Un uomo grasso si arrampicò nello stesso scompartimento del piccolo prete, un uomo grasso con un viso così rosso e così turgido da assomigliare ad una di quelle vesciche colorate che vengono sbattute in faccia alla gente durante le feste di Carnevale in Italia. Sedutosi, o meglio buttatosi giù, nell'angolo opposto a quello del prete, cominciò a leggere un giornale rosa che conteneva lunghe cronache sulle imprese di certi cavalli imbattibili e di certe giovani donne dagli istinti erotici molto sviluppati.

«Il signore grasso fu seguito da una donna di mezza età che possedeva uno strano naso lucido e appuntito, con una buffa ammaccatura nel mezzo, e il cui cappello era uno di quei cosi neri e amorfi che, in qualsiasi momento, sono fuori di moda in qualsiasi paese.

«Il prete fu distratto dalle sue meditazioni. Era impossibile, disse a se stesso con un amaro sorrisetto mentale, pensare in maniera conveniente al Padre, al Figlio e allo Spirito Santo che da Essi procede, avendo di fronte quella faccia rossa e quella donnetta aguzza e curiosa che andava disponendo i suoi pacchetti qua e là dappertutto. Com'era difficile, in questa bassa terra e col continuo assedio del materiale e del temporale che urgono intorno allo spirituale e all'eterno, com'era difficile amare il prossimo, eppure com'era necessario. Poiché l'anima che si nascondeva dietro a quel faccione rosso era stata redenta da Cristo al pari di quella del vecchio prete, e Nostro Signore, mentre soffriva sulla croce, aveva visto la buffa ammaccatura in mezzo al naso della donnetta aguzza e curiosa con la stessa chiarezza con cui aveva visto il volto largo e blando di papa Pio XI, e nella sua infinita pietà non aveva negato il Suo amore neppure alla donnetta.

«E tuttavia era difficile immaginare che in cielo potessero esserci rotondità come quelle del signore grasso e ammaccature come quella della donna in nero, a meno che, tra i molti alloggi riservati alle anime, non ve ne fosse uno che, per un decimo partecipasse alla Divina Visione, e per gli altri nove decimi assomigliasse molto alle case di Douglas, nell'isola di Man...

«...Il prete chiuse di nuovo gli occhi. Se doveva amare il prossimo suo, l'avrebbe amato senza guardarlo in faccia...»

* * *

«...Padre Malachia fece ritorno al monastero e alla vita monacale, che forse è tanto utile perché è tanto inutile».

"Padre Hilary"

«Conscio del fatto che i vescovi erano spesso nominati tali più per la loro capacità di amministratori che per la loro comprensione del Sermone della Montagna, padre Hilary frugò allora nelle facce dei semplici preti per trovarvi il riflesso della sua afflizione».

* * *

Padre Hilary si accusa di aver avuto «pensieri poco gentili per il delegato apostolico».

Il confessore lo rassicura: «I pensieri poco gentili verso i superiori ecclesiastici spesso indicano il desiderio di affrettare la venuta del Regno di Dio. Non ci si deve accostare a un confessionale per vantarsi».

* * *

«Se il confessionale aveva insegnato qualche cosa a padre Hilary era che Dio non sempre armonizzava le anime con i volti che imprestava loro».

"La berretta rossa"

Nella sua allocuzione ai preti novelli, l'arcivescovo «rammentò loro che ciò che avrebbero fatto sarebbe sempre stato più importante di quanto avrebbero detto: una Chiesa che aveva sopravvissuto all'incoronazione di Napoleone da parte di Pio VII avrebbe superato facilmente il danno d'un paio d'errori sulla Trinità sfuggiti in una predica...

«Finalmente, disse l'arcivescovo, dovevano ricordarsi che probabilmente non più del dieci per cento dei cristiani si salvava, e che non era affatto detto che i cristiani fossero fra questi».

* * *

«Un fedele è uno che diffida dei propri dubbi più che delle proprie credenze e un miscredente è uno che diffida delle proprie credenze più che dei propri dubbi».

* * *

Sfogliando una rivista cattolica, l'arcivescovo osserva: «Possedere la religione giusta non è una scusa per scrivere in un inglese sbagliato».

* * *

Disse ancora l'arcivescovo: «Soltanto due cose salveranno il mondo: il pensiero e la preghiera; e il guaio è che chi pensa non prega e chi prega non pensa».

* * *

Sempre l'arcivescovo a padre Campbell: «Uno dei misteri più impenetrabili della fede è la ragione per cui devono far bollire le aragoste vive per nutrire i canònici e non i canonici per nutrire le aragoste».

* * *

Un'altra osservazione dell'arcivescovo: «Adesso che i preti non sono più impiccati, squartati o torturati a Tyburn, uno dei pochi mezzi rimasti per santificarsi è sopportare gli altri preti. Il dolore non è altrettanto acuto, ma dura di più».

* * *

«L'arcivescovo prese padre Campbell per un braccio e lo condusse a guardare una fotografia appesa alla parete: "Quello sono io a Blair nel 1852", disse, indicando un seminarista scolorito in un gruppo giallastro. "Quando vuole scoprire un futuro vescovo cerchi il somaro della classe"».

* * *

«Forse quel che dobbiamo fare è soltanto di vivere decentemente e poi trovarcene ricompensati con quella felicità nella quale non siamo stati interamente capaci di credere».

* * *

«...Una cameriera dai piedi piatti si avvicinò alle spalle del nuovo vescovo e gli accostò la bocca all'orecchio. "Ora dovrà essere un buon cattolico, padre... volevo dire eccellenza", mormorò».

* * *

«"Dio dev'essere davvero amore se sopporta certi tipi che la Sua Chiesa gli dà per vescovi", disse monsignor Pantachini quando i due prelati se ne furono andati».

* * *

«Ecco il guaio dei vescovi americani, oggi: credono che la Chiesa di Dio abbia bisogno di essere amministrata. Se la godono talmente all'idea di considerarsi amministratori che si sforzano continuamente di fare il lavoro dello Spirito Santo al suo posto».

* * *

«Tutto lo scopo della liturgia era di rendere gli uomini così ciechi, a furia di vedere la bellezza di Dio, da non riuscire più a vedere la bruttezza del loro prossimo».

* * *

«Di solito, pensò l'arcivescovo, ci voleva un minuto perché si manifestasse la stupidità d'un predicatore. Invece il canonico ospite ci riuscì in dieci secondi».

* * *

«Perfino gli atei permettono ai preti di amare Dio quando vedono che amano anche il prossimo. Il clero spagnolo era un poco inesperto in tutti e due gli amori».

* * *

Esame di coscienza del cardinale: «Quanto spesso aveva osato uscire sotto la grazia di Dio senza aprir l'ombrello?»

"Danubio rosso"

Così nasce una vocazione monastica: «La giovinetta aveva pensato che siccome non era facile pregare in un mondo in cui l'allegria veniva separata dalla religione, l'unica soluzione da adottare era quella di conservarsi gaia rinchiudendosi in un convento».

* * *

Osservò suor Casimira: «Questo è uno dei grossi guai della nostra epoca. La gente non solo non tenta di essere "per bene", ma non tenta nemmeno di tentare, ecco il vero peccato».

* * *

«"Il dispiacere, *Herr Hoberst*, potete sempre offrirlo al Signore, e fare così una gioia della vostra infelicità".

«Dapprima le parole della suora gli sembrarono ridicole e persino un po' untuose, ma riflettendo gli parve di comprendere in parte quello che essa intendeva. Dopo tutto, forse era più ragionevole trasferire i propri dispiaceri su un piano soprannaturale, che non tentare di annullarli bestemmiando come un facchino».

* * *

«Coloro che sanno obbedire a Dio non sanno parlarne».

"Urbano IX"

«La paura della paura riportò il Pontefice al coraggio».

* * *

Sua Eminenza suggerì al papa: «La Chiesa di Dio vacilla su una roccia, Santità... la roccia che è Pietro, che è Urbano, che è Rosbif. Quindi, se la roccia spedisse a quel granello di sabbia viennese un telegramma... Niente di troppo severo, Santità... soltanto una piccola, amichevole minaccia di scomunica».

"La sposa bella"

«Il vescovo aveva il dono clericale di esprimere i soliti luoghi comuni con tanto fervore da farli sembrare originali».

* * *

«"L'amore non consiste nel carezzare una coscia". Persino i canonici si sarebbero svegliati se avesse detto una cosa simile dal pulpito. "Amore vuol dire amare gli altri più di noi stessi". Qui i canonici si sarebbero subito riaddormentati».

A GLORIA E ONORE DEGLI ASINI

«Coi pesci per aria e le foreste ambulanti,
e i fichi che spuntavano dai rovi,
in un attimo di luna cruenta
fu allora che venni fuori.
La terra mostruosa e il verso ripugnante,
ali erratiche le orecchie,
diabolica parodia ambulante
di ogni quadrupede.
Cencioso proscritto dal mondo,
vecchia capoccia ostinata;
affamami, frustami, deridimi: son muto,
il mio segreto lo tengo per me.
Pazzi! Che anch'io ho avuto la mia ora;
un'ora ah dolce e fiera:
sentivo grida nelle orecchie,
e le palme sotto i piedi»[1].

[1] G.K. Chesterton, in *The Wild Knight,* riferito da Petere L. Berger, *Homo ridens,* trad. di Nicola Rainò, Il Mulino, Bologna 1999, pag. 309.

INDICE